Jan Bleckwedel

Menschliche Beziehungsgestaltung

Eine systemische Theorie des Zwischenmenschlichen

Vandenhoeck & Ruprecht

Mit einer Abbildung und 3 Tabellen

Bibliografische Information der Deutschen Nationalbibliothek:
Die Deutsche Nationalbibliothek verzeichnet diese Publikation in der
Deutschen Nationalbibliografie; detaillierte bibliografische Daten sind
im Internet über https://dnb.de abrufbar.

© 2022 Vandenhoeck & Ruprecht, Theaterstraße 13, D-37073 Göttingen,
ein Imprint der Brill-Gruppe
(Koninklijke Brill NV, Leiden, Niederlande; Brill USA Inc., Boston MA, USA;
Brill Asia Pte Ltd, Singapore; Brill Deutschland GmbH, Paderborn, Deutschland;
Brill Österreich GmbH, Wien, Österreich)
Koninklijke Brill NV umfasst die Imprints Brill, Brill Nijhoff, Brill Hotei, Brill Schöningh,
Brill Fink, Brill mentis, Vandenhoeck & Ruprecht, Böhlau, V&R unipress.

Alle Rechte vorbehalten. Das Werk und seine Teile sind urheberrechtlich
geschützt. Jede Verwertung in anderen als den gesetzlich zugelassenen Fällen
bedarf der vorherigen schriftlichen Einwilligung des Verlages.

Umschlagabbildung: Sunnyisland/shutterstock.com

Satz: SchwabScantechnik, Göttingen
Druck und Bindung: ⊕ Hubert & Co. BuchPartner, Göttingen
Printed in the EU

Vandenhoeck & Ruprecht Verlage | www.vandenhoeck-ruprecht-verlage.com

ISBN 978-3-525-49170-6

»*Wir sind zwei, wir sind drei [...].*«
(Mikis Theodorakis, Imaste dio)

»*Allerdings glaube ich, dass sie (die Delfine), wie wir selbst und andere Säugetiere, vornehmlich mit den Mustern ihrer Beziehung beschäftigt sind.*«
(Gregory Bateson, 1983, S. 478)

Inhalt

Vorbemerkung 13

1 Einführung: Der Raum des Zwischenmenschlichen 14
   1.1 Gemeinsame Beziehungsgestaltung als Basis 15
   1.2 Kreative Beziehungsgestaltung 17
   1.3 Gemeinsame Beziehungsgestaltung als Rahmen 17
   1.4 Kreative Kooperation 19
   1.5 Praxis und Theoriebildung 21
   1.6 Basale menschliche Beziehungssysteme 22
   1.7 Beziehungsgestaltende Akteure 23
   1.8 Theorie des Zwischenmenschlichen 24
   1.9 Geschichtlichkeit 26
   1.10 Entwicklungsräume – Grenzen und Möglichkeiten 28
   1.11 Unterschiedliche Ordnungen –
        Bewusstsein, Kommunikation und Sinn 31

Teil I: Beziehungswelten

2 Ursprünge der Menschwerdung 37
   2.1 Kreative Beziehungsgestaltung – Spuren und Quellen 38
   2.2 Unterwegs zum schöpferischen Sein 42
       2.2.1 Beziehungswesen auf Wanderschaft 42
       2.2.2 Aufrecht gehende Wanderer mit Verstand, Überblick und Ausdauer 43
       2.2.3 Zeit der Artenvielfalt – kleine Gruppen herumziehender Homines 43
       2.2.4 Eine kulturelle Erfindung mit weitreichenden Folgen 45
   2.3 Metakommunikation und Erfindungsgeist 47
       2.3.1 Möglichkeiten eines offenen und fiktionalen Sprachsystems ... 49
           2.3.1.1 Austausch, Koordination, Kooperation und Organisation 49

		2.3.1.2	Fiktion	50
		2.3.1.3	Zukunftsorientierung und -planung	50
		2.3.1.4	Erfinden von Wirklichkeiten	50
		2.3.1.5	Gestalten von Wirklichkeiten	50
	2.3.2		Eintritt in eine Zeit kulturell beschleunigten Wandels	51
2.4	Kooperation und Kommunikation			52
	2.4.1		Kulturelles Lernen	53
	2.4.2		Besonderheiten menschlicher Kommunikation	54
		2.4.2.1	Gemeinsam geteilte interaktive Aufmerksamkeit	54
		2.4.2.2	Gemeinsam geteilte Intentionalität (»shared intentionality«)	56
		2.4.2.3	Gemeinsam geteilte Hintergründe	57
	2.4.3		Sprachliche Infrastruktur als operative Basis	58
	2.4.4		Zusammenfassung	59
2.5	Schöpferischer Geist und fantastisches Denken			60
	2.5.1		Fantasie – die Verselbstständigung des Geistes	60
	2.5.2		Bedeutungsgebung und Sinnproduktion	61
	2.5.3		Mehrdeutigkeit, Fehlerfreundlichkeit und doppelte Kontingenz	63
	2.5.4		Framing, Verschachtelung und Narration	65
		2.5.4.1	Fluide Kombinatorik und permanente Neu-Ordnung	66
		2.5.4.2	Bilder und Geschichten – die fantastische Verschachtelung von Szenarien	67
	2.5.5		Bewusstsein – der sich selbst beobachtende und gestaltende Geist	68
	2.5.6		Freies Spiel und mentale Simulation	69
		2.5.6.1	Selbstregulation im Wechsel von Zusammensein und Mit-sich-für-sich-Sein	69
		2.5.6.2	Mentale Simulation von Szenarien	70
2.6	Austauschlust und Verständigungsfreude			70
	2.6.1		Intersubjektive Resonanz und Austauschlust	72
	2.6.2		Sprechen, leibliche Resonanz und Bewusstseinsbildung	73
2.7	Übergänge – Menschwerdung als Wandel erster und zweiter Ordnung			74
	2.7.1		Neuordnung durch Fluktuation – wenn Veränderungen erster Ordnung zu einem Wandel zweiter Ordnung führen	75
	2.7.2		Sechs Entwicklungsbereiche des Humanen	77
	2.7.3		Signaturfähigkeiten des modernen Menschen	78
	2.7.4		Portfolio menschlicher Signaturfähigkeiten	79
2.8	Soziales Zusammenleben als Ursprung			82
	2.8.1		Aufmerksamkeit für Beziehungsdynamik	82
	2.8.2		Kulturelle Kreativität als treibende Kraft	85

		2.8.2.1	Veränderungsstress	85
		2.8.2.2	Exkurs: Vom Primat kultureller Kreativität	85
	2.8.3	Auf der Insel – Robinson und Freitag		87
	2.8.4	Sozialer Erfindungsgeist		88
		2.8.4.1	Der »Love Code« (Porges) – Sicherheit als Basis	89
		2.8.4.2	Zugehörigkeit als zentrales Thema	90
		2.8.4.3	Verteilung und Sicherheit – soziale und psychische Konflikte als Quelle von Mitmenschlichkeit, Individualität und Zusammenarbeit	91
		2.8.4.4	Diversität als Lösung	92
		2.8.4.5	Mentale und emotionale Flexibilität als Lösung und Problem	93
	2.8.5	Liebe und Spiel		94
		2.8.5.1	Abweichung, Variation und Vielfalt	94
		2.8.5.2	Spiel aktiviert soziales Engagement	95
		2.8.5.3	Produktive Emotionen und Systemstimmungen	96
		2.8.5.4	Zärtlichkeit, Sex, Erotik, Fürsorge, altruistische Pflege, Fairness, Teilen, Mitfühlen, Trösten	98
	2.8.6	Fürsorge, Bindung und Beziehungslernen		99
	2.8.7	Ambivalenz und Flexibilität		101
		2.8.7.1	Zwei Formen der Beziehungsgestaltung	101
		2.8.7.2	Zwei Beziehungsmodi	103
	2.8.8	Emotionale Flexibilität und kulturelle Regulation		105
	2.8.9	Beziehungsverstehen und Beziehungsgestaltung		106
		2.8.9.1	Mentale Kalkulation und soziale Regulation	106
		2.8.9.2	Emotionale und mentale Flexibilität, Resilienz und Verletzlichkeit	109
		2.8.9.3	Beziehungsintelligenz und Weltklugheit	110
	2.8.10	Kleine Gruppen als soziale Akademien		111

Teil II: Theorie des Zwischenmenschlichen

3	Theoretische Grundlagen und Zugänge		117
3.1	Theoriebildung als offener Prozess		117
3.2	Systemtheoretische Prämissen		118
3.3	Eine ökosystemische Perspektive		119
3.4	Verschiedene theoretische Zugänge		123
	3.4.1	Subjektbeziehungsorientiertes Denken	123
	3.4.2	Kritik der Bindungstheorie	123
	3.4.3	Interaktionsorientiertes Denken	125
	3.4.4	Diskursiv orientiertes Denken	126
	3.4.5	Systemtheoretisch orientiertes Denken	126

	3.5	Kritik der »Theorie sozialer Systeme« – über Luhmann hinaus	128
	3.6	Prämissen einer Theorie des Zwischenmenschlichen	131

4 Eine systemische Theorie menschlicher Beziehungsgestaltung ... 136

- 4.1 Beziehungsgestaltung als Ursprung und Triebkraft menschlicher Evolution ... 136
- 4.2 Soziales Zusammenleben, gegenseitige Beobachtung und gemeinsame Beziehungsgestaltung ... 137
- 4.3 Organisationsebenen des Lebendigen ... 138
- 4.4 Basale menschliche Beziehungssysteme ... 141
- 4.5 Basale Beziehungssysteme als dynamische soziale Systeme ... 142
- 4.6 Umgebungen und Umwelten in sozialen Systemen ... 144
  - 4.6.1 Umgebung und Umwelt – eine fundamentale Unterscheidung ... 144
  - 4.6.2 Doppelt resonante Wechselwirkungen in basalen Beziehungssystemen ... 146
  - 4.6.3 In mir und in der Umgebung aktiv – zur Unterscheidung von ICH, NICHT-ICH und WIR ... 147
- 4.7 Interdependenz und Interferenz in basalen Beziehungssystemen ... 148
  - 4.7.1 Zur Interdependenz von Ereignissen ... 148
  - 4.7.2 Interdependenz in basalen Beziehungssystemen ... 149
  - 4.7.3 Interferenz zwischen Personen ... 150
- 4.8 Geschichtlichkeit in basalen Beziehungssystemen ... 151
  - 4.8.1 Schnell verblassende und länger andauernde Musterprozesse ... 152
  - 4.8.2 Situationserleben und generalisierte Episoden ... 153
  - 4.8.3 Vergangenheitsbezug und Zukunftsbezug ... 154
  - 4.8.4 Empfinden von Identität und Kohärenz ... 155
  - 4.8.5 Geschichtliche Bedeutungsrahmung und konkrete Lebensweise ... 156
  - 4.8.6 Aufbewahrung, Wiederverknüpfung und Wandlung ... 156
  - 4.8.7 Die Geschichtlichkeit gemeinsamer Beziehungsgestaltungen ... 157
- 4.9 Dimensionen gemeinsamer Beziehungsgestaltung ... 158
- 4.10 Die leibliche Dimension gemeinsamer Beziehungsgestaltung ... 160
  - 4.10.1 Primäre Co-Existenz ... 162
  - 4.10.2 Supramodales Beziehungserleben ... 162
  - 4.10.3 Einander berühren: Kontakt, Begrenzung und Austausch ... 164
  - 4.10.4 Tönen, Summen, Singen – stimmliche Abstimmung und stimmlich erzeugte Resonanzbeziehungen ... 165
  - 4.10.5 Raumempfinden, Bewegungskonturen und habituelle Beziehungsgestaltung ... 166
  - 4.10.6 Erleben und Beobachten von Aktivierungskonturen ... 167
  - 4.10.7 Soziale Räume als Beziehungsräume ... 168
  - 4.10.8 Habituelle analoge Beziehungsgestaltung ... 169

4.10.9 Gegenseitiges soziales Engagement und vegetative Regulation
(Polyvagal-Theorie) 169
4.10.10 Synchronisation von Aufmerksamkeit: das Zusammenspiel von
Blicken, Gesichtsausdrücken und Augenbewegungen 173
    4.10.10.1 Individuelle Aufmerksamkeit – die Verbindung von
Innenwelt und Umgebung 173
    4.10.10.2 Synchronisation sinnlicher Aufmerksamkeit in
Beziehungen 173
    4.10.10.3 Blickkontakt und gegenseitige Aufmerksamkeit 174
4.10.11 Lachen und Weinen – soziale Synchronisation 175
4.11 Die emotionale Dimension gemeinsamer Beziehungsgestaltung ... 178
    4.11.1 Gemeinsame Regulation und Abstimmung von Affekten 179
    4.11.2 Gemeinsame Koordination und Abstimmung von Emotionen 181
    4.11.3 Denken und Fühlen, Bauch und Hirn 182
    4.11.4 Emotionale Gestimmtheiten und emotionale Resonanzen 183
    4.11.5 Habituelle emotionale Grundmuster 184
    4.11.6 Gemeinsam hergestellte Systemstimmungen 185
    4.11.7 Vitales Empfinden in und intuitives Erleben von Beziehungen 185
4.12 Die kooperative Dimension gemeinsamer Beziehungsgestaltung ... 186
    4.12.1 Tatsachen 186
    4.12.2 Gemeinsame Urheberschaft 187
    4.12.3 Interaktive Präsenz und kooperative Kopplung 188
4.13 Die kommunikative Dimension gemeinsamer Beziehungsgestaltung 189
    4.13.1 Grundlagen menschlicher Kommunikation 190
    4.13.2 Miteinander Sprechen als mehrdeutiges Ereignis 191
    4.13.3 Mentale Kalkulation – miteinander sprechen im Modus des
gegenseitigen Mentalisierens 191
    4.13.4 Mentalisierungsmodus 193
    4.13.5 Sprache als zweischneidiges Schwert 194
    4.13.6 Gemeinsame Sinnerfindung und Wir-Bedeutungen 195
    4.13.7 Das Empfinden einer Gesprächssituation 196
    4.13.8 Metakommunikation 197
        4.13.8.1 Gemeinsames Mentalisieren 197
        4.13.8.2 Sprechen über Sprechen 198
        4.13.8.3 Über eine Beziehung ins Gespräch kommen 198
    4.13.9 Gemeinsame geteilte Geschichtlichkeit 198
        4.13.9.1 Wandel erster Ordnung: Kontinuität, Konstanz und
moderater geschichtlicher Wandel 199
        4.13.9.2 Wandel zweiter Ordnung: Irritation, radikale
Abweichung und experimenteller Wandel 200

    4.13.9.3 Neuordnung und alternative Rahmung 200
    4.13.9.4 Die Macht sprachlicher Rahmungen 201
 4.14 Trialogisches Geschehen – Beziehungsgestaltung in Triaden 201
   4.14.1 Die Entwicklung von Familienallianzen – Beziehungsgestaltung
      in primären Dreiecken 203
   4.14.2 Kritische Situationen und Übergänge 205
   4.14.3 Intersubjektive Verbundenheit 205
   4.14.4 Gemeinsame Rahmung 206
 4.15 Die Entfaltung transaktionaler Muster und die Epigenese von
   Beziehungssystemen 207
   4.15.1 Transaktionale Muster 209
   4.15.2 Die Entwicklung basaler Beziehungssysteme 210
   4.15.3 Die Epigenese biologischer, psychischer und sozialer Systeme 210
   4.15.4 Zwei-Ebenen-Modell der Transformation – Wandel erster und
      zweiter Ordnung 212
   4.15.5 Transformationsprozesse – Neuordnung durch Fluktuation 213
   4.15.6 Epigenese der Persönlichkeitsentwicklung (Erikson) 214
   4.15.7 Epigenese von Beziehungssystemen (L. C. Wynne) 214
      4.15.7.1 Verschachtelung und Anordnung hierarchischer
         Organisationsebenen 215
      4.15.7.2 Jede Organisationsebene hat ihre eigene Qualität 215
      4.15.7.3 Feldabhängige soziale Interdependenz und
         personale Eigenständigkeit 216
   4.15.8 Entwicklungsbereiche basaler Beziehungssysteme 216
   4.15.9 Funktionale und parafunktionale Muster 218

5 Entwicklungsräume gemeinsam gestalten 220
 5.1 Gemeinsam geteilte Entwicklungsräume (Beziehungsethik) 220
 5.2 Licht und Schatten – zur Ambivalenz der Kulturentwicklung 222
 5.3 Therapie: Beziehung als geschützter Entwicklungsraum 225
 5.4 Evolution der Beziehungsgestaltung – Psychotherapie als
   Beziehungsraum 226

Postskriptum 229

Literatur 230

Dank 244

Vorbemerkung

Lesbarkeit und Verständlichkeit sind mir ebenso wichtig wie eine möglichst genaue Sprache, die allen gerecht wird. Ich nutze daher weibliche und männliche Schreibweisen »freihändig«, je nachdem was mir – zwischen Plural, Singular, Sternchen, Sprachästhetik und Genderbewusstheit – besser zu passen scheint. Ich nehme mir meine Freiheiten, übe mich in Toleranz und schlage vor, dass Sie es ebenso tun.

1 Einführung: Der Raum des Zwischenmenschlichen

»Alles wirkliche Leben ist Begegnung.«
(Martin Buber, 1979, S. 18)

Im Verlauf der Evolution erfanden Menschen immer komplexere Formen und Muster des sozialen und kulturellen Miteinanders, der Kooperation und kommunikativen Abstimmung. Gleichzeitig entwickelten sich ebenso komplexe Formen und Muster des Selbstempfindens, des Bewusstseins und der Sprachfähigkeit. Was uns als Spezies ausmacht, geht aus dem sozialen Zusammenleben hervor und entwickelt sich im Rahmen gemeinsamer Beziehungsgestaltung.

Wir haben tatsächlich gelernt, Beziehungen schöpferisch zu gestalten, zu uns selbst, untereinander und zur Umgebung. Das bedeutet auch, die Möglichkeitsräume, in denen wir uns entwickeln können, sind nur in einem gewissen Maß vorgegeben. Tatsächlich erfinden und gestalten wir die Entwicklungsräume, in denen wir uns bewegen, selbst – in unserer Fantasie und im kooperativen und kommunikativen Miteinander.

Diese Erkenntnis erschreckt und tröstet zugleich. Die Welt ist so, wie wir sie gemeinsam mit anderen hervorbringen, und ja, wir können sie gemeinsam neu erfinden und anders gestalten. Im Rahmen der natürlichen Umgebungen und der Naturgesetze sind unsere gemeinsamen Gestaltungsmöglichkeiten fast unbegrenzt.

Subjektiv erfahren und erleben wir unser *In-der-Welt-Sein* als Resonanz (Rosa, 2016), aber da ist mehr als subjektive Resonanz. »Als Jugendliche dachte ich, es gebe in jeder Beziehung zwischen Menschen noch etwas Drittes, ein von den Akteuren zwischen ihnen *hergestelltes* imaginäres Wesen, und dieses unsichtbare Ding sei so wichtig, dass es einen eigenen Namen verdiente …«, schreibt Siri Hustvedt (2015, S. 260, Hervorhebung J. B.).

Wenn aber das, was Menschen in einer Beziehung *zwischen*[1] sich herstellen, weder ein Ding noch ein Wesen ist, was ist es dann? »Das Tun des Einen ist das Tun des Anderen«, formuliert treffend Helm Stierlin (1971) in seinem »Versuch über die Dynamik menschlicher Beziehungen«. Doch wie erfassen wir, was, neben dem subjektiven Erleben und Tun, zwischen Menschen geschieht? Wir können es Intersubjektivität, Interaktion, Interdependenz, Interferenz oder *Resonanzgewebe* (Rosa, 2016, S. 416) nennen. Aber solche Begriffe verlieren sich leicht im Allgemeinen, sie beantworten kaum die Frage, wie genau Menschen gemeinsam Beziehungen herstellen, noch, was sie zwischen sich »herstellen«, wenn sie gemeinsam eine länger andauernde Beziehung gestalten.

Wie und auf welcher *Basis* sind personale und interpersonale Phänomene miteinander verknüpft, und wie entsteht diese Basis? Und wenn es da etwas gibt, wie genau entfaltet sich zwischen Menschen jenes »Dritte«, von dem Siri Hustvedt spricht? Was also meinen wir genau, wenn wir von menschlichen Beziehungen sprechen?

1.1 Gemeinsame Beziehungsgestaltung als Basis

Die Welt zwischenmenschlicher Beziehungen ist uns nur allzu vertraut. Sehr früh entwickeln Menschen im intersubjektiven Bezogensein und durch gemeinsame Beziehungsgestaltungen nicht nur ein differenziertes Selbstempfinden, sondern auch ein implizites Beziehungswissen (Stern, 1993, 2010). Wir leben eingetaucht in Beziehungen, und doch gibt es auf diesem Gebiet, das komplexer und faszinierender kaum sein könnte, noch viel zu entdecken.

Eine erweiterte Sichtweise ergibt sich, wenn wir unsere Vorstellungswelt und unsere Aufmerksamkeit mehrdimensional, mehrfach fokussiert und zirkulär organisieren. Stellen wir uns ein Fußballspiel vor oder ein Konzert: Wollen wir, wie gute Dirigenten oder Fußballtrainer, das Spiel oder die Musik als *Ganzes*, als Ereignis erfassen, sollten wir sowohl (a) die Performance einzelner Spieler/-innen *als auch* (b) ihr Zusammenspiel sowie das, (c) was die Spieler durch ihre besondere Art des Zusammenspiels hervorbringen, in den Blick nehmen (oder hören). Im Fall eines Fußballteams bestünde die *Hervorbringung* in wechselnden, sich je nach Spielverlauf verschiebenden Mustern von Konstellationen und Konfigurationen, die das Spiel eines Teams auszeichnen und die, indem sie intensiv trainiert werden, die Performance des Teams und jedes einzelnen

---

[1] Dieses »zwischen« hat schon Martin Buber (2006) interessiert (vgl. auch Wegscheider, 2020, S. 155 ff.).

Spielers formen. Im Fall eines Orchesters oder einer Band entsteht, wenn es gut geht, aus den besonderen Mustern des Zusammenspiels ein besonderer (unverwechselbarer) *Gesamtklang,* ein Sound der (einmal eingegroovt) wiederum das Spiel jedes einzelnen Band- oder Orchestermitglieds prägt. Natürlich kann man allein mit dem Ball trainieren oder Geige üben, aber niemand kann allein Fußball spielen oder musizieren. Gemeinsames Musizieren verbindet Individuen. Musik ruft Kollektive ins Leben und eröffnet gleichzeitig Möglichkeiten der individuellen Entwicklung. Ähnlich ist es mit Fußball (wobei Musik vielleicht doch das Größere ist, aber das hängt vom Beobachter ab).

Ganz ähnlich ist es im Beziehungsleben von Paaren, Familien oder kleinen, dauerhaft bestehenden Gruppen. Während die Beteiligten ihre Beziehungen zueinander gestalten und dabei Muster von Transaktionen hervorbringen, organisieren sie sowohl (a) sich selbst *als auch* (b) die anderen. Um diesen zentralen Zusammenhang in den Blick zu bringen, schlage ich vor, die Art und Weise der Beobachtung und Aufmerksamkeit auf den Bereich des Zwischenmenschlichen auszuweiten: Im *intersubjektiven Beziehungsraum* (Stern, 1993) ereignet sich (a) das Erleben und Handeln von (mindestens zwei) Personen *und* (b) das, was zwischen den Personen geschieht, auf der Basis und im Rahmen gemeinsamer Beziehungsgestaltung.

In *basalen Beziehungssystemen* (Teil II) wiederholen, verändern und entwickeln sich über eine gewisse Dauer Formen und Muster gemeinsamer Beziehungsgestaltungen, und diese Transaktionsmuster (Wynne, 1985) wirken auf die Beteiligten zurück, sie werden erlebt und empfunden.[2] Nicht umsonst verfügen Menschen über ein feines Gespür für Beziehungen (so wie die Inuit über ein feines Gespür für Schnee verfügen). Intuitiv nehmen wir in unserem Vitalitätsempfinden (Stern, 1993) das »Klima« in Beziehungen durchaus wahr: als besondere *Atmosphären* (Ohler, 2016) oder *Systemstimmungen* (Bleckwedel, 2008). Kurz: Wir existieren in intersubjektiven Beziehungen,[3] und wir beschränken oder erweitern unsere Entwicklungsmöglichkeiten durch die Art, wie wir Beziehungsräume miteinander »einrichten« und Beziehungen gestalten.

---

2 »Zwei Psychen erzeugen Intersubjektivität. Doch ebenso werden die beiden Psychen von der Intersubjektivität geformt« (Stern, 2010, S. 90).
3 »Der Mensch ist nicht in seiner Isolierung, sondern in der Vollständigkeit der Beziehung zwischen dem einen und dem anderen anthropologisch existent« (Buber, 2006, S. 290 f.).

1.2 Kreative Beziehungsgestaltung

Die Fähigkeit, *gemeinsam mit anderen Beziehungen kreativ zu gestalten*[4], die uns vor allen anderen Lebewesen besonders auszeichnet, geht aus dem sozialen Zusammenleben hervor, sie beflügelt den menschlichen Geist und begründet soziale und kulturelle Erfindungen und damit die Vielfalt und Mannigfaltigkeit menschlicher Kommunikation und menschlichen Daseins. Doch wie kam es im Verlauf der Evolution, und wie kommt es im Verlauf des persönlichen Lebens zur Entwicklung dieser Fähigkeit? Um das genauer zu verstehen, müssen wir zurückgehen zu den Ursprüngen der Menschwerdung, zu den *systemischen Anfangsbedingungen*, die unsere Entwicklung als Spezies bestimmen. Wie und unter welchen Bedingungen hat sich diese Fähigkeit im Verlauf der menschlichen Evolution immer differenzierter herausgebildet? Welche Möglichkeiten, Ambivalenzen und Widersprüche, welche produktiven und destruktiven Kräfte schlummern in diesem kreativen Potenzial?

Beziehungskreativität hinterlässt keine materiellen Artefakte wie Knochen oder Faustkeile, und doch liefert die evolutionäre Anthropologie (Tomasello, 2006, 2011, 2020; Suddendorf, 2014a) diverse Anhaltspunkte, um die Menschwerdung als Geschichte zu verstehen, in der sich Beziehungskreativität entfaltet. Diese Geschichte, in der die Evolution gemeinsamer Beziehungsgestaltungen die Evolution der Menschheit vorantreibt, soll hier in Ansätzen erzählt werden (Teil I): Sie bildet als anthropologische Rekonstruktion das Fundament und den Ordnungsrahmen für alle weiteren Überlegungen zu einer entwicklungsorientierten systemischen Theorie gemeinsamer Beziehungsgestaltung, die ich in Teil II vorstelle.

1.3 Gemeinsame Beziehungsgestaltung als Rahmen

Lebendige Beziehungen bilden die Basis des alltäglichen Lebens und Überlebens. Diese Erkenntnis ist weder neu noch originell. Sie spiegelt die Lebenserfahrung des *Homo sapiens*, gleich auf welchem Kontinent, in welcher Zeit oder Kultur. Gelingende oder misslingende menschliche Beziehungen sind von entscheidender Bedeutung, sowohl für den sozialen Zusammenhalt als auch für das Dasein jedes Einzelnen. Gelingende Beziehungen begünstigen Entwicklung,

---

4 Diese Fähigkeit können wir in Anlehnung an Ross Ashby, der zwischen *Veränderungen erster und zweiter Ordnung* unterscheidet (Hoffman, 1984, S. 47), und Watzlawick und Weakland (2000), die zwischen *Lösungen erster und zweiter Ordnung* unterscheiden, als *Kreativität zweiter Ordnung* bezeichnen.

Zufriedenheit, Wohlbefinden und Gesundheit. Menschen sind – so selbstbezüglich sie auch immer erscheinen mögen – vor allem Beziehungswesen, sie sind auf gelingende Beziehungen angewiesen. Zahlreiche Untersuchungen bestätigen diese Erkenntnis.[5] Allein die berühmte Harvard-Studie[6] zeigt eindrücklich: Lang andauernde gute Beziehungen mit hoher Qualität halten gesund und machen zufrieden. Leben heißt In-Beziehung-Sein zu sich selbst, zu anderen, zur Umgebung und zu einer Aufgabe, die uns mit Sinn erfüllt.

Die Ergebnisse der Psychotherapieforschung zeigen ebenfalls mit schöner Regelmäßigkeit: *Die Qualität einer therapeutischen Beziehung entscheidet darüber, was sich im Prozess einer Therapie zwischen und in den Beteiligten ereignen kann.* »Kein Befund der Psychotherapieforschung ist […] so häufig bestätigt worden wie der Zusammenhang zwischen dem allgemeinen Wirkfaktor Therapiebeziehung und dem Ergebnis von Psychotherapie« (Pfammatter, Junghan u. Tschacher, 2012, S. 24)[7]. Das gleiche Ergebnis zeigt sich in den Bereichen Beratung (Nestmann, 2004; Hackney u. Cormier, 1998), Coaching (Pauw, 2016), Soziale Arbeit (Gahleitner, 2017) oder Pädagogik.[8]

Wenn aber die Qualität des Beziehungsgeschehens der entscheidende Faktor ist, dann rückt die *gemeinsame Beziehungsgestaltung* in den Mittelpunkt der Aufmerksamkeit. Die spezifische Gestaltung einer Beziehung gibt den gemeinsamen Rahmen vor, eröffnet oder verschließt Möglichkeitsräume. Der *intersubjektive Raum* (Stern, 1993, 2010; Wegscheider, 2020), in dem sich zwischenmenschliches Geschehen ereignet, ist weder statisch vorgegeben noch kann er einseitig kontrolliert werden: Er wird vielmehr von den beteiligten Akteuren in einem Prozess kooperativen und kommunikativen Zusammenwirkens *gemeinsam* hervorgebracht und gestaltet.

Es sind daher *nicht*, wie irrtümlich in klassischen Forschungsansätzen zur Wirkung von Psychotherapie angenommen, Methoden und Techniken, die in therapeutischen Prozessen wirken, sondern Therapeuten *und* Klienten, die *gemeinsam* – in unterschiedlichen Rollen, mit unterschiedlichen Verantwortungen

---

5 2008 startete die Langzeitstudie »Panel analysis of intimate relationships and family dynamics« (»pairfam«), Ergebnisse abrufbar unter: https://www.pairfam.de.
6 Diese bisher einzigartige Langzeitstudie über Gesundheit und Zufriedenheit begann 1938 in Boston (vgl. Waldinger, 2015).
7 Eine vielfach bestätigte Aussage (vgl. u. a. Orlinsky, 2008; Orlinsky u. Howard, 1986, Orlinsky u. Roennestad, 2005; Wampold, Imel u. Flückiger, 2018; Sack u. Sachsse, 2013; Grawe, 1992, 1988; Staats, 2017; Wegscheider, 2020; Porges u. van der Kolk, 2010).
8 Die Metastudie des neuseeländischen Bildungsforschers John Hattie zeigt, im Unterricht kommt es, wie Hartmut Rosa formuliert, »vor allem auf die Qualität der Lehrer-Schüler-Beziehung an« auf das »Resonanzgewebe« (Rosa, 2016, S. 416; vgl. unter anderem auch Normile, 2017).

und Aufgaben (vgl. Staats, 2017) – therapeutische Prozesse oder therapeutische Situationen *so* gestalten, dass Methoden und Techniken wirksam werden können. »Leider ist diese wechselseitige Einbettung von Behandlungstechnik und Beziehungsgestaltung, dieses psychotherapeutische Pendant zu epistemischem Wissen und professionellem Können, mikroanalytisch kaum studiert worden«, schreibt Michael Buchholz und fährt fort, »hier liegt der Ursprung von Kategorienfehlern einer empirischen Forschung, die nur personenunabhängige Technik evaluieren will« (Buchholz, 2020, S. 94). Und Michael Macht bemerkt in diesem Zusammenhang: »Nachdenklich macht allerdings, dass sich trotz der mehr als 12.000 klinischen Studien und über 700 Metaanalysen der letzten 50 Jahre nicht genau sagen lässt, wodurch [diese] Behandlungserfolge zustande kommen« (Macht, 2018, S. 369). Auf Grund vieler Studien und klinischer Evidenz dürfen wir allerdings mit einiger Sicherheit annehmen, dass Behandlungserfolge- oder misserfolge stark durch die Art und Weise gemeinsamer Beziehungsgestaltung beeinflusst werden.

1.4 Kreative Kooperation

Offensichtlich gehören mindestens immer zwei Personen zu einer therapeutischen Beziehung, und diese wird gemeinsam gestaltet.

(A) *Auf der therapeutischen Seite* spielen Beziehungsverstehen und beziehungsgestalterisches Können, sogenannte »common factors«,[9] offenbar eine überragende Rolle. Begegnen Therapeuten und Therapeutinnen ihren Klienten und Klientinnen mit Respekt, Zuversicht und Mitgefühl? Werden Settings angemessen variiert, Methoden und Techniken intuitiv, souverän und flexibel eingesetzt, passend zur Situation, zur Klientel und zu den Aufgaben? Mit welcher inneren Einstellung und Haltung wird die Kooperation mit Klient:innen organisiert?

(B) *Auf der Klientenseite* kommt es vor allem auf Respekt für die Regeln, den Rahmen und Vertrauen an: Motivation zur Zusammenarbeit, Sympathie, Zuversicht und Zufriedenheit mit dem methodischen Vorgehen beeinflussen,

---

9   Interaktive Präsenz, Interesse, Entdeckungsfreude (Neugier), Offenheit, Resonanzfähigkeit, Empathie, aktives Zuhören, Beziehungsverstehen, Reflexion des Übertragungsgeschehens, Kontakt- und Begegnungsfähigkeit, Experimentierfreude, Authentizität, Loyalität, emotionale Schwingungsfähigkeit, Mentalisieren, Mitgefühl, Respekt oder die Fähigkeit, Akzeptanz mit Veränderungsmotivation und systemischer Zuversicht zu verbinden (vgl. u. a. Bleckwedel, 2006).

wie wir aus der Forschung wissen, die Wirkung und den Erfolg therapeutischer Prozesse ganz erheblich.

Allerdings ergibt sich erst aus (C) der *Beziehungspassung* und (D) *gemeinsam geteilten Zielen* ein tragendes und erfolgversprechendes Arbeitsbündnis. Entscheidend ist offensichtlich, wie Therapeuten und Klienten ihre Beziehung zueinander organisieren und gestalten, um im konkreten Arbeitsprozess (immer wieder) eine gute Zusammenarbeit zu gewährleisten. Damit rückt die *kreative Kooperation* (Bleckwedel, 2008) aller Beteiligten in den Fokus der Aufmerksamkeit. Konzepte der *therapeutischen Allianz*, die beide Seiten im Interaktionsprozess berücksichtigen, scheinen deshalb auch weit »besser geeignet [zu sein], Therapievorhersagen zu machen, als ein Konzept, das die Aufmerksamkeit nur auf einen der beiden Interaktionspartner richtet« (Staats, 2017, S. 9).

Die Evolution der Psychotherapie brachte eine begrüßenswerte Vielfalt verschiedener kooperativer Formen kreativer Beziehungsgestaltung hervor: unterschiedliche Settings, unterschiedliche Verfahrensweisen mit unterschiedlichen Schwerpunktsetzungen, Medien, Methoden und Techniken.[10] Die Liste der Pioniere und Möglichkeiten würde hier jeden Rahmen sprengen, und doch geht es immer auf irgendeine Art und Weise um kreative Kooperation. Heute können wir aus einem breiten Repertoire schöpfen, um therapeutische Beziehungen und Prozesse kreativ zu gestalten.

Dabei ist die Auswahl keineswegs beliebig! Im besonderen Fall verfolgt therapeutische Beziehungsgestaltung immer das übergeordnete Ziel, *kreative Kooperation in Bezug auf gemeinsam geteilte Ziele* zu ermöglichen. Gelingende Beziehungsgestaltung kann daher als gemeinsam geteilter Nenner psychotherapeutischer Verfahren angesehen werden (vgl. unter anderem Bronisch u. Sulz, 2015). Wie kann eine therapeutische Beziehung produktiv, kooperativ und kreativ gestaltet werden? Diese Frage durchzieht wie ein roter Faden die Praxis und die Theoriebildung moderner Psychotherapie.[11] Die Zukunft der Psychotherapie liegt daher nicht nur in der differenzierten Erforschung des Zusammenspiels wirksamer Faktoren (Bleckwedel, 2006, S. 378) und in methodischer Vielfalt, sondern ebenso in der Entwicklung einer allgemeinen Theorie menschlicher Beziehungsgestaltung (vgl. Osnabrücker Thesen zur Psychotherapie, 2019).

Allgemein gilt: In der Praxis unterstützen, begleiten und gestalten Therapeut/-innen und Berater/-innen *aller* Richtungen und Schulen durch ihr praktisches Tun die *Entwicklung von Beziehungen*. Dabei geht es nicht nur um (a) Be-

---

10 Einen guten historischen Überblick aus systemischer Sicht gibt Alexander Trost (2018, S. 25 ff.).
11 Vgl. dazu das von Klaus Grawe und Franz Caspar entwickelte Konzept komplementärer Beziehungsgestaltung (vgl. auch Sack u. Sachsse, 2013; Grawe, 1992, S. 68 ff.; Asen u. Fonagy, 2021).

ziehungen zu sich selbst und (b) Beziehungen zu bedeutungsvollen Gegenübern, sondern auch um (c) Beziehungen zwischen Menschen und (d) Beziehungen zur weiteren natürlichen Umgebung, Formen des Bezogenseins, die im menschlichen Dasein, im Raum des Zwischenmenschlichen[12] eine *untrennbare Einheit* bilden.

1.5 Praxis und Theoriebildung

Praktiker interessieren sich oft weniger für die Tiefen und Feinheiten von Theorien, sondern verständlicherweise mehr für die unmittelbare Praxis, also für die Frage »*Was können wir tun und wie wird es gemacht?*«. Doch die Praxis stellt uns immer wieder vor übergeordnete Fragen, und die Antworten auf diese Fragen organisieren, als Vorstellungswelt, nicht nur unsere Wahrnehmung, sondern ebenso unser Handeln weit mehr, als uns gemeinhin bewusst wird. »Theorie bestimmt, was wir beobachten können« (Einstein, zit. nach von Schlippe u. Schweitzer, 2016, S. 121). Aber unsere Vorstellungen bestimmen nicht nur die Art und Weise, wie wir die Welt sehen, sondern auch, wie wir uns in ihr bewegen und wie wir, gemeinsam mit anderen, handelnd die Welt hervorbringen.[13]

Die *kritische Auseinandersetzung* mit Vorstellungen, die uns in der Praxis leiten und an die wir uns gewöhnt haben, ist also, je länger wir darüber nachdenken, keine rein akademische, sondern eine für die Praxis höchst bedeutungsvolle Angelegenheit. Die Geschichte der Psychiatrie und Psychotherapie zeigt eindrücklich, wie sich Vorstellungswelten und damit Praktiken wandeln können (Stierlin, 1971, 2001). Es gibt keinen vernünftigen Grund anzunehmen, diese Entwicklung sei abgeschlossen.

Psychotherapeutische Theoriebildung beginnt mitten im Leben und beschäftigt sich mit dem *Zusammenspiel* mehr oder weniger bekannter Phänomene, immer verbunden mit der Intention, therapeutische Beziehungen, Settings und Situationen bewusster, flexibler, passgenauer und vielfältiger zu gestalten.

---

12 Ein »Zwischenreich […], in dem Individuen sich miteinander arrangieren, aufeinander einlassen und aneinander wachsen« (Dieter Thomä, zit. nach Zeit.de: https://www.zeit.de/2017/35/anstand-gesellschaft-zusammenleben-ruecksicht/seite-3). Siehe auch Thomä (2003).
13 Foucault spricht in »Die Ordnung der Dinge« von »epistemologischen Feldern« (Foucault, 1974a, S. 24) oder »Epistemen«, die unser Handeln bestimmen und sich historisch wandeln.

1.6 Basale menschliche Beziehungssysteme

Das Leben der Menschen vollzieht sich seit Urzeiten in basalen Beziehungssystemen, die sich von flüchtig vorübergehenden Interaktionen, Organisationen oder Gesellschaften[14] unterscheiden: Familien, Paare, Eltern-Kind-Beziehungen, Freundschaften und kleine überdauernde Gruppen reproduzieren und entwickeln sich im »gemeinsamen Lebensvollzug« als »intime Beziehungen« (von Schlippe u. Schweitzer, 2016, S. 131), und zwar *dauerhaft,* mit allen Windungen und Wendungen, über eine gewisse Zeit.

Solche basalen Beziehungssysteme tauchen als *elementare* soziale Systemeinheiten in allen Gemeinschaften und Gesellschaften auf – und zwar unabhängig vom Stand der Evolution, von der jeweiligen historischen Situation, vom Grad der Zivilisation, von der jeweiligen kulturellen Verfasstheit oder der speziellen Organisation einer bestimmten Gesellschaft.

Eine systemische Theorie menschlicher Beziehungsgestaltung sollte sich aus zwei Gründen auf soziale Systeme dieser Art beziehen. Ein Grund liegt auf der Hand: In der Praxis beschäftigen sich Therapeuten/Therapeutinnen mit eben solchen Systemeinheiten, und gegebenenfalls bilden sie mit Klient:innen vorübergehend ähnliche Systeme.[15]

Der zweite Grund ergibt sich aus einer übergeordneten evolutionären und gesellschaftlichen Perspektive. Basale Beziehungssysteme sind nicht einfach nur Orte, an denen sich das »allzu Menschliche« in wechselnden Inszenierungen ewiglich wiederholt. Wir müssen uns basale Beziehungssysteme vielmehr als Entwicklungsräume vorstellen, in denen sich der *Prozess der Zivilisation* zeigt und im Detail vollzieht.

Basale menschliche Beziehungssysteme sind Orte der affektlogischen (Ciompi, 1982) Transformation: Dort entwickelt und transformiert sich zuallererst das psychische Erleben, das Sprechen, Handeln und Wünschen, und dort werden soziale und kulturelle Erfindungen, wenn nicht gemacht, so doch weitergegeben und verstetigt. Die Erkenntnisse der Soziologie und Sozialpsychologie zeigen

---

14 Niklas Luhmann (1984) unterscheidet in seiner einflussreichen *Theorie sozialer Systeme* eben diese drei Arten sozialer Systeme. Basale Beziehungssysteme von der Art, um die es hier geht, werden nicht erfasst.

15 Der Unterschied besteht in der Regel darin, dass therapeutische Beziehungen eingegangen werden, um sie zu beenden. Darin besteht das grundlegende Paradox therapeutischer Beziehungen. Ausnahmen, z. B. bei Behinderungen oder langfristigen psychiatrischen Leiden, bestätigen die Regel.

eindrücklich den engen Zusammenhang von gesellschaftlichen Beziehungslogiken und Beziehungslogiken in basalen Beziehungssystemen.[16]

In jedem Fall beginnt die Praxis und Theorie der modernen Psychotherapie seit Freud mit der Dynamik in basalen Beziehungssystemen. In diesem Bereich, dem Raum des Zwischenmenschlichen, geht es um extrem komplexe und feine emotionale, mentale, interaktive und kommunikative Abstimmungs- und Regulationsprozesse, die sich über eine gewisse Dauer ereignen, sich in transaktionalen Mustern verselbstständigen und weiterentwickeln: Muster von Beziehungsgestaltungen, die, wie sich noch zeigen wird, als Transaktionsmuster (Wynne, 1985) eine eigene Dynamik entfalten.

1.7 Beziehungsgestaltende Akteure

Im Raum des Zwischenmenschlichen sind wir gestaltende Beobachter, die sich *gegenseitig* beim Beobachten und Gestalten von Beziehungen beobachten. Schon Menschenaffen beobachten genau, wie sich Beziehungen in ihrem Umfeld entwickeln (siehe Teil I).

Als Akteure in basalen Beziehungssystemen sind wir also nicht nur »teilnehmende Beobachter«, mehr oder weniger zufällig und passager als »Umwelten« (Luhmann, 1984) eingekoppelt ins Beziehungsgeschehen. Vielmehr bringen wir die intimen Partnerschaften, Eltern-Kind-Beziehungen, Freundschaften oder therapeutischen Beziehungen, von denen hier die Rede ist, *gemeinsam* mit anderen Akteuren hervor. Darin liegt die tiefere Bedeutung der Kybernetik zweiter Ordnung, also die systemtheoretische Erkenntnis, dass wir immer schon Teil des Systems sind, das wir beobachten. Wir beeinflussen und gestalten, als beziehungsgestaltende Akteure, die Systeme, von denen wir ein Teil sind, ob wir es nun wollen oder nicht. Eine neutrale Position existiert im Raum des Zwischenmenschlichen nicht (Bleckwedel, 2008, S. 39 ff.).

Das gilt selbst im größeren Maßstab: Unser persönlicher Einfluss auf die uns umgebende und nährende Biosphäre mag marginal sein, und doch hinterlassen wir persönlich »Fußabdrücke« oder »Handabdrücke«.

Weit größer ist unser Einfluss in den basalen Beziehungssystemen, die wir gemeinsam mit anderen hervorbringen und in denen wir uns bewegen. Als *beziehungsgestaltende Beobachter* bringen wir gemeinsam mit anderen Akteuren

---

16 Studien zum Autoritarismus (vgl. Reich, 1933/1970; Fromm, 1945/1983; Adorno, Frenkel-Brunswik, Levinson u. Sanford, 1950; Theweleit, 1977, 1978; Heitmeyer, 2002; Ritscher, 2017) illustrieren diesen Zusammenhang eindrücklich.

hervor, was wir Beziehung nennen. Kurz: Menschen beobachten und gestalten sich gegenseitig beim Beobachten und Gestalten von Beziehungen und bringen dabei komplexe Muster von Beziehungen hervor, die auf die Beteiligten zurückwirken.

1.8 Theorie des Zwischenmenschlichen

Legen wir den Fokus der Beobachtung auf die persönliche Entwicklung, können wir sagen, dass sich die an einem basalen Beziehungssystem beteiligten Personen durch *bezogene Individuation* (Stierlin, 1978, 1989) entwickeln. Gleichzeitig entwickeln sich jedoch auch die Transaktionsmuster zwischen den Personen. In der persönlichen Entwicklung, der *Individuation* (Simon, 1984) gehen Muster von Emotionen und Verhaltensweisen aus vorangegangenen Mustern hervor, ähnlich entfalten sich in basalen Beziehungssystemen über die Zeit komplexere Formen der Koordination, Interaktion, Kooperation und Kommunikation zwischen den beteiligten Personen.[17]

Im Bereich des Zwischenmenschlichen ereignen sich also immer mindestens drei Entwicklungsprozesse *gleichzeitig*: (a) die personale Entwicklung einer Person A, (b) die personale Entwicklung einer Person B und (c) die Entwicklung von Mustern der Koordination, Interaktion, Kooperation und Kommunikation zwischen den Personen A *und* B. Diese Entwicklungen sind wiederum kontextuell eingebettet in (d) Entwicklungen der engeren und weiteren Umgebung.

Will man das komplexe Zusammenspiel aller Entwicklungsprozesse – die *bezogenen Individuationen* (Stierlin, 1978) der Personen und die *Epigenese von Beziehungssystemen* (Wynne, 1985) – im Zusammenhang erfassen und verstehen, stößt man mit Theoriearchitekturen (theoretischen Sichtweisen), die vorwiegend subjektbeziehungstheoretisch *oder* kommunikationstheoretisch argumentieren, deutlich an Grenzen. Auf die theoriegeschichtlichen Hintergründe, die damit verbundenen theoretischen Probleme und deren Lösung gehe ich in Teil II detailliert ein. Hier nur so viel: In der kommunikativ orientierten *Theorie sozialer Systeme* (Luhmann, 1984) werden handelnde Subjekte als beziehungsgestaltende Akteure explizit ausgeblendet, während subjektbeziehungsorientierte Entwicklungstheorien sich weitgehend auf die Betrachtung einzelner Subjekte in ihrer Beziehung zur Umgebung beschränken. Das gilt auch für die weithin bekannte Bindungstheorie (Bowlby, 1975, 1988; Grossmann

---

17 Wie sich Paarbeziehungen, wenn es gut geht, entfalten können, habe ich an anderer Stelle beschrieben (Bleckwedel, 2014).

u. Grossmann, 2009, 2012, 2020), die in der Entwicklungspsychologie und inzwischen auch in der Psychotherapie (Trost, 2018) eine überragende Rolle spielt. Der Forschungsschwerpunkt liegt überwiegend auf der Entwicklung einzelner Kinder in Bezug zur mütterlichen Umgebung. Als eigenständige Subjekte, die sich in der Beziehung zu ihren Kindern ebenfalls persönlich weiterentwickeln (Fortsetzung der bezogenen Individuation in der Beziehung zu Kindern), tauchen Eltern, Väter und Mütter in der Literatur kaum auf. Ausnahmen bestätigen die Regel:»Geburt einer Mutter: Die Erfahrung, die das Leben einer Frau für immer verändert« (Stern u. Bruschweiler-Stern, 2014) lautet einer der wenigen Titel, die sich mit diesem Thema beschäftigen.

Erst in einer erweiterten Sichtweise – wenn man also annimmt, dass sich *alle* an einem basalen Beziehungssystem beteiligten Person persönlich *permanent* weiterentwickeln –, richtet sich die Aufmerksamkeit auch darauf, *wie* sich Eltern und Großeltern in der Beziehung zu ihren Kindern und Enkeln lebenslang weiterentwickeln.

Ein Blick auf die *Epigenese von Beziehungssystemen* (Wynne, 1985) fehlt in der Forschung hingegen fast vollständig. Basale Beziehungssysteme tauchen als eigenständige, sich selbst entwickelnde dynamische Einheiten in den gängigen Theorien schlicht nicht auf und werden daher auch kaum erforscht. Dabei wäre es doch interessant, genauer zu beobachten, *wie* die Muster und Formen der Koordination, Interaktion, Kooperation und Kommunikation in basalen Beziehungssystemen sich entwickeln und immer komplexer werden. Mit dieser Dimension von Entwicklung haben sich bisher nur wenige Forscherinnen beschäftigt, eine rühmliche Ausnahme bilden die Untersuchungen von Elisabeth Fivaz-Depeursinge und Antoinette Corboz-Warnery (2001), auf die ich in Teil II ausführlich eingehe.

Aus der Praxis ist jedenfalls hinlänglich bekannt, dass sich in länger andauernden intensiven Beziehungen bestimmte wiederkehrende Transaktions- und Kommunikationsmuster – und damit spezifische *Systemstimmungen* (Bleckwedel, 2008) – verfestigen, herausbilden und entwickeln, die auf die Personen, die diese Muster als Akteure selbst hervorbringen, zurückwirken. Die Bedeutung dieser Muster für die individuelle und kollektive Entwicklung kann kaum überschätzt werden.[18]

---

18 Untersuchungen zeigen: Die Qualität der Beziehung der Eltern zueinander hat einen größeren Einfluss auf die Entwicklung von Kindern als die Qualität der Beziehung von Kindern zu einzelnen Elternteilen.

1.9 Geschichtlichkeit

Was verbindet die unterschiedlichen, ineinander verschachtelten Organisationsebenen (Wynne, 1985) des Lebendigen?[19] Psychische, soziale und kulturelle Systeme bilden unterschiedliche *Systemtypen* (Luhmann, 1984), da sie aus unterschiedlichen Elementen bestehen; sie generieren jeweils spezifische *Organisations- und Prozessstrukturen* und folgen eigenen Regeln. Was also könnten solche Systeme gemeinsam haben? Was verbindet Menschen mit Menschen und diese mit den sozialen Systemen und den Kulturen, die sie hervorbringen, und der Biosphäre, von der sie ein Teil sind?

Gregory Bateson (1983, 1984) hat darauf hingewiesen, dass alle *lebenden Systeme,* wenn auch auf jeweils sehr besondere Art und Weise, neben einer (A) Struktur gleichzeitig eine Art von (B) *Strukturbewusstsein* (Bateson, 1978, S. 60) ausbilden. Es gibt demnach, so die These, in allen lebendigen Systemen eine Art von *geschichtlichem Strukturbewusstsein* – ein Bewusstsein über die besondere *Gewordenheit* und das *Werden,* mit anderen Worten über die Entwicklung der eigenen Selbstorganisation. (A) Struktur und (B) Strukturbewusstsein lebender Systeme sind nicht identisch, müssen jedoch zusammengedacht werden. Das ist gemeint, wenn Bateson (1984) von *Geist und Natur als unauflöslicher Einheit* spricht.

Was vielleicht etwas kompliziert klingt, kann gut beobachtet werden, wird subjektiv erlebt[20] und ergibt, bei genauerer Betrachtung, einigen Sinn. Es gilt für so unterschiedliche Lebewesen und lebende Systeme wie Menschen, Bäume, Seesterne, Delfine, Elefanten, Bienenvölker, Gruppen von Affen, Wälder und Wiesen oder ganze Ökosysteme. »Das Muster, das verbindet, ist ein Metamuster«, notiert Bateson (1984, S. 19), und es gibt gute Gründe zu der Annahme, dass sich sowohl menschliche Bewusstseinssysteme (Kandel, 2006) als auch soziale und kulturelle Systeme (Elias, 1976) wie alle lebenden Systeme (Maturana u. Varela, 1987), *geschichtlich* prozessieren und entwickeln. Eine ökosystemische Theorie des Zwischenmenschlichen sollte daher von Geschichtlichkeit ausgehen:
1. *Geschichtlichkeit* verbindet, als Grundeigenschaft, sowohl (a) sehr kleine, mittlere und sehr große lebende Systeme (Einzeller, Menschen, Gesellschaften, die Biosphäre) als auch (b) unterschiedliche Systemtypen (leibliche, psychische, soziale, kulturelle oder politische Systeme). Alle diese Systeme prozessieren (sich) geschichtlich.

---

19 Diese Organisationsebenen werden in Teil II ausführlich dargestellt.
20 Zum Beispiel im »auftauchenden Selbstempfinden« (Stern, 1993) von Säuglingen oder in Achtsamkeitsübungen (Kabat-Zinn, 2004).

2. *Geschichtliche Systeme* beziehen sich im Prozess ihres Werdens und Vergehens epigenetisch[21] auf vorangegangene Entwicklungen. Das bedeutet:
   a) Gegenwärtige Muster und Formen variieren, kombinieren und transformieren ältere Muster und Formen, sie tragen deshalb, bei aller Neuorganisation, Spuren des Gewordenseins (Informationen über die *Entwicklung* ihrer Selbstorganisation) in sich. Das Vergangene wird, um es mit Hegel zu sagen, in der Transformation aufgehoben.[22]
   b) Zum anderen bilden gegenwärtige Muster und Formen die Basis und die Voraussetzungen zukünftiger Entwicklungen. Mit anderen Worten: Die Vergangenheit geschichtlicher Systeme zeigt sich in der Gegenwart und die Gegenwart wirkt in die Zukunft hinein.
3. Die Geschichtlichkeit eines Systems begrenzt und ermöglicht, im Zusammenspiel mit sich wandelnden Umgebungsbedingungen und im Rahmen systemischer *Anfangsbedingungen,* alle zukünftigen Entwicklungen.
4. Entwicklungstheoretisch bedeutungsvoll an der Unterscheidung von (A) *Struktur* und (B) *geschichtlichem Strukturbewusstsein* ist nun Folgendes: Strukturen der Vergangenheit können in der Gegenwart nicht (rückwirkend) verändert werden, das geschichtliche Strukturbewusstsein von Menschen, sozialen und gesellschaftlichen Systemen über vorangegangene Entwicklungen kann sich hingegen sehr wohl in Gegenwart und Zukunft wandeln und entwickeln. Das geschichtliche (Struktur-)Bewusstsein bleibt mental und kommunikativ zugänglich und ist veränderbar.
5. Mit der Zeit können sich, auf der Basis eines sich entfaltenden Strukturbewusstseins, neue und komplexere Strukturen und Formen von Bewusstsein, von sozialer, kultureller und gesellschaftlicher Organisation herausbilden.

Obwohl Teil der biologischen Evolution treten die Menschen als kulturelle Wesen aus dieser hervor, und es entwickelt sich, auf der Grundlage einer besonderen Sprachentwicklung (Teil I), eine bemerkenswerte Besonderheit der menschlichen Spezies: Die Möglichkeiten der *Formbarkeit* und die *Veränderungsgeschwindigkeit(en)* geschichtlichen Bewusstseins steigen, im Vergleich zu pflanzlichen oder tierischen Bewusstseinsformen, unter Menschen steil an (genauer in Teil II). Damit erweitern sich auch die Möglichkeiten, Beziehungen

---

21 Siehe dazu das Kapitel über die Epigenese von Beziehungssystemen in Teil II.
22 Das gilt, solange Menschen und menschliche Systeme existieren. Viktor Frankl sagt dazu: »Vor allem aber kann die Vergänglichkeit des Daseins dessen Sinn aus dem einfachen Grunde nicht Abbruch tun, weil in der Vergangenheit nichts unwiederbringlich verloren, vielmehr alles unverlierbar geborgen ist. Im Vergangensein ist es also vor der Vergänglichkeit sogar bewahrt und gerettet« (1995, S. 9, zit. nach Pfeifer, 2021, S. 117).

zu gestalten, enorm. Geschichtlichkeit bedeutet von nun an, Menschen können die Geschichten, die sie über sich selbst und die Welt erzählen, frei gestalten und damit Gegenwart und Zukunft verändern. Kurz: Ab einem bestimmten Punkt der Evolution bestimmt und dominiert die kulturelle Entwicklung die biologische Entwicklung (vgl. auch Krause u. Trappe, 2021, S. 126 ff.), wobei Biologie weiterhin die Grundlage jeder Entwicklung bildet und deren Grenzen bestimmt.

1.10 Entwicklungsräume – Grenzen und Möglichkeiten

Vor etwa einhundertfünfzigtausend Jahren entwickelten Gruppen von *Homo sapiens* ein *offenes und fiktionales Sprachsystem* (Teil I). Wahrscheinlich nutzten die modernen Menschen diese revolutionäre kulturelle Erfindung bereits, als sie vor etwa 70.000 Jahren von Afrika aus begannen, die ganze Welt zu besiedeln und alle anderen Arten von Hominiden, unter anderem die Neandertaler, zu verdrängen. Tatsache ist jedenfalls, dass die innovative sprachliche Infrastruktur, auf der sowohl unsere Bewusstseinssysteme als auch unsere Kommunikationssysteme operieren, die Basis bilden, auf der sich die außerordentliche Entwicklung der Menschheit seither vollzieht.[23] Mit dem innovativen Sprachsystem verschieben sich die Grenzen der Gestaltungsmöglichkeiten erstaunlich. Die modernen Menschen können innere Welten in der Fantasie und äußere Welten im kommunikativen Austausch verändern, neu erfinden und anders gestalten, womit sich psychisch, sozial, kulturell, politisch, ökonomisch und technisch ungeahnte Möglichkeiten eröffnen. Andererseits zeigen sich gerade jetzt, im Anthropozän, schmerzhaft die Grenzen einer ungehemmten, besinnungslosen und mit Vernichtung verbundenen Entwicklung.[24]

Betrachten wir die Evolution der menschlichen Spezies unvoreingenommen, dann ging es niemals nur um die Frage »Wer wird überleben?«, sondern von

---

23 Selbstverständlich spielen genetische Entwicklungen, klimatische Rahmenbedingungen und historisch bedingte Umgebungsbesonderheiten (wechselnde Eis- und Warmzeiten, katastrophale Vulkanausbrüche, Veränderungen von Fauna und Flora) für die menschliche Evolution eine wichtige Rolle, und doch gilt ab diesem Zeitpunkt »Kultur schlägt Biologie« (Krause u. Trappe, 2021, S. 126).

24 »Wenn die derzeitige Zunahme der Weltbevölkerung, der Industrialisierung, der Umweltverschmutzung, der Nahrungsmittelproduktion und der Ausbeutung der natürlichen Ressourcen unvermittelt anhält, werden die absoluten Grenzen des Wachstums auf der Erde in den nächsten hundert Jahren erreicht«, heißt es bereits 1972 im ersten Bericht des Club of Rome (»The limits to growth. A report for the Club of Rome's project on the predicament of mankind«;. vgl. auch Verbeek, 1998; Film: Der Erdzerstörer, 2019).

Beginn an immer auch um die Frage »Wie können wir gemeinsam überleben?«. In diesem Kontext gewinnt die Formel vom »Survival of the Fittest« (Darwin) eine ganz andere Bedeutung als die, die ihr am Anfang des 20. Jahrhunderts durch einen politisch motivierten *Sozialdarwinismus*[25] – fälschlicherweise und in Verkürzung der Evolutionstheorie – zugewiesen wurde. Als Spezies fit zu sein bedeutet heute, zu erkennen, wie wir uns umgebungssensibel *innerhalb bestimmter Grenzen*[26] entwickeln können, um *gemeinsam* unter den gegebenen natürlichen Bedingungen auf einem *gesunden Planeten*[27] zu überleben. Das bedeutet nichts weniger, als dass wir die Art und Weise, wie wir als Spezies Beziehungen gestalten, zu uns selbst, untereinander und zur weiteren Umgebung, grundlegend transformieren müssen.[28]

In der Geschichte der menschlichen Zivilisation finden sich von Beginn an zwei widerstreitende Motive oder Logiken, die beide die Entwicklung der Spezies charakterisieren. Ich stelle sie hier einander in Tabelle 1 gegenüber, ohne die Widersprüchlichkeiten und Mehrdeutigkeiten (Bauman, 1995a) im Detail weiter zu diskutieren:

Tabelle 1: Gegenüberstellung zweier Logiken

Logik (A)	Logik (B)
Gemeinsame Entwicklung innerhalb definierter Grenzen	Schrankenlose Expansion
Kreative Kooperation und produktiver Wettstreit	Radikale Konkurrenz
Gegenseitiger Respekt und balancierte Gleichwertigkeit	Einseitige Dominanz
Kreisläufige und ausbalancierte Formen von Entwicklung	Permanente Steigerung

Elemente und Spuren beider Logiken finden sich schon immer in der Geschichte der modernen Menschen (vgl. Krause u. Trappe, 2021), doch spätestens mit

---

25 Im Sozialdarwinismus steht der »Kampf ums Dasein«, nicht Kooperation, im Vordergrund (vgl. Hofstadter, 1944, S. 449).
26 Kate Raworth (2018): Die *Donut-Ökonomie* (ein Wirtschaftsmodell, das den Planeten Erde als Lebensraum erhält) geht von einer Reihe planetarer und sozialer Grenzen aus. Grenzen der Erderwärmung dürfen nicht überschritten, Grenzen der Biodiversität nicht unterschritten werden. Die Entwicklung von Bereichen wie Gesundheit und Bildung, deren Begrenzungen sozialpolitisch festgelegt werden, definieren den Entwicklungsraum von Gesellschaften (als alternative Zielvorgabe zum Wachstum des BIP in der traditionellen Ökonomie).
27 Vgl. Planetary Health: https://planetary-health-academy.de
28 Vgl. Dohm, Peter und van Bronswijk (2021). *Siehe* auch: IPU-Projekt: Psychologie des sozialökologischen Wandels: https://www.psychosozial-verlag.de/download/Psychologie_des_sozialoekologischen_Wandels.pdf.

dem weltumspannenden Siegeszug der Industrialisierung und des europäischen Kolonialismus wird die Logik (B) in einer globalisierten Welt zur dominanten Logik, und zwar an allen Orten, auf allen Ebenen und allen Gebieten (Rosa, 2016). Durch technische Innovationen rasant beschleunigt, führt diese Entwicklung die menschliche Spezies an einen kritischen Wendepunkt, und alle Daten weisen darauf hin, dass die Zerstörung der natürlichen Lebensgrundlagen nur durch einen evolutionären Entwicklungssprung aufgehalten werden kann.

Wenn wir als Spezies überleben wollen, müssen wir lernen, uns mithilfe der Logik (A) innerhalb bestimmter, natürlich gegebener Grenzen zu bewegen und unsere Beziehungen innerhalb begrenzter Entwicklungsräume gemeinsam menschenwürdig und umgebungsfreundlich zu gestalten. Die Herausforderungen, die eine solche *zivilisatorische Transformation* mit sich bringt, sind riesig (vgl. Göpel, 2020a, 2020b). Gerade deshalb erscheint es mir sinnvoll, sich auf Geschichtlichkeit zu besinnen. Woher kommen wir, und wie sind wir dahin gekommen, wo wir jetzt sind? Welche Denktraditionen, welche Affektlogiken, welche Formen und Muster von Kommunikationen hindern uns daran, *jetzt situationsangemessen zu handeln* und tatsächlich *nachhaltige Lösungen* für die Herausforderungen unserer Zeit umzusetzen? In einer systemisch-entwicklungsorientierten Perspektive sind nachhaltige Lösungen solche Lösungen, die möglichst wenig neue Probleme erzeugen *und* möglichst viele neue Lösungen ermöglichen. Welche Möglichkeiten ergeben sich, wenn wir unsere Lebensweise und unser Denken verändern? Welche Geschichten tragen uns in die Zukunft, und wie können wir sie erzählen? Am Ende kommt es wohl darauf an, gemeinsam Beziehungen sinnvoll zu gestalten, im Einklang mit uns selbst, menschenfreundlich und im pflegenden Umgang mit der natürlichen Umgebung.[29]

Die Lebens- und Überlebensfähigkeit psychischer, sozialer und kultureller Systeme hängt vom Grad ihrer Geschichtlichkeit und vom verfügbaren Potenzial zur Veränderung ab.[30] Den *Grad von Geschichtlichkeit* in Systemen kann man »beschreiben als das Verhältnis von Verdrängtem zu Durchgearbeitetem«, schreibt Klaus Theweleit. »Das Durchgearbeitete drängt zu Verwandlungen, zu Spiralen – etwas das trägt und federt –, die Verdrängung führt zu Wieder-

---

29 Schon heute ist vieles möglich, das zeigt das Konzept der Gemeinwohlökonomie (https://web.ecogood.org/de/) am Beispiel dreier Gemeinden in Nordfriesland, siehe: »Hinterm Deich wird alles gut« (2020), eine filmische Dokumentation.
30 Gregory Bateson definiert Flexibilität als »ungebundene Potentialität der Veränderung« (Bateson, 1983, S. 628) und unterscheidet die Flexibilität eines Systems von der Flexibilität einzelner Elemente dieses Systems. An einem bestimmten Punkt ihrer Entwicklung können Systeme – durch die zunehmende Flexibilität der beteiligten Elemente – ihr Potenzial zur Veränderung verlieren, denn das System »versklavt« (Haken, 1987) nun seinerseits seine Elemente, es wird rigide und begrenzt die Spielräume der Elemente. Mehr dazu: Bleckwedel (2008, S. 289 f.).

holungen, zu konzentrischen Kreisen – etwas, das einengt und abstumpft« (Theweleit, 1990, S. 14). In einer systemisch-entwicklungsorientierten Perspektive erhält ein hoher Grad von Geschichtlichkeit zukunftsfähig, weil Potenziale der Veränderung frei zur Verfügung stehen (die sonst gebunden wären). Wenn man diesen Gedanken akzeptiert, dann wird das *gemeinsame Verstehen und Bearbeiten von Entwicklungsprozessen* mit dem Ziel, *Potenziale der Veränderung freizusetzen,* in vielerlei Hinsicht zu einem zentralen Moment, nicht nur in therapeutischen Prozessen. Jede Veränderung muss sowohl gewachsene Strukturen berücksichtigen als auch neue Möglichkeitsräume in der Zukunft eröffnen.

1.11 Unterschiedliche Ordnungen – Bewusstsein, Kommunikation und Sinn

Wir leben in einer Zeit, in der Forscher mithilfe großer Rechner alles Mögliche immer genauer beobachten und messen. Die Bewegungen von Sternen und Galaxien, die Dynamik kleinster Teilchen, die Zusammensetzung des Genoms. Die moderne Gehirnforschung führte, beflügelt durch bildgebende Verfahren, zu eindrucksvollen Erkenntnissen auf dem Gebiet der Biologie des Geistes. Wie arbeitet unser Gehirn? Immerhin können wir über die *neurobiologischen Grundlagen* von Phänomenen wie Gedächtnis (Kandel, 2012, 2018), Lernen, Empathie, Rollenwechsel (Moreno, 1988) oder Mentalisieren (Fonagy, Gergely, Jurist u. Target, 2004) schon heute einiges sagen (Hüther, 1999, 2004, 2015; Bauer, 2005; Gelernter; 2016, Prinz, 2013).[31] Aber ist damit die Welt erklärt?[32]

Die überragende Bedeutung sozialer Beziehungen für die Gehirnentwicklung steht außer Frage. Doch was ist eigentlich Bewusstsein, und was meinen wir genau, wenn wir von Kommunikation sprechen?

Bei allen Fragen, die in diesem Kontext auftauchen, halte ich es für dringend notwendig, zwischen (A) *Ordnungen,* die wir beobachten und empirisch überprüfen können, und (B) *sprachlichen Ordnungen,* in denen wir die Phänomene, die wir beobachten, sinnhaft ordnen, sehr *genau* zu unterscheiden. Ordnungen der Kategorie (A) sind *gegeben oder nicht gegeben,* während Ordnungen der Kategorie (B) frei und in beliebiger Vielfalt erfunden werden können.

Neurobiologische Strukturen und Muster, die bewegten Bilder eines sich ausdehnenden Netzwerkes aus Dendriten auf einem Bildschirm, sind faszi-

---

[31] Allerdings bleibt noch vieles offen: Wie kommunizieren Cortex, Bauchhirn und Mikrobiom untereinander und mit der Umgebung? Da kann noch einiges erforscht werden.
[32] Und wenn ja, wie lebt es sich in einer durch Zahlenregime entzauberten Welt (vgl. Adorno u. Horkheimer, 1969)?

nierend, ergeben aber für sich genommen, ohne Bedeutungsgebung, keinerlei Sinn! Sinn (Frankl, 2015; Luhmann, 1984, 1988, 1994) entsteht erst unter Menschen, die denken und miteinander über Beobachtungen, Erfahrungen und Gedanken sprechen. Sinn entsteht also erst auf der Ebene menschlichen Geistes und menschlicher Kommunikation; durchaus auf der Basis biologischer Strukturen und Muster, aber *eben nicht* ohne mentale und sprachliche Deutungen und Einordnungen. Wissenschaftliche Ordnungen entstehen, im Sinne John Deweys (2002, 2007), wenn die vorfindbaren Ordnungen der Kategorie (A) die erfundenen Ordnungen der Kategorie (B) bestätigen oder widerlegen.[33]

Einen entscheidenden Irrtum begeht man meiner Ansicht nach, wenn man, wie der Nobelpreisträger für Physik Steven Hawking (2018), maschinelle Systeme mit menschlichen Lebensformen und auf dieser Grundlage maschinelle Intelligenzen (KI) mit menschlichem Bewusstsein gleichsetzt. Maschinelle Intelligenzen können *lernen zu lernen,* das schon. Vielleicht können maschinelle Intelligenzen sich eines Tages sogar selbstständig reproduzieren, und doch bleiben sie emotional blinde, »resonanzlose« Wunderwerke der Technik, denn sie verarbeiten keine *Sinneseindrücke,* sondern Daten. Es wird zwar gern behauptet, Bewusstsein ließe sich auf Datenströme reduzieren, aber kein Vertreter dieser Idee konnte bisher nachvollziehbar und überzeugend darlegen, »wie und warum Datenströme Bewusstsein und subjektive Erfahrungen erzeugen könnten« (Harari, 2018, S. 533).

Maschinen können lernen, Musik zu komponieren oder menschliche Gesichtsausdrücke und Emotionen durch vergleichende Berechnungen zu identifizieren. Aber sie fühlen nicht, wie und was sie berechnen. Woher auch? »Könnte ein computergesteuerter Roboter Bewußtsein haben?«, fragt der britische Psychologe Nicholas Humphrey (1997, S. 164) in seinem naturwissenschaftlich orientierten Werk über das menschliche Bewusstsein. Seine Antwort: »Nur wenn er Farben, Schmerzen, Juckreiz usw. erleben könnte und ihn das alles so berühren würde wie uns. Nur die Tatsache, daß der Roboter auf hohem Niveau wahrnehmen oder denken könnte, wäre bedeutungslos, solange er kein Gefühlsleben hätte« (Humphrey, 1997, S. 164).

Die maschinellen Intelligenzen, die wir erfinden und herstellen, empfinden weder Schmerz noch Freude, sie fühlen weder Scham noch Schuld, sie haben kein Gefühl für Verantwortung und entwickeln weder Empathie noch Mitgefühl.

---

33 Wolfgang Prinz sagt dazu: »Wenn wir uns fragen, warum sich Menschen unterschiedlich entscheiden, hilft ein Blick in deren Hirne nicht viel weiter. Wie gesagt, ich teile die Prämisse nicht, dass menschliches Verhalten durch Hirnforschung erklärt werden kann. Hirnprozesse können einen interessanten Beitrag leisten, mehr aber nicht« (Schnabel u. Assheuer, 2010, S. 37; vgl. auch Hustvedt, 2018, S. 109–113).

Sie kennen keinen Humor, haben kein Gewissen und verfügen über keine eigene Moral (Spiekermann, 2019). Sie bilden keinen Begriff von sich selbst und können nur vergessen, wenn man ihnen den Strom abstellt.

Wir selbst aber sind widersprüchliche Wesen und keine zwei gleichen sich, so wie keine Situation einer anderen gleicht. Keine Beziehung, keine Geschichte ist eine simple Kopie von etwas, weil wir der Welt des Lebendigen angehören, und es wäre tragisch, verlören wir die Unterschiede und Grenzlinie zwischen uns und den Maschinensystemen, die wir erschaffen, aus dem Blick.[34] Was wir unser Selbst, unsere Seele oder unser Bewusstsein nennen, geht aus dem Auftauchen des Selbstempfindens (Stern, 1993) hervor, das immer schon die emotionale Erfahrung lebendiger Beziehungsgestaltung widerspiegelt.

Die Welt menschlicher Beziehungen, wie überhaupt die ganze Biosphäre, zeigt sich voller *zirkulärer* Wechselwirkungen, seltsamer Schleifen und *rekursiver* Resonanzen. Wir nehmen intuitiv mit unserem *ganzen* Körper wahr, wir agieren und reagieren sowohl eingebettet in unseren Leib (vgl. Storch, Cantieni, Hüther u. Tschacher, 2006; Pesso u. Perquin, 2007; Schmidbauer, 1984; Plassmann, 1994) als auch eingebettet in soziale Beziehungen, und dasselbe gilt für die Gegenüber, mit denen wir uns kommunikativ austauschen.

Fühlen wir uns in einer Beziehung sicher und aufgehoben, können wir flexibel und spontan handeln, und wir können gemeinsam unser kreatives Potenzial entfalten. Mit anderen Worten: Es sind *Systeme gegenseitigen sozialen Engagements* (Porges u. van der Kolk, 2010; Porges, 2012), die uns als Spezies auszeichnen, die uns guttun und die uns voranbringen.

Bereits im Mutterleib und als kleine Babys sind wir *gestaltende Beobachter* (vgl. Stern, 1991, 1993; Dornes, 1993) und bleiben es ein Leben lang. In unserem bewussten und unbewussten Sein und Bewusstsein sind wir zutiefst bezogene, geschichtliche und narrative Wesen. Wir beziehen uns auf uns selbst, auf andere Menschen, auf Objekte und Umgebungen, auf die Vergangenheit und die Zukunft, wir denken über verschiedenartige Beziehungen und Beziehungserfahrungen nach, und wir teilen die tiefe Leidenschaft, uns über all das mit anderen auszutauschen. Diese *Austauschlust* ist vielleicht das Menschlichste an uns. Sie verleiht der Welt ihren Zauber.

---

34 Es gibt eine tiefer liegende »Grenzlinie zwischen der Welt des Lebendigen (wo Unterscheidungen getroffen werden und Unterschiede Ursachen sein können) und der Welt unbelebter Billardkugeln und Galaxien (wo Kräfte und Wirkungen die ›Ursachen‹ von Ereignissen sind)«, formuliert Bateson (1984, S. 14) treffend.

Teil I: Beziehungswelten

*»Für Menschen heißt Leben so viel wie ›unter Menschen weilen‹ –
inter homines esse.«*
(Hannah Arendt, 1958/1981, S. 17)

2 Ursprünge der Menschwerdung

>*»Das Utopische liegt in der Bewegung selbst,
das Unbekannte zu entdecken.«*
>(Uwe Timm, 2020, S. 159)

Woher kommen wir? Wer sind wir? Warum sind wir hier? Wohin gehen wir? Jede Zeit stellt diese Fragen neu. Im 19. Jahrhundert machte Charles Darwin eine Entdeckung: Menschen und Menschenaffen stammen von denselben Vorfahren ab (Darwin, 1871/72). Darwins Beobachtung stellte überlieferte Gewissheiten, Weltsichten und Schöpfungsmythen, die über Jahrtausende weitergegeben wurden, radikal infrage. Die Erkenntnis: Wir sind tief verankert in der biologischen Evolution und treten doch als kulturelle Wesen aus ihr hervor.

Darwins Theorie führt zu weiteren fundamentalen Fragen. Was unterscheidet uns von den Tieren und wie kommt der Unterschied in die Welt? Wo liegen die Ursprünge, was sind die Quellen menschlichen Daseins, menschlicher Kommunikation und menschlichen Bewusstseins? In jedem Fall wird die Menschwerdung im Licht der Evolutionstheorie als *Teil* einer umfassenden und zusammenhängenden Evolution von Leben erkennbar, die eine Vielfalt von Lebewesen und Lebensräumen mit komplexer werdenden Strukturen und Mustern hervorbringt.[35]

Wir kommen aus den Meeren. Das erkennen wir noch heute an unserem Körperbau, der in seiner Grundstruktur Fischen ähnelt. Der Knochenaufbau unserer Hände gleicht dem von Vorderflossen, und unsere Gehirne weisen jene Dreigliedrigkeit auf, die sich bereits lange vor unserer Zeit bei frühen Fischen herausgebildet hat (Shubin, 2009). Vor etwa vierhundert Millionen Jahren krochen Fische an Land und wandelten sich zu Amphibien. Aus diesen ersten Landtieren entwickelten sich vor etwa siebzig Millionen Jahren Primaten und schließlich jene Menschenaffen, die im Tierreich unsere nächsten Verwandten sind. Wir haben uns weiterentwickelt, doch biologisch gesehen bleiben wir

---

35 Als Teil einer umfassenden Komplexitätsentfaltung (vgl. Jantsch, 1982).

Tiere; der Mensch gehört zur Klasse der Wirbeltiere, wie Krokodile, und ist ein Säuger, wie Mäuse.

Wenn aber der Mensch, als Teil der Natur, ein Tier und die menschliche Entwicklung Teil einer umfassenden Evolution von Leben ist, die alle Kreaturen auf der Erde miteinander verbindet, wie kommt es, dass die menschliche Spezies aus dem Tierreich hervortritt, eine breite *Kluft* (Suddendorf, 2014a, S. 27) überschreitet und schließlich ein schöpferisches Entwicklungsniveau erreicht, von dem Menschenaffen nicht einmal träumen können? Wie können wir uns den Übergang und schließlich den Sprung in ein anderes Dasein vorstellen?

Der *Unterschied* zwischen Menschen und Menschenaffen kann im Rahmen von Genetik[36] nicht hinreichend erklärt werden. Forscher verweisen daher gern auf die Entwicklung des menschlichen Gehirns und der menschlichen Intelligenz (vgl. Suddendorf, 2014a; Harari, 2015). Aber die Entwicklung menschlichen Geistes und menschlicher Kommunikation ist kein isoliertes Ereignis, sondern Teil eines umfassenden Geschehens, in dem es auf verschiedenen Ebenen – individuell, sozial, kulturell und gesellschaftlich – um die gemeinsame Gestaltung von Beziehungen geht.

2.1 Kreative Beziehungsgestaltung – Spuren und Quellen

Untersuchungen zur kindlichen Entwicklung zeigen eindrücklich, wie eng die Entwicklungen von Kognition, Emotion und Sprachentwicklung aufeinander bezogen sind und wie stark diese Entwicklungen vom Gelingen oder Misslingen gemeinsamer Beziehungsgestaltung beeinflusst wird (vgl. unter anderem Bowlby, 1975, 1988; Stern, 1993, 1998; Maturana u. Verden-Zöller, 1993; Fonagy et al., 2004).

Eine Reise zu den Ursprüngen und Quellen der Menschwerdung zeigt zudem: Was für die Entwicklung einzelner Individuen gilt, gilt auch für die Evolution der Spezies.[37] Es sind keineswegs *einzelne Faktoren*, die als »letzte Ursachen« die menschliche Evolution und Entwicklung hervorbringen.[38] Das

---

36 Das Erbgut von Schimpansen und Menschen unterscheidet sich in etwa um 1,5–2 Prozent.
37 Das Beziehungsgeschehen zwischen Kindern und ihren Eltern (oder anderen bedeutungsvollen Gegenübern) ist eine Art Nachvollzug des Evolutionsprozesses (Tomasello, 2006, 2009, 2020). Die Ontogenese (Entwicklung einzelner Individuen) spiegelt die Phylogenese (Entwicklung der Spezies).
38 Körperliche Entwicklungen (aufrechter Gang, Sprechmuskulatur, Hirnentwicklung), Ernährungsweisen, genetische Entwicklungen, Umgebungsbedingungen, Kultur, Neurobiologie, Kooperation oder Kommunikation werden immer wieder als einzelne Faktoren hervorgehoben. Es kommt aber darauf an, die Verknüpfung aller dieser Faktoren besser zu verstehen.

Geheimnis menschlicher Evolution und Entwicklung liegt vielmehr in der besonderen Verknüpfung und Kopplung verschiedener Faktoren auf unterschiedlichen Ebenen der Organisation von Leben.[39] Die Evolution emotionaler und kognitiver Fähigkeiten ist *im Rahmen menschlicher Beziehungsgestaltung* eng mit der Entwicklung kooperativer und kommunikativer Fähigkeiten verknüpft.

Wie auch immer die Verknüpfungen genau aussehen, offenbar entfaltet sich – während Menschen im Verlauf der Evolution mental, emotional, kommunikativ und sozial immer differenzierter und flexibler unterwegs sind – die Fähigkeit, gemeinsam Beziehungen schöpferisch und komplex zu gestalten. Die Entwicklung von Beziehungsfähigkeit und gemeinsamer Beziehungsgestaltung kann daher als Schlüssel angesehen werden, um besser zu verstehen, was uns mit dem Reich der Tiere verbindet, aber auch, was uns trennt und hervorhebt.

Schon Delfine sind, wie Gregory Bateson in seiner Zeit auf Hawaii beobachtete, vorwiegend mit den Mustern ihrer Beziehungen beschäftigt: »Allerdings glaube ich, dass sie [die Delfine], wie wir selbst und andere Säugetiere, vornehmlich mit den Mustern ihrer Beziehungen beschäftigt sind«, schreibt Bateson (1983, S. 478). Offensichtlich entwickeln Menschen in der Evolution mehr und mehr die Fähigkeit, Beziehungen zu sich selbst, untereinander und zur Umgebung immer differenzierter und sensibler und, gemeinsam mit anderen, sozial und kulturell kreativer zu gestalten.

Was wir Leben nennen, erwachte auf der Erde vor etwa 3,5 Milliarden Jahren. Am Anfang[40] begannen, so der heutige Kenntnisstand, einfache einzellige Organismen, aus *externen Quellen* Energie zu gewinnen. Schließlich lernten sie, die gewonnene Energie auf ein selbst entwickeltes hoch spezialisiertes Molekül zu übertragen: Dieses *ATP-Molekül*, das Energie speichern und abgeben kann, liefert noch heute, als Energiequelle und Baustein pflanzlicher und tierischer Zellen, jene Lebensenergie, die alle lebenden Organismen, vom Bakterium bis zum Menschen, nutzen: nicht nur, um sich (a) über sich selbst und (b) über die Umgebung zu *informieren,* sondern auch, um sich (c) selbst zu *organisieren* sowie (d) die Umgebung zu *gestalten.*[41]

»Am Ende […] werden Sie erkennen, dass es sinnlos ist, zwischen Aspekten, die ›biologisch‹ sind, und solchen, die man als ›psychologisch‹ oder ›kulturell‹ bezeichnen würde« zu unterscheiden, schreibt der amerikanische Neurobiologe und Primatologe Robert Sapolsky (2017) in der Einleitung zu seinem Buch über Gewalt und Mitgefühl. »Alle diese Dinge sind unauflöslich miteinander verknüpft.«

39 Eine genauere Darstellung der Organisationsebenen findet sich in Teil II.
40 James Suzman (2021) beschreibt diesen Beginn anschaulich in seinem Buch »Sie nannten es Arbeit, eine andere Geschichte der Menschheit«.
41 (a) Wie ist mein innerer Zustand, was brauche ich? (b) Wo finde ich Energiequellen (Nahrung), um weiterzuleben, wo ähnliche Organismen, um mich zu entwickeln und zu vermehren? (c)

Aus diesen Anfängen heraus entsteht ein lebendiger Reigen, in dem sich die Elemente des Lebens gegenseitig vervielfältigen und schöpferisch hervorbringen. Lebende Systeme *transformieren* Materie, Energie und Information, indem sie sich selbst und ihre Umgebung auf bestimmte Arten strukturieren und organisieren. Mit anderen Worten, lebende Systeme erschaffen sowohl sich selbst als auch, im Austausch mit anderen Lebewesen, ihre natürlichen Umgebungen im Rahmen kosmischer Entwicklungen.

Vor rund 650 Millionen Jahren hatte sich die Stratosphäre der Erde genügend mit atmosphärischem Sauerstoff angereichert, es bildete sich eine Ozonschicht, eine Art Membran, die den Planeten seither umhüllt und Lebewesen vor Strahlung und Wärmetod schützt. Erst diese Schutzhülle ermöglichte es bestimmten Lebewesen, allmählich die Küstenbereiche der Ozeane zu besiedeln. Auf diese Weise entstand im Verlauf von etwa zweihundert Millionen Jahren das, was wir heute Biosphäre nennen: »miteinander vernetzte, sehr komplexe ozeanische und terrestrische Ökosysteme voller Organismen unterschiedlichen Typs« (Suzman, 2021, S. 41), die sich selbst und miteinander gegenseitig, hervorbringen, organisieren und gestalten.

Die durch Transformationen gespeiste Entfaltung des Lebens zeigt sich nicht nur (a) in der Entwicklung einzelner Lebewesen, die in ihrer biologischen Struktur und Organisation immer differenzierter, komplexer und vielfältiger werden (Jantsch, 1982), sondern ebenso (b) in den kommunikativen Vernetzungen der Lebewesen untereinander, die sich ebenfalls immer differenzierter, komplexer und vielfältiger entwickeln. Den bisherigen Höhepunkt dieser Entwicklung bilden menschliche Zivilisationen.

In der gegenwärtigen Lage zeigt sich allerdings eine bemerkenswerte Paradoxie im Verlauf der Evolution. Im *Anthropozän* (Ehlers, 2008) bedroht die menschliche Spezies *als Teil der Evolution von Leben* durch ihre Existenzweise die natürlichen Lebensgrundlagen, von denen die eigene und die Existenz vieler anderer Lebewesen abhängt. Dies kann als Zeichen einer umfassenden und tiefgreifenden Evolutionskrise gedeutet werden, die zu allererst eine Krise der menschlichen Zivilisation ist. Die Menschen werden, wollen sie überleben, die Art und Weise, wie sie Beziehungen gestalten, grundlegend ändern müssen.

Wie die Sache ausgeht, können wir heute nicht wissen. Wir befinden uns in einer Ungewissheitslage (Stegmeier, 2008). Was gegen uns spricht, ist die Tatsache, dass Menschen seit etwa siebzigtausend Jahren mit beispielloser Ener-

---

Wie kann ich mich optimal strukturieren und organisieren, um zu (über-)leben und mich weiterzuentwickeln? (d) Wie kann ich meine Umgebung optimal organisieren und gestalten, um zu (über-)leben und mich weiterzuentwickeln?

gie und Gier überall dort, wo sie auftauchen, Flora und Fauna vernichten und bestehende Ökosysteme destabilisieren (Krause u. Trappe, 2021). Was für uns spricht, ist, dass wir schon heute einiges über die Bedingungen und Funktionsweisen des Lebens wissen. Wenn es gut geht, wenden wir dieses Wissen auf uns selbst, auf die menschliche Gemeinschaft und die uns umgebende und nährende Natur an. Dann könnten wir zu Hüterinnen des Lebens werden, und zwar durch die Art und Weise, wie wir Beziehungen gestalten, zu uns selbst, zu anderen und zur Umgebung.

Klar ist in jedem Fall, Menschen generieren und transformieren durch Arbeit (Suzman, 2021) global gesehen *immer mehr Energie und Information*. Sie verändern und gestalten dadurch sich selbst, ihr Zusammenleben und ihre Umgebungen wie kein zweites Wesen. Heute bestimmen Menschen im kommunikativen Miteinander die natürlichen, sozialen, kulturellen und technologischen Bedingungen ihres Daseins weitgehend selbst, und die Bedingungen anderer Lebewesen gleich mit.

Wie kam es zu dieser Entwicklung? Wie gelang den Menschen *der Sprung* auf ein schöpferisches Level, das sie von anderen Tieren fundamental unterscheidet und trennt?

Menschen und Tiere teilen die gleichen biologischen Eigenschaften, sie wandeln auf derselben Erde, und doch bewegen sie sich in völlig unterschiedlichen Welten. Tatsächlich konnten die Menschen eine lebendige kommunikative und geistige Infrastruktur entwickeln, die sie schöpfungsmächtiger als andere Lebewesen macht und sie schließlich ins Anthropozän führt. Wo liegen die Ursprünge dieser erstaunlichen Entwicklung, und, vielleicht wichtiger, wie können wir die Quellen dieser Entwicklung heute nutzen?

Wo die Spuren unserer Vorfahren sich im Staub der Frühgeschichte verlieren, sind wir auf die Kraft unserer Fantasie angewiesen. Und doch lohnt sich der Versuch, die Geschichte der Menschwerdung genauer zu rekonstruieren, und zwar als eine Geschichte, in der sich menschlicher Geist und menschliche Kommunikationen im Rahmen menschlicher Beziehungsgestaltungen entfalten.

Auf dem Pfad dieser Rekonstruktion wird sich zeigen: (1) Die Ursprünge und Quellen der Menschwerdung liegen im sozialen Zusammenleben. (2) Es gibt eine fortlaufende, epigenetische Entwicklung vom Zusammenleben der Menschenaffen über das Zusammenleben einer Vielfalt von Homines bis zum Zusammenleben moderner Menschen. (3) Es scheint ein gewaltiger *Sprung* zu sein vom Dasein der Menschenaffen ins schöpferische Dasein der Menschen, es können allerdings *Übergänge* und *Übergangsbereiche* identifiziert werden, in denen sich diese Entwicklung wahrscheinlich vollzogen hat. (4) Soziale Kooperation ist typisch für Primaten, und im Verlauf der menschlichen Evolution hat sich diese Fähigkeit weiterentwickelt zu der Fähigkeit, kommunikativ und kulturell zu kooperieren. (5) Im Rahmen dieser Entwicklung erfanden *Homo sapiens* ein offenes und fiktionales Sprachsystem als gemeinsame Basis für *kommunikative Kooperation* und *fantastisches Denken*. Ein Sprachsystem, das wir noch heute nutzen, um Beziehungen zu uns selbst, zu anderen und zur Umgebung geistig und kommunikativ zu gestalten. Diese kulturelle Erfindung hob die Menschen auf ein anderes Level der Entwicklung.

Menschen sind Beziehungswesen und die Geschichte der Menschwerdung kann mit einiger Berechtigung als eine Geschichte verstanden werden, in der sich Beziehungskreativität entfaltet. Diese Geschichte soll nun erzählt werden, um die Ursprünge und Quellen freizulegen und Zugänge zu erhalten.

2.2 Unterwegs zum schöpferischen Sein

2.2.1 Beziehungswesen auf Wanderschaft

Schon Charles Darwin (1871/1872) vermutete die *Wiege der Menschheit* in der Heimat von Schimpansen und Gorillas. Die Menschwerdung hat sehr wahrscheinlich in Afrika begonnen. Vor etwa sechs bis acht Millionen Jahren entwickelten sich dort diverse Arten von Homines in unterschiedlichen Linien und Ausprägungen.[42] Vor etwa zwei Millionen Jahren tauchte in der Mitte dieser Artenvielfalt der *Homo erectus*[43] auf, ein großgewachsener Menschentyp mit einiger Hirnmasse und noch mehr Fernweh – jedenfalls fanden sich seine Spuren nicht nur in Spanien und Georgien, sondern bereits vor 1,6 Millionen Jahren in China (»Peking-Mensch«) und auf Java (»Java-Mensch«). Offenbar besiedelten Frühmenschen bereits Teile der Erde, lange bevor der *Homo sapiens* von Afrika aus in mehreren Wellen[44] aufbrach, um alle Kontinente zu erkunden und schließlich zu erobern.

---

42 Genaueres dazu: Suddendorf (2014a, S. 310 ff.).
43 Aus dem *Homo erectus* entwickelte sich, in einer Seitenlinie, vor etwa 300 000 bis 200 000 Jahren der *Homo sapiens*. Eine weitere Seitenlinie bildet der Neandertaler.
44 Der aktuelle Forschungsstand unterstützt die Annahme, dass *Homo sapiens* in mehreren Auswanderungsbewegungen Afrika verließ: Die erste Gruppe vor etwa 200 000 Jahren, eine zweite vor etwa 130 000 Jahren und eine dritte Gruppe sogenannter *moderner Homo sapiens*, die sich von den ersten deutlich unterschieden, vor etwa 70 000 Jahren. Erst die letzte Gruppe eroberte in atemberaubendem Tempo die ganze Erde.

2.2.2 Aufrecht gehende Wanderer mit Verstand, Überblick und Ausdauer

Der aufrechte Gang ist, neben einem vergrößerten Gehirn, ohne Zweifel das anschaulichste körperliche Merkmal der Homines. Diese Wesen sind ständig neugierig unterwegs.

Wie es zum aufrechten Gang kam, ist nicht ganz klar. Einige Forscher gehen davon aus, dass unsere Vorfahren sich aufrichteten, als sie von den Bäumen herabstiegen und begannen, durch die Savanne zu laufen. Yves Coppens (1994) erzählt die Geschichte in seiner *East Side Story* genannten Theorie so: Vor etwa acht Millionen Jahren bildete sich durch die Verschiebung tektonischer Platten der große afrikanische Grabenbruch, ein Gebirge, das Afrika in zwei Klimazonen teilte; im Westen, wo es regnete, konnten die Menschenaffen weiter in den Bäumen der Regenwälder leben, im Osten, wo es kaum noch regnete, mussten sie von den Bäumen herabsteigen und sich durch die Savanne bewegen. Dabei richteten sie sich auf. Andere Forscher wie Tim White (Asfaw et al., 1999) gehen, auf der Grundlage neuerer Skelettfunde, davon aus, dass die Vorfahren des Menschen bereits in den Wäldern die Fähigkeit zum aufrechten Gang erwarben.

Unstrittig ist, dass die Entwicklung des aufrechten Ganges – die sich trotz der damit verbundenen heftigen Rücken- und Gebärschmerzen durchsetzte – einen wichtigen Wendepunkt und Ausgangspunkt der Menschwerdung markiert.

2.2.3 Zeit der Artenvielfalt – kleine Gruppen herumziehender Homines

Wie auch immer die Evolution der Homines im Detail verlaufen sein mag, in jedem Fall verlassen unsere frühen Vorfahren irgendwann die Wälder und beginnen in kleinen, großfamiliären Gruppen zunächst als Sammler, Vegetarier und Gejagte, später als Jäger und Fleischesser durch die Savannen zu ziehen. Sie ernähren sich von Früchten, Wurzeln, Knochenmark und Kleingetier. Allmählich entwickeln sie die Fähigkeit, dank langer, gut gebauter Beine und speziell funktionierender Schweißdrüsen, *ausdauernd* durch die Savanne zu laufen. Der erhöhte Stand erlaubt beim Laufen einen gewissen *Überblick* und die frei werdenden Hände können genutzt werden, um sich mit Steinen und Stöcken gegen Raubtiere zu wehren oder Werkzeuge und Waffen herzustellen und zu handhaben.[45] Die Gruppen können ihren Standort beweglich wechseln, weite

---

45 In der Savanne zahlen sich technische Erfindungen besonders aus. Das heißt aber auch, Menschen müssen intelligenter werden, Kinder müssen »unterrichtet« werden, um Werkzeuge zu handhaben.

Strecken mühelos zurücklegen, und schließlich beginnen sie, gemeinsam auch größere Tiere zu jagen.[46] Aufrecht gehend oder laufend können sie die Gegend überblicken und sich beim Sammeln, Jagen oder Gejagtwerden untereinander verständigen. Sie lernen, das Feuer zu beherrschen, und können daher ihre Ernährungsweise, entsprechend der Versorgungslage, flexibel umstellen und erweitern.[47] Vor Unwettern und Räubern schützen Höhlen, und die Gruppen lernen, sich gemeinsam gegen körperlich überlegene und gefährliche Gegner zu verteidigen.[48]

Heute gehören alle auf der Erde lebenden Menschen einer einzigen Spezies an. Alle anderen Arten sind seit etwa dreißigtausend Jahren verschwunden. Europäer, Afrikaner, Asiaten, amerikanische Ureinwohner, Aborigines – wir sind *alle* Homo sapiens. Das war nicht immer so. In der prähistorischen Zeit bevölkerte eine große *Vielfalt* menschlicher Arten, aufrecht gehende, mehr oder weniger große und intelligente Homines, die Erde.

Daran änderte sich über Hunderttausende von Jahren wenig, die Entwicklung verlief eher gemächlich. Die unterschiedlichen Arten von Homines lebten in Gruppen von etwa dreißig bis achtzig Individuen, danach teilten sich die Gruppen. Enge emotionale, großfamiliäre Beziehungen waren die elementare Basis ihres Zusammenlebens und Überlebens, aber die grundlegende Art, wie diese Gruppen soziale Beziehungen gestalteten, veränderte sich lange Zeit kaum. Auch ihre Vermehrung verlief moderat, sie lebten in ökologischen Nischen unter vielen anderen Arten ein relativ unauffälliges Leben als Sammler, Gejagte und Jäger etwa in der Mitte der Nahrungskette.[49]

Wer in einer Zeit rasender Entwicklung und zügelloser Expansion lebt, dem erscheint ein Zustand kaum merklichen Wandels in der Vorstellung vielleicht »paradiesisch«. Doch wie es wirklich »war«, wie die frühen Homines ihr Dasein tatsächlich *erlebten*, können wir heute unmöglich sagen. Selbst wenn wir, in einer Art Zeitreise, diese frühen Menschen treffen und fragen könnten, sie würden nicht verstehen, was wir mit »Paradies« meinen. Vielleicht trugen sie, die Homines, eine Art Sehnsucht nach dem Leben im Wald, das sie aufgeben mussten, als Empfindung mit sich, aber mit einiger Sicherheit hatten sie noch

---

46 Die Jäger der Khoisan im südlichen Afrika erlegen noch heute schnelle Huftiere wie Zebras oder Steinböcke, indem sie so lange hinter ihnen herlaufen, bis diese entkräftet zusammenbrechen.
47 (Gegrilltes) Fleisch liefert Eiweiß, auf dieser Grundlage können Gehirne leichter wachsen und sich komplexer »verdrahten«.
48 Unter anderem gegen die gefürchteten Hyänen, die ebenfalls in den Höhlen lebten.
49 Die in Eurasien lebenden Neandertaler jagten vor allem Mammuts, rotteten diese jedoch nicht aus (Krause u. Trappe, 2021).

keinen sprachlichen Begriff vom »Paradies«, und wir würden auf eine unüberwindliche kognitive und kommunikative Barriere stoßen.

Heute können wir uns, wenn wir ein bestimmtes Entwicklungsalter erreichen, über *mentale Zustände, abstrakte Konstruktionen* oder *fantastische Vorstellungen*, wie z. B. die Vorstellung vom »Paradies«, unterhalten. Das können wir allerdings nur, weil wir, die Kinder der *Homo sapiens, lernen,* uns kognitiv und emotional in einem *offenen und fiktionalen Sprachsystem* zu bewegen und auszudrücken. Wir werden in einen sprachlichen Raum, ein Medium, hineinsozialisiert, in dem wir uns so selbstverständlich bewegen wie Fische im Wasser. Dabei vergessen wir leicht, dass es sich um eine sehr besondere kommunikative Welt handelt, in die nur diejenigen eintreten können, die als Kinder die passenden »sozio-kognitiven Schlüssel« (Tomasello, 2006, S. 20) für diese Welt erwerben. Eine Welt der kommunikativen Kooperation und fantastischen Narration, die den anderen Arten von Homines verschlossen blieb.

2.2.4 Eine kulturelle Erfindung mit weitreichenden Folgen

Vieles spricht für die Annahme, dass ein offenes und fiktionales Sprachsystem auf hohem Niveau erst von dem modernen *Homo sapiens,* der in Afrika »eine neue Lebensweise« (Tomasello, 2006, S. 12) begründet hatte, entwickelt wurde. Eine kulturelle[50] Erfindung, die tatsächlich alles veränderte. Jedenfalls wandelte sich vor etwa siebzigtausend Jahren die Situation auf der Erde dramatisch. Der Grund dieser umwälzenden Veränderung war kein Vulkanausbruch oder Meteoriteneinschlag, sondern eine kulturelle Erfindung mit weitreichenden Folgen. Die neuen Gruppen von *Homo sapiens,* die in einer *dritten Wanderungswelle* von Afrika aus aufbrachen, die Welt zu erobern, unterschieden sich offenbar durch irgendetwas sehr Besonderes erheblich von ihren Vorläufern. Tatsache ist: Diese modernen Menschen besiedelten und eroberten in relativ kurzer Zeit jeden Winkel der Erde und verdrängten schließlich alle anderen menschlichen Arten.

Auf ihren Wanderungen und Entdeckungsreisen müssen diese *modernen Menschen* allen möglichen Arten von Frühmenschen begegnet sein, die schon lange vor ihnen – vor etwa 1,6 Millionen Jahren – in verschiedenen Gegenden der Erde heimisch geworden waren.

Noch vor wenigen Jahren gingen Anthropologen und Paläontologen davon aus, dass der *Homo sapiens* sich *nicht* mit anderen Menschenarten, z. B. mit

---

50 Den Ausdruck »kulturell« gebrauche ich hier im Sinne von Michael Tomasello: »im Sinne von Gemeinschaft [...], d. h. im Sinne des Zusammenlebens und gegenseitigen Verstehens (und Mißverstehens), was die Grundlage allen menschlichen Sozialllebens ausmacht« (Tomasello, 2006, S. 10).

Neandertalern, vermischte. Neuere Funde und Erkenntnisse zeigen jedoch, dass die modernen Menschen in bestimmten Regionen mit anderen Arten von Homines über Jahrtausende Seite an Seite lebten, sexuelle Kontakte unterhielten und gemeinsame Nachkommen zeugten.[51] Wie auch immer die Kontakte im Einzelnen verliefen, die genetische Vielfalt[52] der vorgeschichtlichen Zeit lebt in allen Sapientes weiter, und diese genetische Vielfalt erhöht ihre Flexibilität und Anpassungsfähigkeit.

Die neuen, modernen Sapientes waren den anderen Arten von Homines offensichtlich weit mehr überlegen als ihre Vorläufer. Sie besetzten und eroberten, wo sie auftauchten, die Territorien, und sie veränderten überall dort, wo sie hinkamen, massiv Fauna und Flora – und diesmal überlebten die anderen Arten von Homines nicht:

»Die letzten Angehörigen des *Homo soloensis* segneten vor 50 000 Jahren das Zeitliche, der *Homo denisova* folgte 10 000 Jahre später. Die letzten Neandertaler verabschiedeten sich vor rund 30 000 Jahren, und die Zwergmenschen von der Insel Flores gingen vor 12 000 Jahren dahin. Zurück blieben ein paar Knochen und Steinwerkzeuge, eine Handvoll Gene in unserem Genom und eine Menge unbeantworteter Fragen« (Harari, 2015, S. 30).

Die frühen Menschenarten waren offenbar nicht konkurrenzfähig. Einige verschwanden vielleicht still und leise, andere verhungerten, wurden versklavt oder durch Seuchen hinweggerafft, einige räumten friedlich das Feld, während andere sich einem Kampf stellten, den sie nicht gewinnen konnten. Wir können es nicht mit Gewissheit sagen, aber nüchtern betrachtet ist es sehr wahrscheinlich, dass es bereits in der Vorgeschichte unserer Spezies mehr oder weniger grausame Artenmorde gegeben hat.[53] Menschen sind Primaten, und schon Schimpansen können, wie Jane Goodall (1991) und andere beobachtet haben, brutal und grausam sein. Wir möchten es nicht gern wahrhaben, aber ein unvoreingenommener Blick in die Geschichte und die Gegenwart zeigt, dass die Fähig-

---

51 Zum Beispiel in den Höhlen am Berg Carmel an der Mittelmeerküste bei Haifa, wo Neandertaler und moderne Menschen aufeinandertrafen und sich vermischten.
52 Im Jahr 2010 konnte der Paläogenetiker Svante Pääbo vom Max-Planck-Institut für evolutionäre Anthropologie in Leipzig nachweisen: Ein Teil des genetischen Materials in unserem Genpool stammt vom Neandertaler (Pääbo, 2015).
53 »Vielleicht war das ja der Grund, warum unsere Vorfahren die Neandertaler ausrotteten«, schreibt Harari: »Sie waren zu ähnlich, um sie zu ignorieren, und zu anders, um sie zu dulden« (Harari, 2015, S. 30). Die Geschichte von Kain und Abel könnte als geschichtliche Verarbeitung dieser frühen Erfahrung von Mord und Totschlag unter den Homines gelesen werden.

keit zur Grausamkeit[54] im Verlauf der menschlichen Evolution ebenso zunimmt wie die Fähigkeit zur Mitmenschlichkeit.

Unbestreitbares Faktum ist jedenfalls, dass überall dort, wo die modernen Menschen auftauchten, die frühen Menschenarten verschwanden. Der Siegeszug des *Homo sapiens* beendete die Zeit der hominiden Artenvielfalt[55] und begründete gleichzeitig eine Ära von Diversität unter den übrigbleibenden Sapientes.

2.3 Metakommunikation und Erfindungsgeist

Zweifellos waren die frühen Homines in gewisser Weise intelligent, sie kooperierten und kommunizierten miteinander, und mit Sicherheit waren sie uns in vielen Bereichen überlegen. Wer könnte heute schon dauerhaft in der Wildnis überleben? Orientierung in unbekannten Gegenden, feine Naturwahrnehmung, mit bloßen Händen Werkzeuge herstellen und handhaben, Feuer beherrschen, gemeinsam oder allein Tiere jagen, Gefahren begegnen und Feinde abwehren – das alles hat mit Sicherheit zur Intelligenzentwicklung der frühen Menschen beigetragen. Wer als körperlich relativ unbewehrtes Wesen herumwandert und dabei den Naturgewalten ausgesetzt ist, wer großen und gefährlichen Räubern aus dem Weg gehen oder sie sogar erlegen will, der muss technisch erfinderisch sein, muss Kooperation und Kommunikation entwickeln.

Doch diese Entwicklung stößt, bleibt sie im engen Rahmen einer zweckorientierten, an Tätigkeiten orientierten Sprache gefangen, an Grenzen. Die Entwicklung von Intelligenz, Emotion und Kommunikation verharrt weitgehend auf einem *funktionalen,* zweckorientierten Niveau. Wären, wie lange Zeit vermutet, Werkzeugmachen, Kampflust, kollektive Aggression, Kooperation und Verständigung beim Jagen und Kämpfen *allein* die Triebfedern menschlicher Evolution gewesen, dann hätten die Menschen kaum jene überragenden intellektuellen, emotionalen und kulturellen Fähigkeiten entwickelt, die sie aus-

---

54 Organisierte Gruppengewalt (meist in Verbindung mit einer entsprechenden mentalen (propagandistischen) Rahmung kann bei Menschen zu einem *Tötungsrausch* führen, in dem intensive Tötungslust empfunden wird. Auch dies gehört nachweisbar zu unserem evolutionären Erbe, ein neurobiologisch gebahntes, grausames Potenzial, über das prinzipiell alle modernen Menschen verfügen (vgl. Elbert, Rockstroh, Kolassa, Schauer u. Neuner, 2006), obwohl organisierte Grausamkeit vorwiegend durch Männerhorden verübt wird (vgl. u. a. Theweleit, 1977, 1978).

55 Vielleicht beginnt bereits hier eine Tragödie, die nur zu einem guten Ende kommen kann, wenn wir lernen, unsere Überlegenheit zur intelligenten Sicherung von Artenvielfalt, Klimaschutz und Ressourcenpflege einzusetzen.

zeichnen – und die prähistorische Zeit der hominiden Vielfalt wäre vielleicht nie zu Ende gegangen.

Die modernen Sapiens müssen einen tief greifenden Wandel zweiter Ordnung (siehe Kapitel 2.7) durchlaufen haben. Offenbar war ihnen der Sprung in eine höhere Dimension von Entwicklung gelungen, die den Frühmenschen versperrt blieb. Sie erfanden, wie wir wissen, Pfeil und Bogen, Boote, Öllampen, Nadeln zum Nähen[56] und innovative kollektive Kampftechniken,[57] waren also technisch und kämpferisch besonders begabt. Aber das allein erklärt ihren Siegeszug, vor allem ihre spätere Alleinherrschaft nicht ausreichend. Die modernen Menschen hatten vielmehr die Art ihres Sprechens und ihre Sprache grundlegend verändert, eine kulturelle Innovation, die alles, auch das Denken und Fühlen, veränderte. Der Gebrauch dieser Sprache machte sie sozial, kulturell und technologisch wesentlich kreativer als alle anderen Arten von Homines.[58]

Der Sapiens hatte tatsächlich eine geniale kulturelle Erfindung gemacht (vgl. Harari, 2015, S. 47 ff.), ein metakommunikatives Sprachsystem, ein Kommunikationssystem über Kommunikationen (vgl. von Foerster, 1981): Eine Sprache, in der man Elemente der Sprache immer wieder neu ordnen, anders codieren und komplex verschachteln (kontextualisieren) kann. Eine Sprache, in der man *diskursiv* sprechen und *fantastisch* denken kann. Eine Sprache, durch deren Gebrauch *eine gemeinsam geteilte kommunikative und geistige Infrastruktur entstehen kann, auf deren Basis sich die Bewusstseine einzelner Individuen in einer neuen, schöpferischen Dimension koppeln können.*

Mit der Erfindung einer neuartigen Kommunikations- und Denkweise erschufen die modernen Menschen einen bisher nicht existenten sprachlichen und gedanklichen Kosmos, der bisher unbekannte, ganz praktische Entwicklungsmöglichkeiten auf der Erde eröffnet und sich in diversen kulturellen Universen zeigt: »Dank der fiktiven Sprache konnten genetisch weitgehend identische Menschen, die unter ähnlichen Umweltbedingungen lebten, völlig unterschiedliche Wirklichkeiten schaffen, die in eigenständigen Normen und Werten zum Ausdruck kamen«, schreibt Harari (2015, S. 63).

So unterschiedlich und vielfältig die ca. sechstausend weltweit existierenden Sprachen auch sein mögen, das neue offene und fiktionale Sprachsystem bildet die Basis *aller* Sprachen und trägt die menschliche Entwicklung bis heute.

---

56 Womit man Felle zusammennähen und in kalten Gefilden überleben kann.
57 Die Neandertaler jagten einzeln oder in kleinen Gruppen einzelne große Tiere, vor allem Mammuts. Die Sapiens jagten in großen Gruppen ganze Herden, die sie in Schluchten trieben und dort schlachteten, waren aber auch in der Lage, kleine flinke Tiere zu jagen.
58 Der *Löwenmensch* von der schwäbischen Alb oder die Venus von Willendorf, beide über 30 000 Jahre alt, sind Zeugnisse der spirituellen und künstlerischen Aktivitäten des Sapiens.

Das neue Sprachsystem bildet die Grundlage für diskursiven Austausch (siehe Kapitel 2.4) und fantastisches Denken (siehe Kapitel 2.5), zwei ineinander verschränkte Prozesse, aus denen alles, was über das Biologische hinausgeht, entsteht: Spiritualität und Religion, Kultur und Kunst, Wissenschaft, Technik und komplexe Gesellschaftssysteme.

Die kommunikative Existenzweise des *Homo sapiens* hat allerdings diverse Voraussetzungen und muss erst, und zwar extrem aufwendig, erlernt werden. Die kindliche Entwicklung, die die Entwicklung der Spezies nachvollzieht, hat vor allem mit der Hervorbringung dieser Voraussetzungen und den damit verbundenen Lernprozessen zu tun. Wir verlassen als hochsensible und gleichzeitig hilflose Wesen den schützenden Raum der Mutter und werden, als wäre es das Natürlichste der Welt, im Sprechen über Jahre als kommunikative und fantasievolle Wesen noch einmal geboren – im Klang der Worte und in den Worten, im Singsang und in der Grammatik der Sprachen und Sprechweisen, die das Beziehungsgeschehen begleiten.[59]

Nach einigen Jahren bewegen wir uns so selbstverständlich in den kommunikativ-geistigen Milieus, in denen wir sozialisiert werden, wie Fische im Wasser.[60] Deshalb sind uns die besonderen Eigenheiten des offenen und fiktionalen Sprachsystems, das die Basis aller bekannten Sprachen bildet, kaum bewusst. Wir nutzen die Möglichkeiten einfach, ohne allzu sehr darüber nachzudenken. Dabei ist die Art und Weise, wie wir kommunizieren und denken, alles andere als selbstverständlich.

2.3.1 Möglichkeiten eines offenen und fiktionalen Sprachsystems

Das offene und fiktionale Sprachsystem des Sapiens bringt eine Reihe bemerkenswerter Möglichkeiten hervor, die ich hier gebündelt zusammenfasse:

2.3.1.1 Austausch, Koordination, Kooperation und Organisation

Die Sprechenden können sich mit anderen über emotionale und mentale Zustände, Phänomene und Ereignisse, Fantasien und Ideen austauschen. Aber nicht nur das. Sind die Mitglieder einer Gemeinschaft erst einmal durch ein entsprechendes Sprachsystem kommunikativ miteinander verbunden, gelingt es allen Beteiligten immer besser, sich gegenseitig in die mentalen und emotionalen Zustände anderer hineinzuversetzen – das wiederum erleichtert die

---

59 Zur Ontogenese verbalen Selbstempfindens und verbaler Bezogenheit siehe Stern (1993, S. 231 ff.), Tomasello (2020) und Teil II.
60 »Wir sind, wie Wittgenstein und Vygotzkij so deutlich gesehen haben, Fische im Wasser der Kultur« (Tomasello, 2006, S. 271).

Koordination mentaler Zustände, die praktische Kooperation und die Organisation von Gruppen und Gemeinschaften.[61]

2.3.1.2 Fiktion

Die Sprechenden können sich, allein oder gemeinsam mit anderen, *Dinge* (Objekte, Werkzeuge), *Zustände* (Emotionen, physikalische Aggregatzustände), *Ereignisse* (Fliegen können, eine Liebesnacht) oder *Problemlösungen* (Theorien, dauerhafter Weltfrieden) vorstellen und genauer beschreiben, die es in der empirisch erfassbaren Realität *nicht,* oder *noch nicht* gibt, aber geben *könnte.*

2.3.1.3 Zukunftsorientierung und -planung

Die Sprechenden können sich, allein oder gemeinsam mit anderen, die zukünftige Realisierung von Dingen, Zuständen, Ereignissen, Lösungen oder Fiktionen in der Fantasie vorstellen; sie können »so tun als ob« und mit Experimenten oder mit Sätzen wie:»Angenommen …«, »Stellen wir uns vor …« Schritte zur Realisierung und Überprüfung einleiten und planen.

2.3.1.4 Erfinden von Wirklichkeiten

Die Sprechenden können mit anderen Ideen oder Konstrukten konsensuell teilen, die *ausschließlich* in ihren Fantasien und in Kommunikationen existieren (Beispiele: Mythen, Glaubenssysteme, Begriffe, Theorien, Geld, Aktienkurse, Institutionen, Staaten, Regeln, Gesetze). Ideen und Konstrukte sind fantastische, kommunikativ *erfundene Wirklichkeiten,* die gleichwohl unter bestimmten Bedingungen zur materiellen Gewalt werden oder materielle Gestalt annehmen können.

2.3.1.5 Gestalten von Wirklichkeiten

Im Fall *gemeinsam geteilter Weltsichten*[62] – wenn also mehrere oder viele Beteiligte sich kommunikativ darauf verständigen, bestimmte Vorstellungen (For-

---

61 Menschen koordinieren gegenseitig ihre mentalen Zustände über Einfühlung, Rollentausch und Zweifühlung (Moreno, 1988), Mentalisieren (Fonagy et al., 2004) bzw. intersubjektive Resonanz (Rosa, 2016), mehr dazu in Teil II.
62 Clark (1996) spricht vom »common ground« (etwa: gemeinsam geteiltes Weltwissen oder gemeinsam geteilte Welterfahrung). Man könnte auch von *gemeinsam geteilten Wahrheiten* (Bleckwedel, 2008, S. 94) sprechen, vgl. dazu Jürgen Habermas' (1988, 1999) *Konsenstheorie der Wahrheit.* »Die Idee der Wahrheit lässt sich nur mit Bezugnahme auf die diskursive Einlösung von Geltungsansprüchen entfalten« (Habermas, 1973, S. 218.). Gemeinsam (in einer bestimmten Gemeinschaft) geteilte Weltsichten/Wahrheiten können sich durchaus auf esoterische Vorstellungen (»Unser Schicksal bestimmen die Sterne«) oder Lügen (»Der Klimawandel ist eine Erfindung der Chinesen«) beziehen.

men vorfindbarer oder erfundener Wirklichkeit) anzuerkennen – können Ideen und Konstrukte Wirklichkeit werden: Die Sprechenden können psychische, soziale, kulturelle, politische, ökonomische und materielle Wirklichkeiten flexibel erschaffen, beeinflussen, verändern und gestalten.

Offensichtlich gibt der gebündelte Gebrauch der genannten Möglichkeiten der menschlichen Evolution einen enormen Schub. Fast scheint es, als habe sich vor etwa hunderttausend Jahren eine Art kultureller Urknall ereignet. Diese Entwicklung fällt aber keineswegs vom Himmel, sie entspringt vielmehr dem sozialen Zusammenleben der Hominiden als Ergebnis eines kontinuierlich ablaufenden Prozesses, der als »Unterströmung« die biologische Evolution zunehmend bestimmt.

2.3.2 Eintritt in eine Zeit kulturell beschleunigten Wandels

Herausragende körperliche Anpassungsfähigkeit an extrem unterschiedliche Umgebungsbedingungen kennzeichnet von Beginn an die Entwicklung der Homines. Jetzt kommt etwas Neues hinzu. Die neue Art des Sprechens und Denkens macht die modernen Sapiens im Vergleich zu anderen Homines kulturell, sozial, emotional und geistig wesentlich flexibler. Das begründet ihre Überlegenheit.

Natürlich spielen auch Veränderungen in der genetischen Disposition eine Rolle in der Sprachentwicklung. So trat das FOXP2-Gen – ein Schlüsselgen für die Modulation der menschlichen Stimme und also wichtig für die körperliche Ausbildung des Sprechorgans, um beim Sprechen motorisch fein artikulieren zu können (vgl. Tomasello, 2009, S. 252) – in der menschlichen Population erst vor etwa 150 000 Jahren auf, kurz bevor sich der moderne Sapiens über die ganze Erde ausbreitete. Aber das erklärt keineswegs die Entwicklung eines komplexen Sprachsystems. Die menschliche Sprache entspringt vor allem einer *kulturellen Entwicklung*, die aus der Mitte des Sozialen, aus gemeinschaftlichen Tätigkeiten, sozialer Kooperation und gemeinsamer Beziehungsgestaltung hervorgeht.

Die neue Art der Kommunikation setzt einen Entwicklungsprozess in Gang, in dem sich die Entwicklung individueller Beziehungsfähigkeiten und die Entwicklung gemeinsamer Beziehungsgestaltung gegenseitig bedingen und antreiben.

Von nun an bestimmen kulturelle und technische Innovationen, nicht mehr biologische Veränderungen, den Prozess der menschlichen Evolution. Biologie bleibt weiterhin die Basis, rein körperlich bleibt der Sapiens ein Primat, doch mithilfe des neuen Kommunikationssystems lösen sich die modernen Menschen aus dem eher träge dahinfließenden Strom biologischer Evolution und treten in eine Zeit kulturell beschleunigten Wandels ein. Tatsächlich verlaufen kulturelle, soziale, psychische und technische Veränderungsprozesse wesentlich schneller als genetische Veränderungen.

Mithilfe des innovativen Sprachsystems können die modernen Menschen ihre Zusammenarbeit, ihr Denken und Fühlen und die Art ihrer Beziehungsgestaltung auf eine völlig neue Art und Weise strukturieren und organisieren. Kulturelles Lernen (siehe Kapitel 2.4.2) bestimmt von nun an maßgeblich die Dynamik menschlicher Evolution, und Metakommunikation öffnet die Tore zu neuen, schöpferischen Welten. Tragische »Nebenwirkung«: Die anderen Homines, die nicht in dem neuen Sprachsystem sozialisiert und bewandert sind, bleiben, da sie die passenden »emotional-kognitiven Schlüssel« nicht erwerben können, von dieser Entwicklung ausgeschlossen und verschwinden im Nebel der Frühgeschichte.

2.4 Kooperation und Kommunikation

Die Evolution menschlicher Kommunikation verläuft, so können wir annehmen, kontingent,[63] doch sie tritt keineswegs aus dem Nichts hervor, sondern basiert auf Fähigkeiten, »die die meisten Primaten für die Orientierung im Raum und den Umgang mit Gegenständen, Werkzeugen, Quantitäten, Kategorien, sozialen Beziehungen, Kommunikation und sozialem Lernen« bereits besitzen, schreibt der Anthropologe Michael Tomasello[64] (2006, S. 18).

Wie sich menschliche Kommunikation aus bereits vorhandenen Fähigkeiten entwickelt haben könnte, beschreibt Tomasello detailliert und anschaulich in seinem Buch über die »Ursprünge der menschlichen Kommunikation« (2009). In einer entwicklungsorientierten Perspektive sind Kooperation und Kommunikation eng miteinander verknüpft. »Menschliche Kommunikation«, schreibt Tomasello, sei »ein grundlegend kooperatives Unternehmen« (Tomasello, 2009, S. 17) und die Erklärung dafür, dass Menschen auf komplexe Weise kommunizieren können ergebe sich aus der Tatsache, »daß sie miteinander auf einzigartige Weise sozial interagieren« (S. 83).

---

63 »Kontingent ist etwas, was weder notwendig noch unmöglich ist«, formuliert Niklas Luhmann (1984, S. 152). Luhmann erweitert den von Parsons eingeführten Begriff »Kontingenz« (Luhmann, 1980) zur *doppelten Kontingenz*, da immer mindestens zwei Personen an Kommunikationen beteiligt sind. Von dieser doppelten Ungewissheit oder Offenheit geht seine Theorie sozialer Systeme aus. Zum Begriff der Kontingenz vgl. auch Rorty (1992).
64 Michael Tomasello leitete von 1998 bis 2018 als Co-Direktor das Max-Planck-Institut für evolutionäre Anthropologie in Leipzig.

Menschen kooperieren beim Sammeln und beim Jagen, bei der Nahrungszubereitung und -verteilung, bei der Herstellung von Werkzeugen, im Kampf gegen Feinde, im Spiel und nicht zuletzt beim Gestalten sozialer Beziehungen. Dabei wird die Transformation bereits vorhandener Fähigkeiten in eine »sozial-kollektive Dimension« (Tomasello, 2006, S. 18) durch eine neue Art des *kulturellen Lernens* ermöglicht, die sich von der Art sozialen Lernens, die unter Primaten weit verbreitet ist, grundlegend (!) unterscheidet.

2.4.1 Kulturelles Lernen

Tomasello, Kruger und Ratner (1993) identifizieren drei Grundtypen *kulturellen Lernens*,[65] die *nur* in menschlichen Gemeinschaften auftauchen: (A) Imitationslernen, (B) Lernen durch Unterricht und (C) Lernen durch Zusammenarbeit (Tomasello, 2006, S. 17).

Selbstverständlich zeigen sich bereits im Zusammenleben von Menschenaffen bestimmte Formen kooperativer Kommunikation. Menschenaffen »gestikulieren miteinander flexibel auf der Grundlage von Aufforderungsmotiven, sie verstehen intentionales Handeln und vollziehen diesbezüglich praktische Schlussfolgerungen; sie lenken die Aufmerksamkeit im Dienste sozialer Intentionen, sie haben bestimmte Motive, um anderen in manchen Kontexten zu helfen, und sie beteiligen sich an komplexen Gruppentätigkeiten« (Tomasello, 2009, S. 255).

Dennoch gibt es einen entscheidenden Unterschied zum kulturellen Lernen der Menschen. *Soziales Lernen* unter Menschenaffen führt zwar zu einfachen Formen kultureller Weitergabe, aber Menschenaffen entwickelten keine konventionellen Sprachen. Menschenaffen erzählen keine Geschichten. Erst mit der Sprache und dem Sprechen kann sich entwickeln, was Gregory Bateson Deutero-Lernen[66] nennt. Die Menschen lernen, sprechend und mithilfe der

---

65 In Tomasellos Buch »Die kulturelle Entwicklung des menschlichen Denkens« (2006) finden interessierte Leser eine überzeugende Begründung dieser These und eine ausführliche Beschreibung kulturellen Lernens auf ontogenetischer Basis (besonders der kognitiven Entwicklung von Kindern).
66 Gregory Bateson (1983) unterscheidet in seiner Lerntheorie eine Hierarchie von Lern-Typen. Höhere Ordnungsebenen des Lernens enthalten alle vorherigen Lern-Typen, gehen aber über diese hinaus. (A) Ebene 1/Lernen 0: Eine bestimmte Reaktion wird in Verbindung mit einem bestimmten Reiz erlernt. (B) Ebene 2/Lernen 1, auch »Proto-Lernen« genannt: Eine bestimmte Reaktion auf einen bestimmten Kontext wird erlernt. (C) Ebene 3/Lernen 2: Proto-Lernen wird gelernt. Diese Art des Lernens zu lernen nennt Bateson »Deutero-Lernen«. Deutero-Lernen verändert Gewohnheiten, Geisteszustände und Kommunikationen. (D) Ebene 4/Lernen 3: Das durch Deutero-Lernen Erlernte wird reflektiert und neu organisiert. Lernen 3 setzt eine bewusste Reflexion (Erkenntnistheorie) der Arbeitsweise des eigenen Geistes voraus. Die Ler-

Sprache, das Lernen zu lernen. Erst damit *entfaltet* sich die Fähigkeit zum kulturellen Lernen, zur kreativen Beziehungsgestaltung und zur Gestaltung komplexer Kulturen. Sprachentwicklung und kulturelles Lernen bedingen und befruchten sich gegenseitig.

Menschen, schreibt Tomasello, können »nicht nur *vom* anderen, sondern auch *durch* den anderen lernen« (Tomasello, 2006, S. 17). Jemand erzählt von einer Lernerfahrung (»als ich einmal einem Tiger begegnete«), und Zuhörende können aus der Geschichte lernen oder werden inspiriert. Menschen sind narrative Wesen und sie können gemeinsam Denken: »Kulturelle Lernprozesse sind besonders wirksame Formen des *sozialen Lernens,* weil sie sowohl (a) besonders zuverlässige Formen der kulturellen Weitergabe darstellen (indem sie einen besonders effizienten kulturellen ›Wagenheber‹ schaffen) als auch (b) besonders wirkungsvolle Formen sozialer Kreativität und von Erfindungsreichtum sind. Es handelt sich um Prozesse der Soziogenese, durch welche *mehrere Individuen etwas zusammen hervorbringen,* was kein Individuum hätte allein schaffen können« (Tomasello, 2006, S. 17, Hervorhebung J. B.).

Kulturelles Lernen geht aus sozialem Lernen hervor, überschreitet aber dessen Grenzen. Es basiert auf »sozialer Kognition« (Tomasello, 2006, S. 17), einer Form des gemeinsamen Denkens, die eine Form der Kommunikation voraussetzt, deren Besonderheiten nun genauer beschrieben werden sollen, um den evolutionären Zusammenhang zu verdeutlichen

2.4.2 Besonderheiten menschlicher Kommunikation

Tomasello beschreibt drei Besonderheiten menschlicher Kommunikation: (A) gemeinsam geteilte Aufmerksamkeit, (B) gemeinsam geteilte Intentionalität und (C) gemeinsam geteilte Hintergründe.[67] Diese Besonderheiten sind hilfreich, um die Entstehung und Entfaltung menschlicher Kommunikation im Rahmen von Beziehungsgestaltung genauer zu verstehen.

2.4.2.1 Gemeinsam geteilte interaktive Aufmerksamkeit

Natürliche, spontane Gesten des Zeigens, des Lautierens, des Gebärdenspiels und des Mienenspiels tauchen in der Kommunikation zwischen Eltern und

---

nenden schauen sich gewissermaßen beim Lernen, zu lernen, über die Schulter. (E) Ebene 5/ Lernen 4: Verändert das Lernen vierter Ordnung durch Wechselwirkungen zwischen phylogenetischen und ontogenetischen Entwicklungen.

67 Im Original heißt es meist: »gemeinsame Aufmerksamkeit«, »gemeinsame Intentionalität« und »gemeinsame Hintergründe«; ich ziehe es aber aus Gründen der Deutlichkeit vor, den Zusatz »geteilte« (shared) zu benutzen.

Babys sehr früh auf (Stern, 1993; Tomasello, 2009). Nach wenigen Tagen beginnt das mimetische Wechselspiel zwischen Babys und Eltern, und bereits mit sechs Monaten schauen Babys in die richtige Richtung, wenn jemand »Hand«, »Apfel«, »Tasse« oder den Namen eines Geschwisters sagt. Wir verstehen Worte, lange bevor wir sprechen. Eingebettet in Berührungen, Gesten und den Klang von Stimmen probieren wir Laute aus, beobachten und erlauschen Reaktionen in unserer Umgebung. In dieser frühen und elementaren Form des Bezogenseins – im Zusammenspiel von Berührungen, Lauten, Gesten, Mimik und später Gebärden – entsteht unser Selbstempfinden (Stern, 1993), entsteht Bindung, Autonomie und Beziehungsfähigkeit, und eben auch die typisch menschliche Kommunikation.

Die zentrale evolutionäre Hypothese Tomasellos lautet, dass »die ersten, nur beim Menschen vorkommenden Formen der Kommunikation im Zeigen und im Gebärdenspiel« (Tomasello, 2009, S. 13) auftauchen und dass diese ersten Formen menschlicher Kommunikation sich bereits fundamental von den Formen von Kommunikationen unterscheiden, die unter Primaten üblich sind. Das Zeigen beruht auf der »natürlichen Neigung, der Blickrichtung von anderen zu externen Objekten zu folgen«, und »das Gebärdenspiel beruht auf der natürlichen Neigung, die Handlungen anderer als absichtlich zu interpretieren« (Tomasello, 2009, S. 20). Beide Neigungen oder Fähigkeiten kommen nur bei Menschen vor und sind unter ihnen besonders ausgeprägt.[68]

Die Annahme liegt also nahe, dass Situationen *gemeinsam geteilter interaktiver Aufmerksamkeit*, die für Menschen so typisch sind, die Entwicklung der besonderen Form menschlichen Denkens und menschlicher Kommunikation begründen und in Gang setzen. Wir können darin die Basis des Mentalisierens und einer Kommunikation erkennen, die sich mit Beziehungsgestaltung beschäftigt. In diesem Kontext verschränken sich Kooperation und Kommunikation: Zum einen wird (a) kommuniziert, um zu kooperieren, zum anderen wird (b) kooperiert, um zu kommunizieren.

Um den Zusammenhang von Kooperation und sozialer Interaktion deutlich hervorzuheben, spreche ich hier von *gemeinsam geteilter interaktiver Aufmerksamkeit*. Das zwischenmenschliche Spiel von Berührungen, Gesten, Gebärden und Mimik, also das, was gemeinhin als *nonverbale Kommunikation* bezeichnet

---

68 Stern (1993, S. 185) schreibt über die gemeinsame Ausrichtung der Aufmerksamkeit: »[S]chon neun Monate alte Säuglinge [können] den Blick von der Hand abwenden und die auf das Ziel verweisende, imaginäre Linie verfolgen«. Auf dieser Stufe beherrschen die Säuglinge ein Verfahren, mit dem sie den »Aufmerksamkeitsfokus eines anderen anpeilen können, eine Technik der Aufdeckung und Entdeckung [...], die die begrenzte Welt, in der der Säugling lebt, ungemein bereichert« (Bruner, 1977, S. 276).

wird, erfordert von *allen* beteiligten Subjekten *interaktive Präsenz* (vgl. Bleckwedel, 2008, S. 194–201).[69] Als interaktive Präsenz bezeichne ich eine besondere Form der individuellen Aufmerksamkeit, die (a) *leibliche Achtsamkeit* (vgl. Kabat-Zinn, 2004), (b) *szenische Aufmerksamkeit* und (c) *Aufmerksamkeit für andere Akteure* miteinander verbindet.

Momente oder Augenblicke gemeinsam geteilter interaktiver Aufmerksamkeit spielen eine zentrale Rolle in der Koordination von Verhalten und Emotion,[70] also für die basale Regulation und Abstimmung von Verhalten, Affekten und Emotionen in menschlichen Beziehungen. Körperausdruck, Haltung, Bewegungsmuster, Mimik, Gesten, Stimme, Blick und Ausstrahlung – aus all dem schließen wir intuitiv auf Status, Befindlichkeiten und Absichten von Interaktionspartnern und reagieren auf eben dieser Ebene.[71]

Diese analoge Form der sozialen Abstimmung bestimmt unser Erleben, unser Verhalten und die Kommunikation mit anderen weit mehr, als uns in der Regel bewusst wird.[72] Sie ist bereits spezifisch menschlich und bildet die unübersehbare nonverbale Grundlage menschlicher Kommunikation (mehr in Teil II).

2.4.2.2 Gemeinsam geteilte Intentionalität (»shared intentionality«)

Menschen nehmen sich gegenseitig als »intentionale Akteure« (Tomasello, 2006, S. 189) wahr. Als Kinder lernen wir früh (Stern, 1993; Fonagy et al., 2004; Asen u. Fonagy, 2014), andere Menschen als Personen mit Absichten wahrzunehmen. Differenzierte eigene Vorstellungen und Absichten entwickeln wir vor allem in einem Prozess sozialer Spiegelung (Prinz, 2013), indem wir die Reaktionen anderer Menschen auf unsere Handlungen beobachten und aus diesen Beobachtungen auf deren Absichten rückschließen.

---

69 Beispiele sind therapeutische Situationen, aber auch theatralische und musikalische Improvisationen, die ein Höchstmaß an interaktiver Präsenz erfordern.
70 »Sprache entstand als eine Form des Zusammenlebens in einem verflochtenen Prozeß von Koordinationen von Koordinationen von Emotionen und Verhalten« schreiben Humberto Maturana und Gerda Verden-Zöller (1993, S. 10).
71 Vgl. auch Stephen Porges' (2012) Konzept eines *Systems des gegenseitigen sozialen Engagements* (genauer in Teil II).
72 »Rainer Krause hat in einem Workshop in Berlin anhand von Videosequenzen die Affektabstimmung zwischen Therapeut und Patient aufgezeigt. Deutlich wurde an diesen Aufnahmen, dass 80 % der Informationen, die ausgetauscht werden, nicht bewusstseinsfähig sind, das heißt auf der Ebene der Mimik, der Physiologie, der Körperhaltung, des Blickkontakts ausgetauscht werden« (Konrad, 2000, S. 50).

Auf diese Weise entstehen im Zusammenleben soziale Systeme aus wechselseitigen Erwartungen und Erwartungs-Erwartungen,[73] die diese Systeme mehr oder weniger regulieren.

Wenn wir zusammenarbeiten wollen, ist es offensichtlich nützlich, die Aufmerksamkeit auf die Aufmerksamkeit derjenigen, mit denen wir zusammenarbeiten (wollen), zu richten, um deren Intentionalität, ihre Absichten und Motive zu erkennen oder zumindest zu erahnen. Das gilt für alle gemeinsamen Aktivitäten, wie Stillen, Sex oder ein Fahrrad reparieren, aber auch, wenn im Sport ein Team einen gemeinsamen Spielzug umsetzen will oder wenn Musiker zusammenspielen.

Gemeinsam geteilte Intentionalität beschreibt nun den Prozess der *absichtlichen Synchronisation,*[74] der sich ereignet, wenn zwei oder mehrere Akteure ihre Absichten und ihr Tun in Bezug auf *gemeinsam geteilte Ziele* koordinieren. Tomasello spricht auch von einer *Wir-Intentionalität.* »Im allgemeinen«, schreibt er, »ist geteilte Intentionalität für die Beteiligung an spezifisch menschlichen Formen von Zusammenarbeit notwendig, bei denen ein Subjekt im Plural, ein ›wir‹ auftritt: gemeinsame Ziele, gemeinsame Absichten, wechselseitiges Wissen, geteilte Überzeugungen – und das alles im Kontext diverser Kooperationsmotive« (Tomasello, 2009, S. 17).

Im Prozess gemeinsam geteilter Intentionalität, in der Konzentration auf gemeinsame Tätigkeiten, entfaltet sich nicht nur Kooperation, auch die Fähigkeit und die Motivation, sich in andere hineinzuversetzen und zu mentalisieren, entwickelt sich. Gelingende Kooperationen verstärken zudem die Motivation, die emotionale, soziale und mentale Abstimmungsfähigkeit zu erhöhen, um in Zukunft noch besser zusammenzuarbeiten.

2.4.2.3 Gemeinsam geteilte Hintergründe

Die Motivation zur Kommunikation entsteht durch soziale Kooperation und ist auf soziale Kooperation angelegt. Wir können annehmen, dass diese *prosoziale Motivation* (Tomasello, 2009, S. 16) zur Entwicklung eines offenen, fiktionalen Sprachsystems wesentlich beigetragen hat. Kommunikation gelingt am besten, wenn alle Beteiligten gern und gut an gemeinsam geteilten Zielen

---

73 Eine (a) einfache Erwartung wäre »sag was«, eine (b) Erwartungs-Erwartung wäre: *Er wird wie immer schweigen und nichts sagen.* Gegenseitige Erwartungs-Erwartungen können in Beziehungen beliebig komplex verschachtelt werden.

74 Mit Bezug auf die Organisation lebender Systeme können wir zwischen spontaner und absichtlicher Synchronisation unterscheiden, wobei die Übergänge fließend sein können.

zusammenarbeiten (wollen), und das auch von allen anderen Beteiligten annehmen (können).[75]

Darüber hinaus wird Kommunikation wesentlich erleichtert und verbessert, wenn die Beteiligten einen gemeinsamen Hintergrund aus Erfahrungen, Wissen, Begriffen, Praktiken und Weltsichten miteinander teilen. Das Konzept eines gemeinsamen Hintergrunds (»common ground«) spielt im Diskursmodell von Clark (Clark, 1996; Clark u. Brennan, 1991) und Schaefer eine zentrale Rolle. Kommunikation ist für Clark eine *gemeinsame Aktivität!* In Diskursen, die auf Verständigung zielen, können sich die Sprechenden – die im Gespräch wechselseitig ständig Vorannahmen über die Vorannahmen (Absichten, Motive, Deutungen, Erwartungen, Wissensbestände) des oder der anderen machen – über eben diese Vorannahmen austauschen: Dadurch entsteht als gemeinsamer Hintergrund ein gemeinsam geteilter Wissensbestand oder, mit anderen Worten, ein gemeinsam geteilter »Wissensraum«.

In Bezug auf soziale Systeme können wir daher sagen, dass die an einem sozialen System beteiligten Akteure, indem sie kooperativ kommunizieren und kommunikativ kooperieren, einen gemeinsam geteilten Wissensbestand und Erfahrungshintergrund herstellen, eine Basis, auf der sie sich leicht verständigen und gemeinsam elegant (schlank und mühelos) operieren können.

2.4.3 Sprachliche Infrastruktur als operative Basis

Vieles spricht für die Hypothese Tomasellos, dass sich im Prozess der menschlichen Evolution allmählich eine »sozio-kognitive und sozio-motivationale Infrastruktur« (Tomasello, 2009, S. 13) herausbilden konnte, eine Art »Plattform, auf der die verschiedenen Systeme konventioneller sprachlicher Kommunikation (alle 6000 existierenden Sprachen) aufgebaut werden konnten« (Tomasello, 2009, S. 13; siehe auch Mead, 1978; Blumer, 1969).

Die lebendige sprachliche Infrastruktur, von der hier die Rede ist, geht aus dem sozialen Zusammenleben der Menschen hervor. Sie konstituiert und bestimmt sowohl die Bewusstseine einzelner Individuen als auch die Formen und Muster ihrer Kommunikationen. Mit anderen Worten, die sprachliche Infrastruktur ist sowohl im Geist einzelner Personen als auch in ihrem Sprechen präsent und verankert.

---

75 Deshalb sind (diplomatische) Vorgespräche über gemeinsam geteilte Ziele manchmal wichtiger als die Gespräche selbst. Kommunikation gelinge am besten »im Kontext eines wechselseitig vorausgesetzten, gemeinsamen begrifflichen Hintergrunds (1) und wechselseitig vorausgesetzter, kooperativer Kommunikationsmotive (2)«, formuliert Tomasello (2009, S. 17) treffend.

Erst die doppelte Verwendung dieser Infrastruktur in (A) Sprechakten und (B) im Denken ermöglicht die kommunikative Kopplung und Synchronisation mehrerer oder vieler Bewusstseinssysteme.

Das stärkste Argument für die These Tomasellos besteht im regelhaften Nachvollzug der phylogenetischen Entwicklung in der Ontogenese, die wir in der Entwicklung von Säuglingen und Kindern gut beobachten können (Stern, 1993; Tomasello, 2020). Dieses Argument verweist zugleich auf die Besonderheit und Verletzlichkeit der geistigen und kommunikativen Infrastruktur, die unsere Vorfahren entwickelt haben. Diese Struktur ist und bleibt, trotz Überlieferung, Schriftzeichen und maschineller Speichermedien, ein *lebendiges* Gewebe aus Kommunikationen und Denkakten.

Die geistige und kommunikative Infrastruktur, die unser Dasein auszeichnet und trägt, ist nichts Feststehendes, sie wird von Generation zu Generation durch kulturelles Lernen transgenerational erneuert und durch soziales Zusammenleben, im transaktionalen (und transkulturellen) Austausch, lebendig erhalten.

2.4.4 Zusammenfassung

Ich fasse die bisherige Argumentation an dieser Stelle noch einmal komprimiert zusammen. Soziale Kooperation und gemeinsam geteiltes soziales Engagement (Porges u. van der Kolk, 2010) sind die Quellen, aus denen spezifisch menschliche, geistige und kommunikative Phänomene hervorgehen. Gemeinsam geteilte Aufmerksamkeit, gemeinsam geteilte Intentionalität und gemeinsam geteilte Hintergründe bilden die Basis für kommunikativen Austausch und die Kopplung menschlicher Bewusstseinssysteme. Die (wechselseitig bezogene) Entwicklung von Kooperation und Kommunikation führt schließlich zur »Erfindung« eines offenen und fiktionalen Sprachsystems. Dieses innovative Sprachsystem bildet eine lebendige sprachliche Infrastruktur mit ungeahnten Möglichkeiten. Mithilfe dieser genialen Erfindung konnten die modernen Menschen und können wir noch heute viel effektiver gemeinsame Motivlagen erschaffen und gemeinsam geteilte Hintergründe umfassender entwerfen (Erzählungen, Weltsichten, Theorien). Die kommunikativen und geistigen Infrastrukturen, die sich auf diese Weise herausbilden, werden transgenerational, transaktional und transkulturell weiterentwickelt. Schriftzeichen und maschinelle Speichersysteme unterstützen diesen lebendigen Prozess, können ihn aber nicht ersetzen.

2.5 Schöpferischer Geist und fantastisches Denken

Die menschliche Evolution bringt nicht nur höhere Formen gemeinschaftlicher Kooperation und Kommunikation, kulturelles Lernen und Beziehungskreativität hervor, sondern *gleichzeitig* etwas, das in seiner herausragenden Eigenständigkeit kaum übersehen werden kann. Einen narrativen, sprachlich strukturierten und operierenden Geist, der sich selbst erschafft[76], indem er seine eigenen Bewegungen und die Bewegungen in seiner Umgebung beobachtet und dabei über die reine Empirie hinausweist. Ein tatsächlich eigenständiger, schöpferischer Geist.

2.5.1 Fantasie – die Verselbstständigung des Geistes

Die erstaunliche Entwicklung menschlichen Geistes geht, wie beschrieben, vor allem aus sozialen Kooperationen und aus den sprachlichen Kopplungen individueller Bewusstseinssysteme hervor.[77] Keinesfalls sollten wir vergessen, dass jede geistige Tätigkeit leiblich und sozial eingebettet ist. Insofern bilden Kommunikationen und Bewusstseinsprozesse in der Evolution des Geistes eine untrennbare Einheit. Und doch macht sich der individuelle Geist (irgendwie, irgendwann) selbstständig und wird zu einer eigenständigen Quelle von Kreativität. Die Entwicklung von Kommunikation, Beziehungsgestaltung und Gemeinschaft bringt also auch eine Verselbstständigung des Denkens mit sich. Dabei spielt Fantasietätigkeit eine zentrale Rolle. Während sich Kooperation und Kommunikation entwickeln, befreit sich der menschliche Geist aus den engen Fesseln der unmittelbaren Erfahrung und bekommt Flügel[78].

Offenbar bewegt sich das Denken einerseits in Dimensionen, die der Geist in seiner Umgebung erlebt und beobachtet, andererseits setzt er sich in seiner Fantasie und im Traum scheinbar mühelos über Gesetzmäßigkeiten, die nach allgemeiner Auffassung in seiner Umgebung gelten, hinweg.

---

76 Vgl. den Begriff der Autopoiese bei Maturana und Varela (1987): *sich selbst schöpfend (erschaffend)*.
77 Selbstverständlich beeinflussen auch andere Faktoren die Entwicklung menschlichen Denkens. Eiweißhaltige Ernährung ermöglicht das Wachstum menschlicher Gehirne. Genmutationen führen zu einer komplexer werdenden neuronalen Verkabelung der Gehirne. Die Erfindung und Handhabung von Werkzeugen fördert die technische Intelligenz.
78 Ein beeindruckendes und faszinierendes Beispiel für die Verselbstständigung, ja absolute Loslösung des Geistes von seinen sozialen und kulturellen Ursprüngen findet sich in der idealistischen Philosophie Georg Friedrich Hegels (1807).

In einer naturwissenschaftlichen Perspektive[79] bewegt sich unser Denken in Dimensionen, die der beobachtende Geist in seiner Umgebung erfasst. Da sich in unserem Universum alles, was wir beobachten können, in Zeit und Raum ereignet, ist es nicht überraschend, dass der menschliche Geist sich ebenfalls in einer Logik des Raum-Zeitlichen organisiert.

Die *raum-zeitliche Organisation* des Denkens zeigt sich in: (a) räumlichen Begriffen wie »hier – dort«, »oben – unten«, »vorne – hinten«, »nah – fern«, »weit – eng«, »zentral – peripher«, »begrenzt – offen«, »kreisförmig – linienförmig« und (b) in zeitlichen Begriffen, wie »vorher – jetzt – nachher«, »vergangen – gegenwärtig – zukünftig«, »langsam – schnell«, »beschleunigt – verlangsamt«. Raumqualitäten spielen im Wahrnehmen, Empfinden und Denken eine zentrale Rolle. Wir verfügen über ein intuitives Raumempfinden und erleben Gestaltqualitäten des Raumes. Zeitqualitäten spielen ebenfalls eine zentrale Rolle. Wir erleben die Gestaltqualitäten von Zeit in Rhythmen und Takten, die gefühlte Zeit kann sich *verdichten, dehnen, verfliegen,* etwas ereignet sich *allmählich* oder *plötzlich.* Zeit- und Raumqualitäten zeigen sich eindrücklich in der Art, wie Menschen über psychische und soziale Zustände oder Ereignisse sprechen und nachdenken, also in der psychologischen Metaphorik des Raumes.[80]

Andererseits können Menschen im Geist Operationen vollziehen, die in der raum-zeitlichen Wirklichkeit nicht möglich sind (oder unmöglich erscheinen). Im Geist, in unserer Fantasie reisen wir – in der Gegenwart – durch Zeit und Raum in die Zukunft, entwerfen Flugapparate oder Utopien, die es empirisch (noch) nicht gibt, oder wir reisen in die Vergangenheit, um unsere Erfahrungen und unser Erleben zu bearbeiten, können also Vergangenes verändern. Der menschliche Geist eröffnet im Geist einen affektlogischen (Ciompi, 1988, 1997) Raum, der über pure Realität hinausweist.

2.5.2 Bedeutungsgebung und Sinnproduktion

Wie kommt es zur fantastischen Selbstbeflügelung menschlichen Geistes? Das Phänomen muss etwas mit Bedeutungsgebung und Sinnproduktion zu tun haben. Kommunikation und Bewusstsein kreisen um die Produktion von Bedeutung. Ab einem bestimmten Punkt macht sich der individuelle Geist selbst-

---

79 »Es ist nicht das Bewusstsein der Menschen, das ihr Sein, sondern umgekehrt ihr gesellschaftliches Sein, das ihr Bewusstsein bestimmt«, formuliert Karl Marx (1961, S. 9 ff.) als Antwort auf Hegel.
80 Genauer dazu: Bleckwedel (2008, S. 278 ff.), vgl. auch König (2004, S. 207–230). »Wenn du dir unsere Sprache anschaust, ist sie, wenn es um Beziehungen geht, mit Raummetaphern bevölkert« (Ritscher u. Weber, 2011, S. 392).

ständig auf die Suche nach Bedeutungen und Sinn, und er folgt dabei ganz eigenen, mehr oder weniger logischen Gesetzmäßigkeiten.[81] In jedem Fall ist der menschliche Geist selbstbezüglich, szenisch,[82] narrativ und sinngebend organisiert.

Stellen wir uns eine beliebige Situation vor. Eine Frau betritt ein Garten-Café und trifft zufällig auf einen Freund. Die Sonne scheint, der Freund sitzt draußen allein an einem Tisch. Überall Blumen. Unter einer Markise weitere Tische mit Leuten, andere Tische sind noch unbesetzt. Freund, Café, Sonne, Markise, Leute, Tische, Blumen – all das (und noch einiges mehr) gehört für die Frau in der Situation zur *Umgebung*. Aber wie geht die Geschichte weiter? Eben das wird vielleicht von der Umgebung beeinflusst (es gibt noch freie Tische), aber *nicht* von ihr bestimmt.

Wie eine Situation gedeutet wird und wie sie sich entwickelt, wird von den subjektiven Bedeutungsgebungen bestimmt, die einer Umgebung zugewiesen werden, nicht von den Umgebungen. Personen entwerfen und kontextualisieren Situationen in ihrem Geist, und die Art des Entwurfs und der Kontextualisierung wird durch die innere Bearbeitung biografischer Erfahrungen geformt und konfiguriert.

Vielleicht denkt der Freund, *gerade war es so gemütlich in der Sonne, ich bliebe gern allein, aber da kommt Anna, wahrscheinlich freut sie sich und kommt gleich auf mich zu,* und der Freund lächelt, um nicht unhöflich zu erscheinen. Vielleicht denkt Anna, *ach je, Peter wollte ich nun gerade nicht treffen, aber er lächelt, wahrscheinlich freut er sich, mich zu sehen, ich werde mich kurz zu ihm setzen.*

Schon diese kleine Szene deutet an, wie komplex soziale Abstimmungen sein können. In Beziehungssituationen sind die subjektiven Weltdeutungen der anderen, ob es uns gefällt oder nicht, ein Teil der Umgebung, in der wir uns bewegen. Dabei wird das Beziehungsgeschehen durch die *Abstimmung* von (subjektiv konstruierten) Weltbildern, von Erwartungen und Erwartungs-Erwartungen reguliert und gesteuert.

Zweifellos existiert eine Umgebung – Personen, Gegenstände, bearbeitete und unbearbeitete Natur –, aber Bedeutungen finden sich *nicht* in der Umgebung als solcher[83]. Bedeutung und Sinn *entstehen* erst durch geistige Auseinanderset-

---

81 Wesentliche logische Bewegungsformen des Geistes beschreibt Hegel (1807) in seiner »Phänomenologie des Geistes«.
82 Vgl. dazu »Die Welt als Spielraum – szenisches Erleben und generalisierte Episoden« (Bleckwedel, 2008, S. 273–274), und »Neuronale Informationsverarbeitung und Gedächtnissysteme« (Bleckwedel, 2008, S. 281–283)
83 *Umgebung* wird intern als *Umwelt* konstruiert (siehe Teil II). Die Umgebung ist zweifellos da, wird aber als Umwelt subjektiv im Geist hergestellt. Draußen können Katastrophen toben,

zung mit der Umgebung, durch subjektive oder kollektive Bedeutungsgebungen. Der Geist des Waldes, das Vermächtnis der Ahnen, der Trieb des Ödipus, die Bedeutung der Existenz, die Macht des freien Willens – all das taucht erst als Ergebnis geistiger Operationen in unserem Bewusstsein auf.

Sicher, die Operationen unseres Geistes sind keineswegs voraussetzungslos, sie entstehen vielmehr in der Auseinandersetzung mit der Umgebung und auf der Basis kommunikativer Kooperation. Bedeutung und Sinn werden also *einerseits* kollektiv erschaffen, andererseits entscheidet letztlich jedes einzelne Subjekt autonom darüber, welche Bedeutung es den Dingen und Lebewesen, den Zuständen, Situationen und Ereignissen zuschreiben will.

Die Entdeckung des selbstständigen Denkens, die Möglichkeit, *abweichend* oder *ganz anders* zu denken, ist beängstigend und gleichzeitig befreiend. Der Geist des Einzelnen bekommt Flügel, er kann sich erheben und vom Mainstream abweichen. Diese Erfahrung kann – denken wir an Wissenschaftler wie Galilei, Darwin, Freud, Einstein und Heisenberg oder Dichter wie Hölderlin – für die Gemeinschaft wie für die abweichend Denkenden ebenso faszinierend wie irritierend oder angstauslösend sein. Der Gebrauch eines unabhängigen, eigenständigen Geistes bleibt ambivalent (Brodbeck, 2007).

Immerhin können sich, wie beim *Fliegen auf dem Rücken*, Euphorie und Angst zu einem besonderen »Thrill« mischen, den der britische Psychoanalytiker Michael Balint *Angstlust* nennt (Balint, 1972).[84] Ich nehme an, den frühen Schamanen und Weisen, die auf ihren geistigen Reisen die Eigenständigkeit menschlichen Denkens entdeckten, ging es in diesem Punkt nicht viel anders als heutigen Wissenschaftlern, die als Forschungsreisende die Grenzen des bisher Gedachten oder Denkbaren überschreiten.

Was bleibt, ist das individuelle und kollektive Streben nach Sinn und Bedeutung. Die Begegnung im Kaffeehaus illustriert aber noch eine weitere, ebenso bemerkenswerte Eigenheit menschlicher Kommunikation und menschlichen Denkens.

2.5.3 Mehrdeutigkeit, Fehlerfreundlichkeit und doppelte Kontingenz

Eine funktional-handlungsorientierte Sprech- und Denkweise zielt eher auf *Eindeutigkeit*. Im alltäglichen Leben können *eindeutige* Kommandos und *schnel-*

---

und doch kann ich sagen, all das sei »eine Erfindung der Chinesen« (Trump über den Klimawandel).

84 Angstlust spielt in der Liebe, insbesondere beim sexuellen Begehren (Clement, 2011) eine wichtige Rolle.

les Denken[85] und Handeln überlebensnotwendig sein. »Krokodile im Fluss« heißt: Geh *nicht* ins Wasser. Ganz allgemein sind eindeutige sprachliche Anweisungen und ein entsprechendes Denken in der handlungsorientierten Praxis nützlich: Nein heißt *nein.* Rot ist *Rot,* nicht Grün. Hammer meint *Hammer,* nicht Schraubenzieher. Wenn bei einer Segeltour das Kommando zur Wende nach Steuerbord kommt, ist es nicht hilfreich, darüber zu diskutieren, ob eine Wende nach Backbord nicht nützlicher wäre. Vorher oder nachher vielleicht schon. Bei der Wahl zwischen schnellem Denken und Eindeutigkeit versus langsamem Denken und Mehrdeutigkeit kommt es offenbar auf die Situation an.

Immerhin eröffnet die sprachliche und geistige Infrastruktur, die unsere Vorfahren erfunden haben, Möglichkeiten jenseits von Eindeutigkeit, und diese Innovation muss mit einem evolutionären Vorteil verbunden sein.

Wo es nicht auf Eindeutigkeit ankommt, kann das Sprechen und Denken mehrdeutig werden, offen für verschiedene Deutungen und Interpretationen. Das zeigt sich besonders eindrucksvoll im Bereich der Künste. Die Produktion von Mehrdeutigkeit hat den Vorteil, dass Abweichungen Raum gegeben wird, und Abweichungen sind nicht nur für Innovationen unerlässlich, sie spielen auch im Prozess der Evolution von Vielfalt eine entscheidende Rolle. Die Natur produziert Abweichungen und schaut genau hin, was passiert. »Fehlerfreundlichkeit bedeutet zunächst einmal eine besondere, intensive Hinwendung zu und Beschäftigung mit Abweichungen vom erwarteten Lauf der Dinge. Dies ist eine in der belebten Natur überall anzutreffende Art des Umgangs mit der Wirklichkeit und ihren angenehmen und unangenehmen Überraschungen«, (von Weizsäcker u. von Weizsäcker, 1984, S. 168). Dieses biologische Prinzip der *Fehlerfreundlichkeit* (vgl. Bleckwedel, 2008, S. 74–80), die prinzipiell abweichungsfreundliche und kreative Art der Natur im Umgang mit sich selbst, wird durch menschliche Kommunikation und menschliches Denken kulturell auf ein höheres Niveau gehoben.

Die Situation im Caféhaus könnte sich jederzeit so oder ganz anders entwickeln. Anna geht an Peter grußlos vorbei, und der verliebt sich in diesem Moment. Aber vielleicht entwickelt sich alles auch ganz anders, wer weiß das schon? Theater und Oper, das Kino, die Liebe und das Leben, sie alle profitieren von der Offenheit und dem Nervenkitzel, die eine *doppelte Kontingenz* mit sich bringt.

Als Gegengewicht reduzieren *kulturelle Konventionen,* damit es nicht allzu chaotisch und unübersichtlich wird, Kontingenz und Ungewissheit. Der Zweck sozialer Systeme erfüllt sich in der Reduktion von Komplexität und Unordnung

---

85 Daniel Kahneman (2012) unterscheidet zwischen zwei grundverschiedenen Denkweisen, dem »schnellen« und dem »langsamen« Denken.

durch die Erfindung von Konventionen und die Produktion von Sinnsystemen (Luhmann, 1984). Gemeinschaftliche Sinnsysteme und gesellschaftliche Konventionen und Normen geben Sicherheit und bestimmen den Zivilisationsprozess (Elias, 1976). Soziale Konventionen und Rollen (Moreno, 1988; von Ameln, Gerstmann u. Kramer, 2004) hegen die Spontaneität (vgl. Schacht, 2003) der Akteure ein, sodass wir uns, z. B. im Café, vor allzu großen Überraschungen oder Peinlichkeiten geschützt fühlen dürfen. Aber man kann das nie wissen, Situationen zwischen Menschen bleiben prinzipiell offen für Unvorhergesehenes.

Die geistige und kommunikative Infrastruktur, die wir nutzen, kennt Eindeutigkeit, lässt aber Mehrdeutigkeit und Kontingenz nicht nur zu, sie begünstigt deren *Produktion!* Der evolutionäre Vorteil liegt darin, dass sich soziale Beziehungen, kulturelle und mentale Systeme in großer Vielfalt entfalten können.

Dieser Vorteil verkehrt sich allerdings in einen Nachteil, wenn durch eine Überproduktion von Mehrdeutigkeit der Bestand an gemeinsam geteilten Hintergründen in sozialen Systemen unter ein bestimmtes Maß sinkt. Ohne gemeinsam geteilte Hintergründe ist kooperative Kommunikation kaum noch möglich; dann lösen sich, wie die Erfahrung zeigt, soziale, politische und kulturelle Systeme auf und zerfallen. Das gilt in ähnlicher Weise für mentale Systeme, die zersplittern oder sich auflösen, wenn Mehrdeutigkeit zunimmt und integrierende Ich-Funktionen fehlen.

2.5.4 Framing, Verschachtelung und Narration

Was hebt den menschlichen Geist aus dem Tierreich heraus? Die These von Thomas Suddendorf[86] lautet, knapp zusammengefasst: Was uns von Tieren fundamental unterscheidet, ist die mentale Fähigkeit, in unserer Fantasie (a) *in Zeit und Raum zu reisen,* sowie die Fähigkeit, (b) *ineinander verschachtelte Szenarien* zu entwerfen und zu gestalten, und zwar losgelöst von der empirischen Wirklichkeit.

Der kreative Geist macht sich selbstständig, indem er verschachtelte Szenarien entwirft und fantastische Erzählungen erfindet:

»»Es gibt aber zwei Dinge, die Tiere nicht können [...]. Das eine ist die Fähigkeit, ineinander verschachtelte Szenarien zu entwickeln‹ – ›Was bedeutet das genau?‹ –

---

86 Thomas Suddendorf erforscht an der University of Queensland die geistige Entwicklung von Kindern und vergleicht deren Fähigkeiten mit den Fähigkeiten von Menschenaffen. Auf dieser Basis beschreibt er, was unseren Geist einzigartig macht. Sein Buch »Der Unterschied« (Suddendorf, 2014a) ist unbedingt lesenswert.

›Wir können uns Situationen in der Vergangenheit und in der Zukunft, auch die Perspektiven anderer vorstellen und sie dann einbetten in eine größere Erzählung oder Idee. Wir stellen uns etwas vor und verpacken es zum Beispiel in einer Parabel, um eine bestimmte Aussage zu vermitteln. Wir können aber auch ganz anders verschachteln. Es gibt unendlich viele Ideen und Vorstellungen, und sie lassen sich auf völlig unterschiedliche Weise zu Gedanken, Geschichten oder Bildern zusammenstellen‹‹ (Suddendorf, 2014b, S. 22).

Wir können nicht nur Objekte, Lebewesen, Zustände, Situationen und Ereignisse benennen und begrifflich fassen, wir können alle diese Elemente mental, also in unserem Geist, flexibel zueinander in Beziehung setzen und vielfältig kombinieren, und in unendlich vielen Narrationen (Jakob, Borcsa, Olthof u. von Schlippe, 2022) immer wieder anders rahmen und ordnen.

2.5.4.1 Fluide Kombinatorik und permanente Neu-Ordnung

Während ich an diesem Text arbeite, ergeben sich immer wieder neue Perspektiven, Blickwinkel und Erkenntnisse. Ein Puzzle, das erst allmählich, im Werden, Gestalt annimmt. Immer wieder verschwimmt, ändert und konturiert sich die Gestalt neu. Teile werden entsorgt, neue Teile kommen hinzu, ich verschiebe Teile, packe sie neu ein, erfinde neue Kontextualisierungen, gliedere anders. Am Anfang steht eine Idee, ein Bild, ein Plan, doch während des Schreibens und Denkens scheint manchmal alles im Chaos zusammenzustürzen, bis sich schließlich wieder eine neue Struktur, eine klare Gestalt herausbildet.

Eigentlich ereignet sich mein Denken in einem zusammenhängenden Gedankenraum, in dem vieles *gleichzeitig* passiert, alles mit allem zusammenhängt und sich die Details permanent neu ordnen. Aber wenn ich mich verständlich machen will, hilft es ungemein, Ideen und Gedanken *nacheinander* in einer fortlaufenden Erzählung zu ordnen. Allmählich fügt sich das Ganze in eine größere Erzählung ein, die, hoffentlich auch für andere, Sinn erzeugt. Ich nehme an, so funktioniert, vereinfacht gesagt, unser Denken.

Der menschliche Geist kann, wie Suddendorf sagt, alles, was Menschen erleben, erfahren und beobachten, in Geschichten verpacken, in *Erzählungen* (Narrative) einbetten. Diese Fähigkeit sagt einiges darüber aus, wie der menschliche Geist arbeitet, er kann mithilfe der Sprache:

(A) Objekte, Lebewesen, Zustände, Situationen und Ereignisse begrifflich fassen und flexibel in Beziehung setzen, (B) Ganzheiten analytisch zerlegen und wieder zusammenfügen (C) Prozesse verdinglichen und wieder verflüssigen, und er kann (D) permanent Ordnungen dekonstruieren und neu konstruieren (Foucault, 1974a, 1974b).

Der Vorteil der geistigen und kommunikativen Infrastruktur, die wir benutzen, liegt in den Möglichkeiten, Sichtweisen und Denkgewohnheiten im Sprechen und Denken zu verflüssigen und zu transformieren. Wir können aus dem Gefängnis unserer Denkgewohnheiten ausbrechen, anscheinend festgefügte Ordnungen auflösen und neue Ordnungen entwerfen.[87]

2.5.4.2 Bilder und Geschichten – die fantastische Verschachtelung von Szenarien

In jedem Fall denken Menschen in Bildern (vgl. Hüther, 2004) und bewegten Bildern, Szenen und Episoden (Stern, 1993), in denen wechselnde Hintergründe, Figuren und Konfigurationen eine wichtige Rolle spielen. Diese bildhafte, szenisch-episodische Prozessorganisation (vgl. Bleckwedel, 2008, S. 273 ff.) des fantastischen Denkens spiegelt die Lebenserfahrung der Menschen im sozialen Zusammenleben wider und bildet die Grundlage des narrativen Geistes. Deshalb denken Menschen gern in Geschichten und lieben Erzählungen, in denen sie ihre Erfahrungen, ihre Kultur und ihr Wissen weitergeben.

Jede Episode oder Geschichte hat nach Aristoteles einen Anfang, eine Mitte und ein Ende. Der Plot einer Story erfasst komprimiert Verlauf, Figuren, Motive, Themen und Fragen, die den roten Faden einer Geschichte bilden (vgl. Snyder, 2015). Es gibt einfache und komplexe Plots, komische und tragische, Geschichten mit oder ohne Happy End. Geschichten werden meist von Fragen, die am Anfang direkt oder indirekt gestellt werden, vorangetrieben. Oft beginnen Geschichten mit Wendepunkten, etwas Neues, Überraschendes, Widersprüchliches passiert oder wird eingeführt. Die Mitte bildet eine Kaskade von Ereignissen, die auseinander hervorgehen, während die Protagonisten die Fragen oder Konflikte zu lösen versuchen, die am Anfang aufgeworfen wurden. Dabei ergeben sich, wie im wirklichen Leben, aus Lösungsversuchen immer wieder neue Konflikte und Fragen. Am Ende löst sich alles in Wohlgefallen auf oder alles bleibt offen. Dabei ist das Ende einer Geschichte im Erleben oft bedeutungsvoller als die vorangegangenen Ereignisse.

In jedem Fall sollten Geschichten unterhaltsam sein. Das gilt für Erzählungen am Lagerfeuer und für wissenschaftliche Erzählungen. Der entscheidende Dreh der Narration besteht allerdings darin, dass Geschichten ständig umgemodelt, verändert, anders erzählt, anders gedacht, neu eingepackt, kombiniert und immer wieder neu verschachtelt werden (können) und dabei Sinn entsteht.

---

87 Die sprachliche Verflüssigung oder Dekonstruktion kann allerdings so weit vorangetrieben werden, dass keine neuen Ordnungen (mehr) entstehen, dann zersplittert die Wirklichkeit, soziale Systeme zerfallen und psychische Systeme treten in den Wahnsinn über.

2.5.5 Bewusstsein – der sich selbst beobachtende und gestaltende Geist

Unser Geist ist ein neuronal aktiver Raum, in dem wir uns bewegen und in den wir uns zurückziehen können, um in uns mit uns selbst zu sein. Allein denkend, aber nicht einsam, wie Hannah Arendt schreibt: »Das Denken ist, existenziell gesehen, etwas, das man allein tut, aber nicht einsam: allein sein heißt, mit sich selbst umgehen; einsam sein heißt allein sein, ohne sich in das Zwei-in-einem aufspalten zu können, ohne sich selbst Gesellschaft leisten zu können« (Arendt, 1998, S. 184).

Das menschliche Denken setzt einen inneren Dialog voraus. Der lebendige Geist teilt sich in zwei oder mehr (An-)Teile und beobachtet sich auf diese Weise selbst, simuliert also soziale Situationen, in denen sich Menschen gegenseitig beim Beobachten beobachten.[88] Wir beobachten nicht nur die anderen und die Umgebung, sondern gleichzeitig, während wir dies tun, mehr oder weniger bewusst unsere emotionalen und mentalen Aktivitäten. Insofern ist das, was wir Denken und Fühlen nennen, immer schon doppelt, leiblich und sozial fokussiert und bestimmt.

Die »Zweiteilung« und Mehrdimensionalität des menschlichen Geistes zeigt sich durchaus auch neurobiologisch (Humphrey, 1997). Formen menschlichen Bewusstseins – die aus frühen Formen tierischen Bewusstseins bei Säugetieren und Vögeln hervorgehen – entstehen durch eine besondere Form der *Zweiteilung aktiver Aufmerksamkeit und Repräsentation:* Zum einen (a) *nehmen wir wahr, was da draußen in der Umgebung passiert,* und gleichzeitig (b) *empfinden wir, was dabei in uns körperlich vorgeht.*[89] Sinnesempfindungen und Wahrnehmungen sind zwei unterschiedliche *Aktivitäten* unseres Bewusstseins,[90] die als Einheit zusammenwirken.

Die Zweiteilung der bewussten und unbewussten Aufmerksamkeit begründet ein affektlogisches Bewusstsein (Ciompi, 1982, 1988), das sowohl sich selbst als auch seine Umgebung beobachtet *und* empfindet. Mithilfe von Sprechen und Sprache entwickelt sich daraus schließlich die Fähigkeit zur Reflexion geisti-

---

88 Auch darin zeigt sich, dass das, was wir Geist oder Bewusstsein nennen, aus der Erfahrung des Zusammenlebens hervorgeht.
89 Der Biologe Nicholas Humphrey unterscheidet zwischen *Sinnesempfindungen* und *Wahrnehmungen:* »Sinnesempfindungen (sind) affektgeladene Repräsentationen dessen, ›was mit mir vorgeht‹, Wahrnehmungen dagegen affektneutrale Repräsentationen dessen, ›was da draußen vorgeht‹« (Humphrey, 1997, S. 249). Mehr dazu in Teil II.
90 »[D]as Fühlen von Empfindungen« entspricht, sagt Humphrey, »einer *Handlung* des Subjekts« (1997, S. 283, vgl. auch dort S. 251 ff.).

ger und emotionaler Zustände. Eingebettet in unseren Geist können wir seine Aktivität *empfinden* und die Tätigkeiten unseres Geistes *beobachten* und *gestalten*.

2.5.6 Freies Spiel und mentale Simulation

Die Bedeutung des Spiels für die menschliche Entwicklung wird oft unterschätzt, nicht zuletzt in der Evolutionstheorie (vgl. Maturana u. Verden-Zöller, 1993). Kinder und Erwachsene erproben und entwickeln emotionale und mentale Fähigkeiten vor allem im *freien und schöpferischen Spiel* (vgl. Moreno, 1988; von Ameln et al., 2004; Bleckwedel, 2008, S. 77 ff.). Mikkel, mein Enkel, verbringt Stunden damit, allein oder mit anderen spielend, aus Playmobilfiguren, Legobausteinen und einigen anderen Materialien ganze Landschaften, Architekturen und Lebensräume aufzubauen und einzurichten. Er erfindet, allein oder gemeinsam mit anderen, Szenarien, Figuren und Handlungen und spielt im Rollenwechsel Geschichten durch, eingetaucht in sein eigenes Reich oder gemeinsam entworfene Reiche, versunken ins Spiel.

2.5.6.1 Selbstregulation im Wechsel von Zusammensein und Mit-sich-für-sich-Sein

Emotionale und mentale Selbstregulation erlernen Menschen im Wechsel zwischen (A) Zusammensein mit anderen und (B) im Mit-sich-für-sich-Sein. Die Möglichkeit und schließlich die Fähigkeit, für und mit sich allein zu spielen, fördert bei Kindern die Entwicklung von Selbstregulation und Fantasie (Konrad, 2000; vgl. auch Garbe u. Knippenberg, 2007). Für Kinder ist ein Raum, in dem sie sich ungestört entfalten und lernen können, fast ebenso wichtig, wie sozialer Kontakt. Ich denke, das gilt in unterschiedlicher Weise für Menschen jeder Altersstufe. Deshalb ist das Träumen, nachts und als Tagtraum, neurobiologisch so sinnvoll wie kulturell bedeutungsvoll. Im Mit-sich-für-sich-Sein geht es nicht nur um die freie Regulation von Emotionen, sondern auch um die autonome Organisation von Gedanken und Gedankenwelten. Mit sich allein zu sein, eröffnet die Möglichkeit, *aus sich selbst heraus* kreativ zu werden. Darum geht es in dem berühmten Essay von Virginia Woolf (1978) »Ein Zimmer für sich allein«. Die Möglichkeit und die Fähigkeit, in bestimmten Situationen mit sich selbst allein und aus sich selbst heraus kreativ zu sein, ergänzt die Fähigkeit zum Zusammensein und zur sozialen Kooperation. Für die körperliche, emotionale und geistige Regeneration, für selbstreflexives, unabhängiges Denken und Kreativität spielt dieser Zustand jedenfalls eine wichtige Rolle.

Es gilt allerdings, je stärker wir in Weltanschauungen gefangen und in soziale und kulturelle Zusammenhänge eingebunden sind, desto mehr Mut und

Energie müssen wir aufbringen, um uns aus Gewissheiten (Hustvedt, 2018) zu verabschieden und von gewohnten Denkweisen zu lösen. Wer das Unbekannte entdecken (das Unverstandene verstehen) will, muss, zumindest für eine Weile, die Courage aufbringen, sich von der eigenen Gruppe (aus der eigenen »Blase« und ihren Gewohnheiten) zu entfernen, damit der Geist in einem eigenen »Himmelreich« frei fliegen und »ohne Geländer« (Arendt, 2006) denken kann.

2.5.6.2 Mentale Simulation von Szenarien

Bei Menschenkindern nimmt das Vermögen, mental Szenarien zu entwerfen, ab dem Alter von zwei Jahren (vor allem im Vergleich zu Schimpansen) exponentiell zu: »Kinder erleben einen beträchtlichen Teil des Tages in der Fantasie. Sie beschwören unermüdlich Szenarien mit Ersatzfiguren wie Puppen und anderem Spielzeug herauf. Denken heißt ja im Grunde, sich Handlungen und Wahrnehmungen vorzustellen, und man sagt, dass Kinder im Spiel Hypothesen überprüfen, Möglichkeiten ausloten und fast schon wie Wissenschaftler kausale Verbindungen herstellen. Das Spiel eröffnet Ihnen zweifellos die Möglichkeit, Dinge anzugehen, Erwartungen zu entwickeln und sie zu überprüfen. Kinder übernehmen Rollen und spielen [...] durch, was in bestimmten Situationen tatsächlich abläuft. Nach und nach lernen Sie, sich gezielt Szenarien und deren Folgen auszumalen, ohne sie tatsächlich auch physisch durchzuspielen. Sie lernen mentale Simulation« (Suddendorf, 2014a, S. 292 f.).

Im eigenständigen freien Spiel lernen Kinder, Grundelemente – Lebewesen, Dinge, Zustände, Ereignisse – eigenständig zu kombinieren und szenisch zu verschachteln. Oft beziehen sie sich dabei auf etwas, das sie erlebt, gesehen oder gehört haben, etwas, das sie offenbar emotional und geistig beschäftigt. Auf diese Weise lernen Kinder, (a) Erlebtes zu bearbeiten und Neues zu integrieren und (b) Elemente des Erlebens sinnhaft einzuordnen, und sie tun das (c) auf ihre *ganz eigene Art und Weise!* Erst dabei entdecken sie, wie ihr Geist arbeitet und welche Möglichkeiten er ihnen bietet.

2.6 Austauschlust und Verständigungsfreude

Die Fähigkeiten und Möglichkeiten des menschlichen Geistes sind, wie wir gesehen haben, beeindruckend. Daher wird der Siegeszug des *Homo sapiens* gern als »kognitive Revolution« (z. B. Harari, 2015) bezeichnet. Diese Bezeichnung ist ebenso einprägsam wie irreführend. Denn wenn es um menschliche Kognition geht, geht es immer auch um Emotionen und Intentionen, und diese wiederum *existieren nicht isoliert.*[91] Der Geist ist doppelt eingebettet, leiblich in einem Netzwerk neuronaler Verbindungen *und* kommunikativ in sozialen Beziehungen.

Viele Wissenschaftler, auch Psychotherapeuten, betonen, wie wir gesehen haben mit einiger Berechtigung, die überragende Bedeutung von Kognition, Sprache und Sprachentwicklung: Menschen entwickeln sich in Sprache, sie verständigen sich über Sprache und spielen Sprachspiele, kurz: »It's the language, stupid!«[92] So einfach ist es aber nicht. Die menschliche Evolution wird keineswegs ausschließlich durch den Austausch sprachlicher Zeichen im Rahmen abstrakter Begriffssysteme vorangetrieben. »Wir Menschen sind biologische Wesen *(Homo sapiens sapiens),* die sich in einem kulturellen Raum verwirklichen«, formulieren Maturana und Verden-Zöller (1993, S. 14) treffend, und das bedeutet, die Entwicklung des Zwischenmenschlichen als ein Geschehen zu betrachten, an dem handelnde Leiber ebenso beteiligt sind wie Kommunikationen und Bewusstseinssysteme.

Ein einfacher Blick auf Szenen des Sprechens zeigt: Es ist nicht möglich, nicht zu kommunizieren (Watzlawick, Beavin u. Jackson, 1969), selbst wenn niemand spricht. Ebenso wenig ist es für Menschen möglich, ohne Leib zu sprechen. Menschliche Kommunikation und menschliches Bewusstsein sind letztlich an Leiblichkeit gebunden. Diese Tatsache wird in der lebendigen Kommunikation von Angesicht zu Angesicht besonders deutlich: Wir sind am Geschehen ganzkörperlich beteiligt – der Klang und die Modulation der Stimme, Mimik, Gestik, Augenbewegungen, Körperausdruck, Hautreaktionen, ja selbst Gerüche werden von Gegenübern sinnlich aufgenommen. Auch das Innenleben ist, von außen weniger sichtbar, rege beteiligt.

Aspekte der Körperlichkeit im szenischen Geschehen (vgl. unter anderem Storch et al., 2006; Pesso u. Perquin, 2007; Porges u. van der Kolk, 2010; Petzold, 1985; Moreno, 1988) spielen in der Evolution menschlicher Beziehungsgestaltung eine eminent wichtige Rolle. Eine einzige Geste kann Beziehungen definieren und gestalten. Gemeinsam geteilte interaktive und intentionale Aufmerksamkeit für leibliche Signale stehen nicht nur im Dienst von Kooperation, sie dienen ebenso der *kommunikativen Beziehungsgestaltung* (mehr in Teil II).

Das klingt vielleicht im ersten Moment nicht besonders aufregend, führt aber im Zusammenwirken mit gesprochener Sprache zu einer erheblichen Erweiterung von Komplexität im Bereich des Zwischenmenschlichen. Ich kann sagen: »Das ist sehr spannend« und dabei aus dem Fenster schauen oder auf

---

91 Jede Emotion, jede Intention, jeder Wunsch, jeder Gedanke, jede Handlung bezieht sich auf irgendetwas.
92 Nicht umsonst wurde und wird die Psychoanalyse irreführenderweise als »Talking Cure« bezeichnet.

mein Mobiltelefon. Ich kann lustlos gähnen und sagen: »Ich liebe dich«, während mein ganzer Körperausdruck das Gegenteil signalisiert[93]. Erst die möglichen *Differenzen* und/oder *Übereinstimmungen* zwischen (a) sprachlich codierten Botschaften, (b) bewussten oder unbewussten Intentionen und (c) körperlichen Ausdrücken (Klang der Stimme, Mimik, Gestik, Körperhaltung) führen zu der hoch differenzierten, komplexen und gelegentlich komplizierten Art der kommunikativen Beziehungsgestaltung und der damit verbunden Psychologie, die das menschliche Dasein ausmachen und bestimmen.[94]

2.6.1 Intersubjektive Resonanz und Austauschlust

Wir sind leiblich-emotional beteiligt, egal, ob wir kommunizieren oder denken. Diese Tatsache führt zu einem Phänomen, das in der menschlichen Evolution eine zentrale Rolle gespielt haben könnte, bisher in Evolutionstheorien aber kaum eine angemessene Beachtung findet. Ich spreche hier von der *intersubjektiven Resonanz* oder »sozialen Körperresonanz« (Rosa, 2013, S. 133),[95] die sich in *Austauschlust* und *Verständigungsfreude* zeigt.

Wer keine *Lust* im Austausch *empfindet*, wird sich nicht lange unterhalten. Ein Gespräch, bei dem keine Freude aufkommt, wird bald enden. Austauschfrust und Verständigungsmüdigkeit führen in der Regel zur Beendigung, zumindest aber zum Erlahmen einer Beziehung. Anderseits nimmt die Lust am Austausch und das körperliche Wohlbefinden offenbar zu, wenn Menschen sich gut verständigen können und gut verstanden fühlen.

Austauschlust und Verständigungsfreude motivieren also zu erneutem Austausch und zu erweiterter Verständigung. Dieser sich selbst verstärkende Prozess *sozialen Engagements* (vgl. Porges, 2012; Porges, Kierdorf u. Höhr, 2021)[96] könnte zur Evolution und Entwicklung menschlichen Sprechens und Denkens erheblich beigetragen haben.

---

93 Die double bind theory (Doppelbindungstheorie) von Bateson, Jackson und Haley (1969) geht von dieser Beobachtung aus.
94 Deshalb reicht auch eine rein textorientierte Diskursanalyse keineswegs aus, um Beziehungsprozesse zu verstehen.
95 Eine brillante Beschreibung der leiblichen Seite kommunikativer Resonanz findet sich bei Rosa (2016) in Kapitel 2, besonders in den Abschnitten 4 »Stimme, Blick und Antlitz« und 6 »Lachen, Weinen, Lieben«.
96 Mehr dazu in Teil II.

2.6.2 Sprechen, leibliche Resonanz und Bewusstseinsbildung

Resonanz ist kein abstraktes Konstrukt. *Leibliche Resonanz* taucht als biologisches Phänomen und Anzeichen rudimentärer Bewusstseinsbildung bereits früh bei tierischen Organismen auf. Sie besteht aus (a) Empfindungen und (b) Körperhandlungen und bildet die Grundlage jener interpersonellen psychosomatischen Resonanz (Krüger, 2020), die Menschen im Kontakt und im sprachlichen Austausch erleben (Bleckwedel, 2008, S. 258 ff.). Jede »unterscheidbare Empfindung« entspricht »beim Menschen einer physisch eigenen Form von Körperhandlung (entweder an der wirklichen Körperoberfläche oder aber an einer Ersatzstelle auf einem inneren Modell des Körpers)« (Humphrey, 1997, S. 250). Sprechen ist also eine *Tätigkeit*, die mit bewusstseinsbildenden Empfindungen *und* Körperhandlungen einhergeht (vgl. Trautwein-Voigt, 2022). Wir *empfinden* als Sprechende das Sprechen. Kognitive Resonanzen, die ganze Palette höherer geistiger Tätigkeiten, sind in leibliche, *emotionale* Resonanzen eingebettet.

Wer Sprechende, den ganzen Akt des *Miteinander-Sprechens,* genauer beobachtet, kann leicht feststellen, dass Leiber in innerer und äußerlicher Bewegung elementare Bestandteile des Sprechens, von Sprechakten sind. Sprechende sitzen, liegen, stehen oder bewegen sich im Raum, und bereits das Wechselspiel der Konfigurationen hat eine kommunikative und bewusstseinsmäßige Bedeutung. Mehr noch: Während des Sprechens wiegen sich die Körper in Rhythmen, kreuzen sich Blicke oder tauchen ineinander, mischen sich Stimmen, verflechten sich Gesten, spiegeln sich Gesichtsausdrücke. Waldenfels spricht von »Zwischenzeitlichkeit« (zit. nach Rosa, 2016 S. 132). Aber die ganze Sprechszene, der kommunikative »Tanz«, hat sowohl leiblich-psychische als auch sozial-kommunikative Seiten. Beide Aspekte können im kommunikativen Geschehen kaum voneinander getrennt werden.

Im Sprechen geht es um die Koordination und Synchronisation von Verhalten, Emotionen und Bewusstsein. Gelingt die affektive und kognitive Abstimmung der Sprechenden, dann kommt es zu angenehmen emotionalen und positiven kognitiven Resonanzen, die Freude machen und Sinn erzeugen. Genau das wollen Menschen erleben.

Wenn wir die Evolution und Entwicklung des Sprechens und der Sprache genauer verstehen wollen, dann spielen die genannten Phänomene eine wichtige Rolle.[97] In jedem Fall sehen wir, dass der Gebrauch eines fiktionalen, offenen

---

97 Alle diese Phänomene, die in den letzten Jahren mehr beforscht werden, sind zwar eng mit der Entwicklung von Sprache verknüpft, sie lassen sich jedoch nicht allein auf Sprache oder Kommunikationen reduzieren.

Sprachsystems, die Akte des Sprechens, der gemeinsame Austausch von Mensch zu Mensch, viel mehr ist als ein *rein* kognitives Geschehen. Egal ob es sich um *Klatsch und Tratsch* handelt oder ob es um die großen und letzten Fragen geht.

Austauschlust, der Drang, sich auszutauschen, und die Freude, die entsteht, wenn der Austausch gelingt und Sinn erzeugt, sind zutiefst menschlich. Austauschlust und Verständigungsfreude treiben die menschliche Entwicklung an. In einem Interview mit Kathrin Zinkat bemerkt Thomas Suddendorf zu diesem Thema: »Tomasello und ich sind uns in diesem Punkt [die überragende Bedeutung der Sprache; Anmerkung J. B.] ziemlich einig. Ich glaube allerdings nicht, dass das alles ist […]. Was ist der zweite große Unterschied des Menschen? Der unbändige Drang, uns über fast alles auszutauschen« (Suddendorf, 2014b).

Menschen sind Wesen, die ihre Umgebung sehr genau beobachten, sie erleben und beobachten das Beziehungsgeschehen um sich herum intensiv, sie denken über das Erlebte und Beobachtete nach, und kaum etwas lieben sie mehr, als sich darüber, über ihr Erleben, ihre Beobachtungen und Gedanken sprachlich auszutauschen. Im sprachlichen Austausch erleben Menschen ähnlich wie in meditativer Versenkung die generelle *Lust des Lebens an sich selbst* (vgl. Humphrey, 2011).

2.7 Übergänge – Menschwerdung als Wandel erster und zweiter Ordnung

Vor etwa 70 000 bis 100 000 Jahren begannen moderne Menschen, »in noch nie dagewesener Weise zu denken und mit einer völlig neuen Form von Sprache zu kommunizieren« (Harari, 2015, S. 34). Während andere Arten von Homines, wie die Neandertaler, in tradierten Verhaltensweisen gefangen blieben, »konnte der Sapiens seine Gesellschaftsstrukturen, zwischenmenschlichen Beziehungen und alle möglichen anderen Verhaltensweisen« (Harari, 2015, S. 50 f.) innerhalb kurzer Zeiträume flexibel verändern. Frühe Formen von Religion, Kunst, Handel und gesellschaftlicher Schichtung entstanden. Den Frühmenschen müssen die modernen Menschen wie Zauberer aus einer anderen Welt erschienen sein. Der Sapiens hatte einen Quantensprung vollzogen, der ihm in Fantasie und Realität ganz andere Entwicklungsmöglichkeiten eröffnete. Gleichzeitig schloss die neue Daseinsform andere Arten von Homines von der weiteren Entwicklung aus.

Das tragische Schicksal aller anderen menschlichen Arten macht nachdenklich, zeigt aber auch deutlich: Das neue offene und fiktionale Sprachsystem ist eben nicht einfach nur ein neues *kognitives Werkzeug*, es führt vielmehr in eine andere Welt, ein anderes Dasein. Ein Dasein, das denen verschlossen bleibt, die nicht (auf der Basis vererbter biologischer Anlagen) in eine *Sprachgemeinschaft* hineingeboren und in einem aufwendigen zwischenmenschlichen Entwicklungsprozess mit sprachlichen Kompetenzen ausgestattet und kommunikativ *sozialisiert* werden. Das aber konnten und können nur die fortgeschrittenen Gemeinschaften und basalen Beziehungssysteme (siehe Teil II) des modernen Sapiens bieten. Die anderen Arten von Homines konnten in die *Neue Welt* nicht folgen und waren gleichzeitig zu unterlegen, um ihre eigenen Daseinsformen über längere Zeit gegen die des modernen Menschen erfolgreich zu behaupten.

2.7.1 Neuordnung durch Fluktuation – wenn Veränderungen erster Ordnung zu einem Wandel zweiter Ordnung führen

Der Sprung in ein anderes Dasein kam nicht einfach so, aus dem Nichts. Die Menschwerdung vollzieht sich in einem allmählichen und tief greifenden Transformationsprozess, in dem sich biologische, psychologische, soziale und kulturelle Entwicklungsprozesse gegenseitig bedingen.[98] Evolutionäre Sprünge haben eine lange Vorlaufzeit, in dem ein Wandel zweiter Ordnung[99] durch Veränderungen erster Ordnung kontingent vorbereitet wird. Über Millionen von Jahren entwickelten diverse Arten von Homines in einem langen Übergangszeitraum allmählich bestimmte Fähigkeiten, die irgendwann in der Summe eine bestimmte Schwelle überschritten und in Gestalt des *Homo sapiens* zu einer neuen, qualitativ höheren Ordnung führten. Die Spur dieser phylogenetischen Entwicklung zeigt sich heute deutlich in der ontogenetischen, kindlichen Entwicklung (Stern, 1993; Tomasello, 2020).

Allgemein gilt: Die Entwicklung lebender Systeme vollzieht sich nach dem Prinzip *Ordnung durch Fluktuation* (Nicolis u. Prigogine, 1987; vgl. auch Schacht, 2009). Alle lebenden Systeme ereignen sich prozesshaft in einer bestimmten Ordnung (Prozessstruktur). In jedem neuen Ordnungszustand eines Systems tauchen nach einer Weile im zeitlichen Verlauf Abweichungen auf, Fluktuationen. Bleiben die Fluktuationen (Abweichungen, Veränderungen, Verstörungen) unter einer bestimmten Schwelle, bleibt die (grundlegende) Ordnung des Sys-

---

98 Schon Darwin hat dieses Problem beschäftigt (vgl. Darwin, 1871/1872). In »Der Ausdruck der Gemütsbewegungen bei dem Menschen und den Tieren« vermutet er ganz allgemein, dass sich auch psychologische Merkmale wie Aufmerksamkeit, Gedächtnis, Abstraktion und Emotion in einer evolutionären Dynamik entwickeln.
99 Ross Ashby (Hoffman, 1984, S. 47) unterscheidet *Veränderungen erster und zweiter Ordnung*. Als Veränderungen erster Ordnung bezeichnet man Veränderungen (Fluktuationen), die sich innerhalb einer bestimmten Ordnung vollziehen, während Veränderungen zweiter Ordnung die Ordnung selbst betreffen, also die Ordnung eines Systems grundlegend verändern (vgl. auch Watzlawick u. Weakland, 2000).

tems erhalten. Überschreiten die Fluktuationen eine bestimmte Schwelle (Abweichungen, Veränderungen, Verstörungen erreichen ein bestimmtes Maß), ergeben sich im Prozess Kipppunkte oder Neuordnungspunkte. In dieser Situation ordnen sich Systeme (auf vorher nicht vorhersehbare Weise) neu;[100] es kommt zu einem Wandel zweiter Ordnung (in dem sich alte und neue Elemente in einem veränderten *Rahmen* neu ordnen). Auf diese Weise bilden sich aus chaotischen Zuständen *fern vom Gleichgewicht* immer wieder neue, relativ stabile Strukturen *nah am Gleichgewicht* (vgl. von Bertalanffy, 2015).

Entwicklung vollzieht sich also sowohl in allmählichen *Übergängen* als auch in qualitativen *Sprüngen*. Was als kategorialer, qualitativer Unterschied, als Wandel zweiter Ordnung sprunghaft auftaucht, ereignet sich bei genauerem Hinsehen auf der Basis von Veränderungsprozessen, die eher allmählich verlaufen, in denen aber doch (ungeplant) Sprünge vorbereitet werden (können).[101]

Aus der Sicht dieses Entwicklungsmodells übersprangen die Menschen als Spezies – hatten bestimmte Veränderungen erst einmal eine bestimmte Schwelle erreicht – eine tiefe *Kluft* (Suddendorf, 2014a), die uns seither von den Menschenaffen, unseren nächsten Verwandten in der Tierwelt, trennt. Wie aber können wir uns den Prozess des Wandels und die Übergänge vorstellen?

Wir können heute unmöglich den Weg des Wandels genau verfolgen, die Entwicklung liegt zu lange zurück, der Zeitraum ist groß, die Datenlage schwach und der Prozess ist komplex. Aber es lassen sich durchaus *Übergangsbereiche* identifizieren, *Entwicklungsbereiche*, in denen sich die Metamorphose vollzogen haben muss.

---

100 Wobei Neuordnung auch Exitus (Absterben) bedeuten kann.
101 In diesem Modell sind weder der Wandel noch seine Richtung zwingend vorgegeben. Das unterscheidet dieses Entwicklungsmodell grundlegend von dialektisch idealistischen (Hegel) oder dialektisch materialistischen (Marx) Geschichtsauffassungen, in denen Wandel, Richtung und Ziel vorgegeben erscheinen. Daher können Veränderungen, die zu einem Wandel zweiter Ordnung geführt haben, in der Regel erst post factum als wandlungswirksame Impulse erkannt werden.

2.7.2 Sechs Entwicklungsbereiche des Humanen

Viele Lebewesen leben, wie wir, in sozialen Gefügen und pflegen Kulturen. Zudem verfügen zahlreiche Tiere, wie immer wieder gern berichtet wird, über erstaunliche Fähigkeiten und Intelligenz. Papageien sprechen, Ameisen melken Läuse, Krähen stellen Werkzeuge her, Pferde, Vögel oder Delfine kommunizieren, Bienen kooperieren bei der Herstellung von Honig. Auch altruistisches Verhalten taucht gelegentlich auf. Ähnliches gilt in weit höherem Maße für Menschenaffen.

Dennoch ergeben sich bei genauerer Betrachtung einige fundamentale Unterschiede zum modernen Menschen: »Wir konstruieren Maschinen, die uns in Windeseile von einem Ort zu einem anderen und sogar in die Weiten des Alls befördern. Wir erforschen die Natur und häufen rasch Wissen an, das wir miteinander teilen. Wir erschaffen komplexe künstliche Welten, in denen wir unerhörte Macht ausüben – die Macht, die Zukunft zu gestalten, und die Macht, alles zu zerstören und auszulöschen. Wir denken über unsere gegenwärtige Lage, über unsere Geschichte und unser Schicksal nach und debattieren darüber. Wir ersinnen ebenso leicht wunderbare harmonische Welten wie entsetzliche Tyranneien. Unsere Kräfte lassen sich für das Gute ebenso aktivieren wie für das Böse, und unablässig diskutieren wir darüber, was von beidem was ist« (Suddendorf, 2014a, S. 12 f.).

Thomas Suddendorf nennt sechs Entwicklungsbereiche, in denen sich der Wandel zum Menschsein vollzieht und manifestiert: »Sprache, mentale Zeitreisen, Theory of Mind, Intelligenz, Kultur und Moral« (Suddendorf, 2014a, S. 290). Die grundlegende Idee dabei ist, dass unsere Vorfahren Fähigkeiten, die bereits vorher vorhanden oder angelegt waren, in den verschiedenen Entwicklungsbereichen weiterentwickelt und dabei in etwas gänzlich Neues umgewandelt haben. In seinem Buch »Der Unterschied« beschreibt Suddendorf (2014a) die Unterschiede zwischen Affenkindern und Menschenkindern in den verschiedenen Bereichen wissenschaftlich fundiert und zugleich sehr anschaulich. Ich beschränke mich daher hier auf eine begrifflich leicht bearbeitete tabellarische Darstellung (siehe Tabelle 2). Sie soll die Übergangsbereiche der Entwicklung und den *transformativen Zusammenhang* verdeutlichen.

Tabelle 2: Wandel zweiter Ordnung – Entwicklungsbereiche des Humanen

Fähigkeiten von Menschenaffen und Frühmenschen	Entwicklungssprung	Fähigkeiten des modernen Menschen
Kommunikation		Fiktionales und offenes Sprachsystem
Gedächtnis	*Wandel zweiter Ordnung*	Fantasie, mentale Zeitreisen
Soziale Wahrnehmung		Mentalisieren Theory of Mind
Problemlösen		Abstraktes Denken und Verschachtelung
Empathie		Mitgefühl, Ethik und Moralität
Tradition		Aktive Kulturgestaltung

In den genannten Entwicklungsbereichen vollzieht sich die Evolution des Menschseins bis heute. Natürlich spielen biologische Entwicklungen eine fundamentale Rolle in der Evolution des Lebens und damit auch in der Evolution der Menschen. In der Langzeitbetrachtung, mit Blick auf den langen Strom der Evolution, verändern und verfeinern sich die biologischen Anlagen von Säugetieren wie Delfinen, Affen oder später Menschen, wenn auch sehr allmählich. Die biologische Evolution bildet die Basis und den Rahmen für alle weiteren Entwicklungen, doch spätestens mit dem Auftauchen des *Homo sapiens*, bestimmt die kulturelle Evolution die Dynamik der Entwicklung.

Heute werden alle *Homo sapiens* mit ähnlichen und gleichwohl einzigartigen biologischen Anlagen geboren, die im Zusammenspiel mit sozialen und kulturellen Entwicklungsräumen den *Möglichkeitsrahmen* definieren, in dem sich individuelle und kollektive Fähigkeiten und Talente entfalten können.

2.7.3 Signaturfähigkeiten des modernen Menschen

Die Fähigkeiten, die einzelne Menschen unter günstigen Bedingungen entwickeln können, vermitteln sowohl einen Eindruck von der Tiefe des evolutionären Wandels als auch eine Idee von der Richtung dieses Wandels und den Möglichkeiten, die sich eröffnen.

Es ist keineswegs unbescheiden oder übertrieben, zu sagen, dass es die geistigen und kommunikativen *schöpferischen Fähigkeiten* sind, die den modernen Menschen besonders auszeichnen. Trotz aller Vielfalt und Variation in den Ausprägungen lässt sich ein Portfolio allgemeiner, potenzieller Fähigkeiten beschreiben, die Menschen prinzipiell unter günstigen Bedingungen entwickeln können.

Dieses *Portfolio potenzieller Fähigkeiten,* in denen sich emotionale, kognitive, kommunikative und beziehungsgestalterische Kompetenzen verbinden, *kennzeichnen* als Ganzes die Spezies. Sie können daher als *Signaturfähigkeiten*[102] des modernen Menschen bezeichnet werden. Signaturfähigkeiten bezeichnen, was Menschen, prinzipiell gesehen, *gut können* und *gern tun*. Können Menschen diese Talente (in entsprechenden Entwicklungsräumen) entfalten, erleben sie in der Regel Freude, sie machen schnell Lernfortschritte, und sie wünschen sich, diese Fähigkeiten weiterhin anwenden und weiterentwickeln zu können.

Wir können annehmen, diese Fähigkeiten sind biologisch gebahnt und fundiert, sie entfalten sich allerdings erst im Zusammenleben, in angemessenen Entwicklungsräumen. Deshalb sind Menschen als soziale Wesen besonders auf basale menschliche Beziehungssysteme und andere Arten von Beziehungssystemen angewiesen, in denen sich eben diese Fähigkeiten entwickeln können. Selbstverständlich kann die Entwicklung dieser Fähigkeiten eingeschränkt, behindert oder gestört werden.

2.7.4 Portfolio menschlicher Signaturfähigkeiten

(A) Entwickeltes Selbstempfinden, reflexives Selbstbild, Rollenwechsel, Rollentausch, Zweifühlung und Mentalisieren

Menschen verfügen nicht nur über die Fähigkeit, sich in die Gefühle eines anwesenden Gegenübers hineinzuversetzen, sie können die Erfahrungen und das Erleben anderer auch *sprachlich* vermittelt nachvollziehen, z. B. in einer Erzählung. Menschen können sich selbst im Geist *zwei- oder mehrteilen,* sich also selbst *wie von außen* anschauen, und sie erkennen und konstruieren sich selbst, ihre Identität, im Spiegel der Reaktionen anderer. Auf diese emphatische und »doppelnde« Art und Weise entwickeln sie, in der Interaktion mit der Umgebung und in ihrem Geist, ein differenziertes Selbstempfinden (Stern, 1993) sowie (a) Bilder von sich selbst, aber auch (b) Bilder von anderen und (c) Bilder von Konfigurationen von anderen in ihrer Umgebung; Bilder, mit denen

---

102 Begrifflich lehne ich mich hier an den von M. E. P. Seligman geprägten Begriff der Signaturstärken an (vgl. Seligman, 2003).

sie in Beziehungen operieren. Menschen verfügen über eine fast unbeschränkte Fähigkeit zum Rollen- und Perspektivenwechsel sowie über die Fähigkeit zur freien Kontextualisierung von Zuständen, Phänomenen und Ereignissen. In der Begegnung mit anderen Menschen besitzen sie die Fähigkeit zum Rollentausch und zur »Zweifühlung« (Moreno, 1988), das heißt, sie können im Kontakt mit anderen sowohl (a) ihre eigenen Gefühle, Absichten, Erwartungen, Interessen, Pläne, Überlegungen, Gedanken, Motive und Wünsche wahrnehmen als auch, gleichzeitig, (b) die Gefühle, Absichten, Erwartungen, Interessen, Pläne, Überlegungen, Gedanken, Motive und Wünsche anderer erfassen. Darüber hinaus entwickeln Menschen durch Mentalisieren (Fonagy et al., 2004; mehr in Teil II) die Fähigkeit, zu verstehen, in welchem *mentalen Rahmen* andere Menschen operieren, um deren Gedanken, Gefühle, Handlungen, Motive und Wünsche zu verstehen und hypothetisch zu *berechnen*.

(B) Entdeckungsfreude, Erfindungsgeist, Kooperation und Gestaltungsfreude
Entdeckungs- und Gestaltungsfreude kennzeichnet Menschen von Beginn an. Die ersten Menschen verlassen, mehr oder weniger unerschrocken, ihre gewohnten Habitate, die Wälder, und brechen gemeinsam, die offene Savanne nicht scheuend, zu neuen Ufern auf. Babys erkunden und manipulieren vom ersten Moment an aufmerksam ihre Umgebung, Erwachsene begeben sich auf alle möglichen Entdeckungsreisen. Wer etwas Neues entdecken will, muss die gewohnten Ufer für eine Weile aus dem Blick verlieren. Beim Herumwandern entwickeln wir Ideen, und wo wir uns befinden, *gestalten* wir, gemeinsam mit anderen, die Natur[103] und unsere Beziehungen zueinander, die Kultur. Menschen sind Wesen, die kooperieren, um zu entdecken und zu gestalten.

(C) Fantastische Reisen in Zeit und Raum
Als *Zeitreisende* können Menschen in ihrer Fantasie von der Gegenwart in die Vergangenheit oder in die Zukunft und wieder zurück reisen (indem sie »Vergangenheit« und »Zukunft« in der jeweiligen Gegenwart immer wieder »neu« erfinden). Ebenso können sie sich in ihrer Vorstellung durch den Raum bewegen und sich – in der Fantasie – in Positionen begeben oder an Orte, an denen sie sich tatsächlich nicht befinden, nie waren oder die sie nie erreichen werden.

---

103 Schon vor 45 000 Jahren brannten in Südostasien Menschen kleine Waldstücke nieder, und Experten vermuten, dass sie auf diese Weise Waldsäume erschufen, an denen sich Pflanzen ansiedelten, die als Nahrung begehrt waren, und wo sich deshalb dann Tiere tummeln, die gejagt werden konnten (vgl. Roberts, Hunt, Arroyo-Kalin, Evans u. Boivin, 2017).

(D) Sprechen und Sprache

Menschen existieren im Sprechen (vgl. Maturana u. Verden-Zöller, 1993). Im Sprechen wird der Mensch zum Menschen. Sprache ermöglicht Kooperation, aber nicht nur das. Menschen lieben es, sich über alles Mögliche auszutauschen. Sie erfinden offene, flexible, fiktionale Sprach- und Zeichensysteme und erschaffen durch ihre Kommunikationen emotionale Resonanzräume, kunstvolle Diskursräume und offene Möglichkeitsräume. Sie erschaffen also im kommunikativen Miteinander gemeinsam im kommunikativen Miteinander Entwicklungsräume, in denen sie sich emotional, geistig, sozial und kulturell erleben, erfahren, entwickeln und entfalten können.

(E) Geschichtlichkeit und Fantasie

Menschen beziehen sich in Geschichten auf ihre Geschichtlichkeit (siehe Einführung und Teil II). In ihrem Identitätsempfinden sind sie geschichtliche Wesen. Menschen erfinden und erzählen gern Geschichten, um sich auszutauschen, zu orientieren und zu verständigen. In ihrer Fantasie können sie »so tun als ob«,[104] sie entwerfen Szenarien aller Art, verschachteln diese immer neu und malen sich zukünftige Situationen und Szenarien aus.

(F) Verschachtelung, Kreativität und Reflexion

Menschen können, in ihrer Fantasie und in Kommunikationen, verschachtelte Szenarien und komplexe theoretische Gebäude entwerfen, sich geistig in mehreren Dimensionen bewegen und Szenarien immer wieder neu verschachteln: Einzelne Elemente können dabei in größere Zusammenhänge eingebettet, verschoben, neu zusammengesetzt oder neu kontextualisiert (Framing) werden. Menschen können gegen den Strom, abweichend und quer denken und überraschende neue Verbindungen herstellen. Und Menschen können sich, wenn es gut geht, selbst reflektieren, eine komplexe Fähigkeit, »die sich auf eine Vielzahl hoch entwickelter Komponenten stützt, welche die Simulation von Situationen und das Nachdenken über diese ermöglichen« (Suddendorf, 2014a, S. 292).

(G) Körperliche, geistige und emotionale Flexibilität

Keine andere Spezies ist so anpassungsfähig und flexibel wie der Mensch. Körperlich können Menschen sich an die verschiedensten Umgebungsbedingungen

---

104 In seinem Hauptwerk »Die Philosophie des Als Ob« (1911) arbeitet der deutsche Philosoph Hans Vaihinger die Bedeutung der Fiktion für die Wissenschaften heraus (vgl. auch Bleckwedel, 2008, S. 104 ff.).

anpassen, geistig und emotional können Menschen in den unterschiedlichsten Situationen *extrem flexibel* und kreativ reagieren und agieren.

(H) Ambiguitätstoleranz und Ambivalenzfähigkeit

Menschen können mehrdeutig, in Paradoxien und Widersprüchen denken. Daraus speisen sich Humor und Ironie (aber auch Lüge und List). Menschen können, mehr oder weniger und auf die eine oder die andere Art und Weise, mit Ambiguität, Ambivalenz und Mehrdeutigkeit umgehen.

(I) Moral und Ethik

Schließlich können Menschen unterschiedliche Werte und Moralitäten (als übergeordnete Rahmungen für das Handeln) entwickeln. Sie können logische Widersprüche und emotionale Konflikte oder Dilemmata erkennen und ihr Handeln ethisch reflektieren, indem sie darüber nachdenken, welches individuelle oder kollektive Handeln als richtig, verantwortlich und gut begründbar angesehen werden soll (vgl. unter anderem Bauman, 1995b; Hutterer-Krisch, 2007; Maio, 2012; Stegemann u. Weymann, 2019). Ethik ist ein prinzipiell unabgeschlossener, diskursiver Suchprozess, der Werte und Normen reflektiert, hervorbringt, konkretisiert und weiterentwickelt.

2.8 Soziales Zusammenleben als Ursprung

Menschen entwickeln im Verlauf der Evolution erstaunliche Fähigkeiten, die eine bemerkenswerte soziale Orientierungen aufweisen: ein hoch entwickeltes Potenzial zur differenzierten und kreativen Beziehungsgestaltung, das komplexe Kulturen und Gesellschaften hervorbringt, aber auch Ambivalenz (Bauman, 1995a) und Mehrdeutigkeit (vgl. Bleckwedel, 2008, S. 293–295).

Die *systemischen Anfangsbedingungen* dieser Entwicklung liegen im sozialen Zusammenleben, Anfangsbedingungen, die bereits im Zusammenleben von Menschenaffen, unseren nächsten Verwandten im Tierreich, deutlich werden.

2.8.1 Aufmerksamkeit für Beziehungsdynamik

Im Wald führen Menschenaffen ein ziemlich angenehmes und anscheinend faules Leben (de Waal, 1983, 2009; Goodall, 1991; Humphrey, 1997; Suddendorf, 2014a), sie hocken herum, schwingen sich durch Bäume, dösen versonnen in den Tag hinein, mampfen, was geboten wird, lausen und zausen sich, tauschen Zärtlichkeiten aus und balgen umher. Manchmal gibt es auch Streit – doch die

Umgebung hält (vorausgesetzt, die Wälder werden als Ökosysteme nicht zerstört) reichlich Nahrung und ausreichend Reize bereit, und Feinde gibt es nicht viele. Nachts ziehen sich die Affen zum Schlafen in die Wipfel der Bäume zurück, um sich vor Raubkatzen und Schlangen zu schützen. Alles in allem ein ziemlich gutes Leben, ohne großen Veränderungsdruck.

Wie kam es dann dazu, dass Menschenaffen eine überdurchschnittliche Intelligenz entwickelten und die Gehirne dieser Affen sich, im Vergleich zu denen anderer Tiere, vergrößerten und komplexer vernetzten? Sicherlich, die Evolution folgt gelegentlich extravaganten Launen, doch sie baut, langfristig gesehen, nur dort Kapazitäten auf und aus, wo sie tatsächlich gebraucht werden. Wozu also *mehr Hirn* (vgl. Hüther, 2015)?

Der geduldige Blick der Verhaltensforschung löst das Rätsel. In Affenkommunen ist das soziale Leben bereits ziemlich entwickelt und komplex, gelegentlich auch unübersichtlich oder überraschend. Menschenaffen beobachten andere Menschenaffen genau, mehr noch, sie beobachten Beziehungsdynamiken in ihrer Gemeinschaft *besonders* aufmerksam, denn diese Dynamik ist für ihr Leben und Wohlergehen enorm bedeutsam:

»Die Komplexität des Soziallebens von Primaten ist durch Feldforschungen ausführlich nachgewiesen. Dabei hat sich gezeigt, dass Gruppenstrukturen durch Beziehungen zusammengehalten werden, die auf der individuellen Aufmerksamkeit für andere innerhalb der Gruppe gründen [...]. Durch gegenseitige Pflege werden Spannungen und Parasiten beseitigt und soziale Bindungen geknüpft. Es werden Bündnisse geschmiedet oder wiederhergestellt [...]. Zwar finden sich andere Tierarten oft in viel größeren Gruppen zusammen als Primaten – Gnus oder Sardinen beispielsweise leben in Verbänden von vielen Tausend Mitgliedern –, sie sind jedoch einander meist völlig fremd. Primaten hingegen kennen jedes einzelne Mitglied ihrer Gruppe. Außerdem scheinen Primaten Einblick in die Beziehungen anderer Gruppenmitglieder zu haben, was Dominanz, Verwandtschaft und Freundschaft angeht [...], ein Kampf zwischen zwei Individuen [kann sich] auch auf die Beziehungen zwischen anderen Mitgliedern auswirken. Einmal beobachtete ich einen jungen Schimpansen, der sich an ein älteres Weibchen heranschlich und dabei einen Ast hinter seinem Rücken versteckt hielt. Als das Weibchen versuchte, dem Jungen das Fell zu pflegen, schlug er plötzlich mit dem Ast auf sie ein und rannte davon, das erboste Weibchen hinter ihm her. Dieses Ereignis hatte Folgen für die gesamte Gemeinschaft, da offenbar die übrigen Schimpansen Partei für die eine oder die andere Seite ergriffen« (Suddendorf, 2014a, S. 30).

Wir sehen, die Aufmerksamkeit, und damit das Bewusstsein, von Menschenaffen wird durch ein – im Verhältnis zu anderen Tierarten – entwickeltes und reges Gemeinschafts(er)leben bereits ziemlich stark herausgefordert. Die kleinen grauen Zellen müssen sich vermehrt kreuz und quer vernetzen, damit ein Individuum eine gute Position in der Gruppe wahren kann, und das treibt die Entwicklung der Beobachtungsgabe und der Intelligenz voran.

Im Bereich des Zwischenmenschlichen dehnt sich die Aufmerksamkeit ins Soziale aus und vertieft sich gleichzeitig ins individuelle Erleben, und auf diese Weise *erweitert* sich, zwischen Extraversion und Introversion hin und her pendelnd, allmählich das Bewusstsein für äußere soziale und innere geistige Umgebungen. Aus der Aufmerksamkeit für Beziehungsdynamiken entwickelt sich bei den Menschen, wie wir gesehen haben, gemeinsam geteilte interaktive und intentionale Aufmerksamkeit sowie schließlich kommunikativ geteilte soziale und kulturelle Aufmerksamkeit, sowie ein schöpferischer Geist.

Der Blick auf das Sozialleben der Menschenaffen verdeutlicht eine *zirkuläre Entwicklungsdynamik,* die bei der Menschwerdung und in der Evolution menschlichen Bewusstseins und menschlicher Kommunikation eine zentrale Rolle gespielt haben dürfte. Ein reges soziales Leben, wie für Säugetiere typisch, führt zu (a) intensiveren und vielfältigeren Beziehungsdynamiken, das erhöht (b) die Komplexität der Beziehungen und damit die Herausforderung für einzelne Mitglieder von Gemeinschaften, Beziehungen angemessen zu gestalten, das regt (c) die Entwicklung geistiger Aktivitäten und Kommunikationen verstärkt an, das begünstigt (d) die Entwicklung sozialer und kultureller Komplexität und Vielfalt, und so weiter.

Auf diese Weise entfaltet sich im sozialen Zusammenleben der Menschen eine besondere Entwicklungsdynamik, die schließlich immer komplexere Muster und Formen der Kommunikation, des Bewusstseins und der gemeinsamen Beziehungsgestaltung hervorbringt.

Die Evolution menschlicher Kommunikation und menschlichen Bewusstseins kann – betrachten wir das Geschehen im Rahmen der Theorie dynamischer Systeme (Haken, 1987; Haken u. Schiepek, 2006) – als ein dynamisches System eng aufeinander bezogener Prozesse verstanden werden. Menschliche Beziehungssysteme tragen daher, wie alle dynamischen Systeme, die Tendenz in sich, sich selbst als dynamische Systeme zu erhalten und zu entfalten. Unter sich wandelnden Umgebungs- und Rahmenbedingungen ist das aber nur möglich, wenn sich die Muster und Formen von Kommunikation und Bewusstsein selbst weiterentwickeln. In diesem Prozess ergeben sich Synergieeffekte.

Die Menschwerdung der Primaten geht mitten aus dem sozialen Zusammenleben hervor und setzt sich im sozialen Miteinander, im Beziehungsleben der Menschen fort. Jedenfalls steigt der Grad der Komplexität von Beziehungsdynamiken und Beziehungsgestaltungen im Verlauf der menschlichen Evolution steil an, und zweifellos sind Menschen noch weit intensiver mit den Wechselfällen und Kapriolen ihrer sozialen Beziehungen beschäftigt als Delfine oder Menschenaffen.

2.8.2 Kulturelle Kreativität als treibende Kraft

2.8.2.1 Veränderungsstress

Unter Veränderungsdruck können sich (bereits gebahnte) Entwicklungsdynamiken erheblich intensivieren und beschleunigen. Die Evolution der Menschwerdung könnte daher durch eine radikale Veränderung der Rahmenbedingungen und dem damit verbundenen Veränderungsstress in Gang gesetzt worden sein. Veränderungsstress tritt für Lebewesen und soziale Gemeinschaften immer dann ein, wenn sich die Umgebungsbedingungen und damit die Rahmenbedingungen des Lebens und Zusammenlebens radikal verändern. Zum Beispiel durch klimatische, technische, ökonomische oder politische Veränderungen.

Eine extreme Veränderung muss sich ereignet haben, als unsere frühen Vorfahren vor etwa sechs bis acht Millionen Jahren, wahrscheinlich nicht freiwillig, ihre gewohnten Habitate in den Wäldern verließen und begannen, zunehmend aufrecht gehend, durch die Savannen zu wandern (siehe Kapitel 2.2.1). In dieser Lage entwickelten und verfeinerten die frühen Menschen Gewohnheiten und Fertigkeiten, die bereits Menschenaffen besitzen. Unsere Vorfahren erfanden auf ihrem Weg nicht nur neue Werkzeuge und Techniken und wurden dadurch intelligenter, sie wurden vor allem emotional kompetenter, sozial aktiver und kulturell kreativer. Soziales Engagement und kulturelle Kreativität treiben die Entwicklung von Geist und Kommunikation besonders an.

2.8.2.2 Exkurs: Vom Primat kultureller Kreativität

Warum ist diese Erkenntnis heute so wichtig? Weil sich noch immer hartnäckig die Überzeugung hält, die Entwicklung des Menschseins sei durch den Gebrauch von Werkzeugen hervorgerufen worden und werde vor allem durch die Herstellung von Dingen und die Entwicklung von Technik vorangetrieben. Eine Sichtweise, die durch den Besuch eines Naturkundemuseums oder Science-Centers eher bestätigt wird. Technik fasziniert und steht im Mittelpunkt der Aufmerksamkeit.

Sicher, technische Erfindungen können angenehm, wertvoll und großartig sein, Technik kann Freude bereiten, Probleme lösen und sogar Leben retten. Nicht zuletzt können technische Innovationen – Landwirtschaft, Buchdruck, Industrialisierung, Elektrifizierung, Digitalisierung/Mediatisierung – die Rahmenbedingungen des sozialen Zusammenlebens extrem verändern und kulturelle Entwicklungen auslösen. Technik ist weder gut noch böse, weil letztlich Menschen darüber entscheiden, wie Technik eingesetzt wird, und technische Erfindungen spielen in der Geschichte der Menschheit (Harari, 2015) eine wegweisende Rolle und werden auch bei zukünftigen Herausforderungen enorm wichtig sein.

Und doch führt die Idee vom Primat technischer Innovationen bei der Lösung von Problemen in die Irre.[105] Genauer betrachtet handelt es sich um einen *gefährlichen Irrtum*, der sich im Anthropozän, im Moment anscheinend höchster technisch basierter Macht, gegen die menschlichen Spezies selbst wendet. Denn die Art und Weise, *wie* und *wofür* wir unsere enormen technischen Möglichkeiten und Erfindungen einsetzen, hängt *nicht* von der Technikentwicklung ab, sondern von der kulturellen Entwicklung, von der grundlegenden Art, wie wir Beziehungen gestalten, zu uns selbst, untereinander und zur natürlichen Umgebung. Artensterben, Erderwärmung, Umweltverschmutzung, gesellschaftliche Spaltung, die Eskalation von Unvernunft, Gewalt und Grausamkeit – all das sind zivilisatorische Probleme, die nur durch kulturelle Kreativität gelöst werden können.

Alle *Fakten* weisen darauf hin, dass wir uns – ähnlich wie unsere frühen Vorfahren – in einer Situation befinden, in der sich die Umgebungsbedingungen für unser Leben dramatisch verändern. Doch diesmal liegt der Grund einzig und allein darin, dass die Menschheit selbst die natürliche Umgebung durch ihre Lebensweise unter extremen Stress setzt und damit, ebenso spürbar, sich selbst – und zwar durch ungehemmte Expansion und die Steigerung der Ausbeutung aller verfügbaren Ressourcen mithilfe entwickelter Techniken. Was wir als Umweltkrise bezeichnen, ist in Wirklichkeit eine tiefe Krise der Zivilisation[106] und der vorherrschenden Logik.

»Probleme kann man niemals mit derselben Denkweise lösen, mit der sie entstanden sind.«[107] Die eigentliche Herausforderung liegt also nicht in der Entwicklung neuer Techniken, sie liegt in der Entwicklung einer situationsangemessenen Beziehungslogik und in einem Sprung auf ein höheres zivili-

---

105 Die marxistisch inspirierte Version dieses fundamentalen Irrtums zeigt(e) sich im unerschütterlichen Glauben an die allein selig machende *Entwicklung der Produktivkräfte*. Zahllose gesellschaftliche Experimente mit desaströsem Ausgang waren die Folge.
106 Schon Gregory Bateson hat das ökologische Umkippen des Eriesees als ein Zeichen unseres eigenen Wahnsinns bezeichnet.
107 Ein Satz, der Albert Einstein zugeschrieben wird.

satorisches Niveau.[108] Ein schonender, technisch basierter Umgang mit den irdischen Ressourcen, die unsere Lebensgrundlage bilden, wird sich aber nur entwickeln können, wenn wir die *Neuerfindung unserer Lebensweise* mindestens mit dem gleichen Aufwand betreiben wie die Entwicklung neuer Techniken. Die Geschichte unserer Evolution weist uns genau diesen Weg, den Weg kultureller Erfindungen.

2.8.3 Auf der Insel – Robinson und Freitag

Heute bestimmen Techniken, Zahlenregime und Algorithmen, die wir selbst erfinden, unser Dasein, doch es spricht einiges für die These des britischen Bewusstseinsforschers Nicholas Humphrey, dass nicht die Lösung technischer Probleme, sondern vor allem die Lösung sozialer und kultureller Probleme die Entwicklung menschlicher Intelligenz und Kreativität entscheidend vorangetrieben hat (Humphrey, 1976).

Die Welt technischer Erfindungen, dort wo der Intellekt vor allem durch die nicht menschliche Umgebung herausgefordert wird, wurde von Daniel Defoe in seinem berühmten Roman »Robinson Crusoe« treffend beschrieben. Humphrey schreibt: »Es ist die einsame Insel von Robinson Crusoe – vor der Ankunft des Menschen Freitag. Die Insel ist eine einsame, feindliche Umwelt, voller technologischer Herausforderungen, eine Welt, in der das Überleben Crusoes abhängt von seiner Fähigkeit, Nahrung zu sammeln, Unterschlupf zu finden, Energie zu schonen und Gefahr zu vermeiden. Und er muss schnell arbeiten, in einer wahrhaft erfinderischen Art und Weise, weil keine Zeit da ist, um einfach aus Erfahrung und Experiment zu lernen« (Humphrey, 1976, S. 3, Übersetzung J. B.).

Und Humphrey fährt fort: »Aber war das die Art von Welt, in der sich der kreative Geist entwickelte? Ich glaube […], die wirkliche Welt war nie so, vielmehr war die wirkliche Welt höherer Primaten intellektuell erheblich anspruchsvoller. Meine Sichtweise – und die Defoes, wie ich ihn verstehe – ist, dass es das Erscheinen des Menschen Freitag auf dem Schauplatz[109] ist, das Crusoe tatsächlich in ernste Schwierigkeiten bringt« (Humphrey, 1976, S. 3, Übersetzung J. B.).

Die eigentliche Herausforderung beginnt mit Problemen und Konflikten, die soziale Situationen und Dynamiken mit sich bringen, und diese Herausforderungen fordern und fördern Geist und Kommunikation weit mehr als jedes technische Problem. Robinson Crusoe und Freitag treten im Moment ihrer Be-

---

108 Zum Beispiel durch die *juristische* Anerkennung von Flüssen (Seen, Meeren, ganzen Ökosystemen) als »Subjekte eigener Rechte«, wie in Kolumbien 2016 (Atrato) oder Neuseeland 2017 (Whanganui).
109 *Schauplatz*: Ein Platz auf dem sich Beobachter gegenseitig beim Beobachten beobachten!

gegnung, ob sie es nun wollen oder nicht, in eine *Welt sozialer Erfindungen* ein. Dass sie zu zweit auf der Insel gestrandet sind, ist ein großes Glück und gleichzeitig eine riesige Herausforderung: Sie müssen sich irgendwie arrangieren, zusammenarbeiten und zusammenleben, um zu überleben.

Setzt man Geist *und* Natur *und* Kultur nicht gegeneinander, dann löst sich jede Mystifikation *der Natur* oder *der Kultur* als *letzter Ursache*[110] auf. Der Mensch kann biologisch, als *Zoon politikon*,[111] nur im sozialen und kulturellen Miteinander und im gemeinsamen Handeln leben und überleben. Darin bestehen die gleichermaßen biologisch *und* kulturell gegebenen systemischen Anfangsbedingung alles Menschlichen und Zwischenmenschlichen. Mit anderen Worten, die *conditio humana* beginnt mit der Lösung sozialer, kultureller und psychologischer Fragen auf der Basis biologischer Gegebenheiten, die sich im Verlauf der sozialen und kulturellen Evolution entwickeln.

2.8.4 Sozialer Erfindungsgeist

Als die ersten Affenmenschen die Wälder, ihre ursprünglichen Habitate, verließen und begannen, durch die Savannen zu laufen – über sich die Sonne und die Sterne, unter sich die Erde, neben sich wilde Tiere – waren sie sicher nicht nur von Reiselust erfüllt. Ich stelle mir jedenfalls vor, dass unsere frühen Vorfahren auch eine Spur von »Heimatverlust« mit sich trugen – eine melancholische Ahnung davon, wie es in den Wäldern gewesen war. Sie hatten einen stabilen, sicheren Ort und eine reizvolle landschaftliche Umgebung, ihr angestammtes Territorium, verloren, und zogen nun als Umherstreifende über die Erde, immer auf der Suche nach Wasser, Nahrung und einem nächsten Unterschlupf. Wahrscheinlich mit wachsender Entdeckungsfreude und dem Drang, weiterzuziehen, vielleicht aber auch mit der unstillbaren Sehnsucht, eines Tages wieder einen paradiesischen Ort, einen sicheren Ort zum Bleiben zu finden. Die Vertreibung aus dem Paradies wird zu einer Reise nach Utopia, einem fernen

---

110 Roland Barthes schreibt dazu: »Der Mythos von der conditio humana stützt sich auf eine sehr alte Mystifikation, die seit jeher darin besteht, auf den Grund der Geschichte die Natur zu setzen« (Barthes, 1988, S. 17).

111 Hannah Arendt (1958/1981) fragt 1958 in ihrem Buch »Vita activa« nach den Grundparametern menschlicher Existenz. In ihrer Kritik der Entfremdung stellt sie – im Gegensatz zu Karl Marx (vgl. Pariser Manuskripte, 1844/1966) – nicht *Arbeit und Konsum* (Herstellen und Verbrauchen von Gegenständen und Gütern) ins Zentrum ihrer Analyse, sondern die *Tätigkeit des Handelns, die sich ausschließlich unter Menschen* vollzieht, also den Bereich des Zwischenmenschlichen.

doch nie erreichbaren imaginären Ort[112], der dem Paradies gleicht, auf einem Pfad, der den sozialen Erfindungsgeist anfacht.

2.8.4.1 Der »Love Code« (Porges) – Sicherheit als Basis

Ein Gefühl von *Sicherheit und Geborgenheit* in sozialen Beziehungen, das sich in einem bestimmten neurophysiologischen Zustand zeigt, ist für Menschen, wie für alle Säugetiere, eine zentrale Bedingung, um Potenziale abzurufen und produktiv weiterzuentwickeln (Porges, 2010, 2012; Porges et al., 2021). Menschen sind Säugetiere, und die Nervensysteme von Säugetieren liefern eine ständige, autonom ablaufende »Risikoanalyse« der Umgebung. Intuitiv nehmen wir die Umgebung (mehr oder weniger) als »sicher« *oder* als »bedrohlich« wahr.[113] Nur wenn wir uns in Beziehungen sicher, respektiert und anerkannt fühlen, können wir unsere kreativen und ästhetischen Potenziale optimal abrufen und weiterentwickeln. Die Evolution bringt daher *aktiv* angenehme neuronale Zustände hervor, die, werden sie in einer Beziehung gemeinsam erlebt, eine gemeinsam geteilte *neuronale Plattform* bilden, die ein *System gegenseitigen sozialen Engagements*[114] ermöglicht.

Steven Porges (2012) spricht in diesem Zusammenhang von einem evolutionär gebahnten biopsychosozialen »Love Code«, mit dem oder in dem die meisten Säugetierarten, wenn sie sich in einer Situation mit anderen sicher fühlen, operieren und mit dem sie sich auch untereinander (potenziell) verständigen können.[115] Dabei kommt es nicht zuletzt auf die Einhaltung einer gewissen Reihenfolge an, da der erste Schritt (A) alle weiteren (mehr oder weniger nachhaltig) *kontextualisiert*:

---

112 Über Utopie als imaginären Ort schreibt glänzend Uwe Timm (2020).
113 Stephen Porges (Porges, 2012; Porges et al., 2021) beschäftigt sich in seiner Polyvagal-Theorie detailliert mit dem Aufbau und der Funktion des menschlichen Nervensystems. Porges unterscheidet drei aufeinander abgestimmte (und miteinander auf spezifische Art und Weise gekoppelte) *neuronale Schaltkreise*, die adaptiv (unterschiedlich) auf (a) sichere, (b) gefährliche oder (c) lebensbedrohliche Umgebungsbedingungen reagieren. Er nennt das »Neuroception«.
114 Dieses *System gegenseitigen sozialen Engagements* hat sich, so Porges (2010, 2012), im Rahmen der Evolution der Säugetiere phylogenetisch als »Social Nervous System« herausgebildet. Auf der individuellen Ebene reguliert das (dreigliedrig aufgebaute) autonome Nervensystem den Kontakt mit der Umgebung und moduliert den physiologischen Zustand einer Person (um Gesundheit, Entwicklung, Resilienz und soziales Verhalten zu ermöglichen). Auf der sozialen Ebene reguliert und moduliert das System den zwischenmenschlichen Kontakt zwischen Personen, die sich gegenseitig in einer produktiven Beziehung engagieren.
115 Zum Beispiel Menschen mit Haustieren.

(A) *Sicherheits-Rahmung*: Zunächst signalisieren sich die Beteiligten (über Zuwendung, Augenkontakt[116] und Offenheitsgesten) gegenseitig *Sicherheit* (»Ich wende mich dir zu, ich greife dich nicht an, ich überschreite keine Grenzen, lass uns zusammen etwas Angenehmes tun«).
(B) *Zulassen von Nähe*: Die Beteiligten erkunden sich gegenseitig achtsam (experimentieren mit Nähe und Distanz), ohne dass es zu gravierenden Grenzüberschreitungen oder Verletzungen kommt.
(C) *Interaktion und Kontakt-Improvisation*: Die Beteiligten experimentieren im Kontakt mit unterschiedlichen Formen körperlicher und sozialer Interaktion.
(D) *Sichere Bindung*: Mit der Zeit entsteht zwischen den Beteiligten auf der Basis von A, B und C eine sichere Bindung, die überdauert (und nicht immer wieder neu hergestellt oder bestätigt werden muss).

In jedem Fall tragen die Homines den »Love Code« der Säugetiere mit sich in die Welt, und die Gestaltung sicherer Beziehungen und sichernder Bindungen bleibt für die umherziehenden Menschen ein Gebot der Evolution, um gemeinsam zu überleben.

2.8.4.2 Zugehörigkeit als zentrales Thema

Schutz und Sicherheit, ein Gefühl von »Wald«, fanden die Homines, so nehme ich an, nun vor allem in den kleinen Gruppen, in denen sie umherzogen. Ohne ein sicheres, nährendes Territorium wird das Thema sozialer Zugehörigkeit zu einem zentralen, wenn nicht zu *dem* Thema menschlicher Existenz.

Wer gehört wohin und zu wem? Wer gehört zu uns, wer nicht? Wer ist wem gegenüber loyal? Diese Fragen sind existenziell bedeutsam. Wer dazu gehört, wer als Mitglied der Gruppe akzeptiert wird, dem wird geholfen und der genießt den Schutz und die Sicherheit der Gruppe. Wer nicht (mehr) akzeptiert wird, wer die Gruppe verlässt oder ausgestoßen wird, der ist, allein auf sich gestellt, der Wildheit der Umgebung schutzlos ausgeliefert.

Zugehörigkeit zeigt sich, gebunden an Orte, Zeiten und Personen, sowohl in (a) sozialen Konfigurationen als auch (b) in individuellen mentalen Bildern der Identität, sowie (c) im subjektiven emotionalen Empfinden. Am Rand (der Gruppe) wächst die Angst, in der Mitte ein Gefühl von Sicherheit. Deshalb

---

116 Achtung: Direkt in die Augen blicken kann (ohne entsprechende Mimik und Gesten) auch Dominanz oder Angriff signalisieren (z. B. bei Hunden). In einigen Kulturen wird der direkte Augenkontakt in bestimmten Situationen auch vermieden, weil ein solches Verhalten als Grenzüberschreitung verstanden wird (z. B. zwischen Unverheirateten oder zwischen Kasten). In Japan gelten abgewandelte körperliche Codes zur Herstellung sozialen Engagements.

sind die komplexen Wechselspiele von Zugehörigkeiten und Loyalitäten in Beziehungssystemen hoch bedeutsam für *Homo sapiens*. Sie ereignen sich gleichzeitig im Sozialen und im Psychischen. Verändern sich soziale Konfigurationen oder persönliche Identitätskonstruktionen, dann sind immer *alle* Individuen eines sozialen Systems kognitiv und emotional betroffen und herausgefordert: Sie müssen sich sowohl in der neuen sozialen Konfiguration zurechtfinden als auch ihre inneren Bilder von Zugehörigkeit verändern und ihr Zugehörigkeitsempfinden neu ausrichten.

Offenbar spielen soziale Zugehörigkeiten und Loyalitäten und das Gefühl von Zugehörigkeit und Identität im Leben der Menschen, in ihrer Psychologie und in ihrem sozialen Zusammenleben, eine überragende Rolle.[117] Wir können daraus schließen, dass Konflikte und Herausforderungen im Kontext von Zugehörigkeit einen wichtigen Antrieb für die kommunikative und psychische Evolution der menschlichen Spezies darstellen.

2.8.4.3 Verteilung und Sicherheit – soziale und psychische Konflikte als Quelle von Mitmenschlichkeit, Individualität und Zusammenarbeit

Die ungewohnte nomadische Lebensweise und die, im Vergleich zu den Wäldern, prekären Lebensbedingungen stellten die umherziehenden Gruppen von Homines sicher vor einige psychische und soziale Probleme und Konflikte. Wenn unter kargen Bedingungen einige mehr Nahrung oder schmackhaftere Snacks sammeln oder erjagen als andere, stellt sich die *Verteilungsfrage*. Wenn wilde Raubtiere angreifen, stellt sich die *Sicherheitsfrage*. Das aber sind bis heute *die* zentralen sozialen Fragen, die soziale Systeme hervorbringen und (unterschiedlich) organisieren. Mit etwas Fantasie können wir uns eine mehr oder weniger konfliktträchtige Gruppendynamik gut ausmalen.[118] (Stellen Sie sich vor, Sie müssen Ihre Heimat verlassen und brechen mit anderen ins Ungewisse auf.) Einerseits können unter den harten Bedingungen der Wanderschaft im offenen Gelände gesunde, kräftige, durchsetzungsfähige, mutige, kluge und attraktive Individuen am ehesten überleben, andererseits ist *jedes* Individuum auf den Schutz und das Funktionieren der GANZEN GRUPPE (die den Wald »ersetzt«) angewiesen.

Im Outback können auch vermeintlich »starke« Individuen nur kurze Zeit allein überleben, sie sind auf vermeintlich »schwächere«, kränkelnde, zarte, zurückhaltende, ängstliche und weniger attraktive Individuen, mit vielleicht

---

117 Zur neueren Debatte um Identität vgl. unter anderem Fukuyama (2019).
118 Hauptthemen der Gruppendynamik sind Zugehörigkeit, Kooperation, Nähe – Distanz, Macht und Liebe.

anderen wichtigen Talenten und Fähigkeiten (Kräuterkundige, Humorbegabte, Kulturinteressierte) angewiesen und umgekehrt. Auf Dauer gewinnt die Gruppe nur als Team.

Die neue Lebensweise bringt Widersprüche, Probleme und Herausforderungen mit sich, die zu Lösungen drängt. Im Fall der Hominiden können Probleme am besten mit sozialem und psychologischem Erfindungsgeist gelöst werden, denn auf diesem Gebiet sind unsere Vorfahren besonders talentiert. Sie verfügen nicht über die Krallen eines Tigers, die Hörner eines Nashorns, das Gift einer Schlange oder die Kraft eines Elefanten, aber sie besitzen einen flinken Geist und sie kommunizieren, um zu kooperieren. Genau das, Kommunikation und Geist, wird durch den Prozess der Evolution gefördert und verstärkt. Das wiederum begünstigt nicht nur Mitmenschlichkeit und die Herausbildung sozialen Miteinanders, sondern ebenso die Entwicklung von individuellen Eigenheiten, unterschiedlichen Persönlichkeiten und differenzierteren Rollen sowie frühen Formen der Arbeitsteilung und Zusammenarbeit.

2.8.4.4 Diversität als Lösung

Menschliche Gemeinschaften leben und profitieren von der Diversität ihrer Mitglieder. Jeder Mensch wird einzigartig geboren, und im Verlauf der Evolution nehmen individuelle Unterschiede und Eigenheiten und damit Vielfalt und Diversität deutlich zu.

Der evolutionäre Sinn dieser Entwicklung findet sich am Ausgangspunkt. Die frühen Menschen sind für das Leben in freier Wildbahn alles andere als gut gerüstet. Rein körperlich gesehen sind sie, verglichen mit den Raubtieren, von denen sie umgeben sind, schwach und verletzlich. Ja, sie richten sich, in einem langen und mühsamen Prozess körperlicher Evolution, auf, können die Umgebung besser ausspähen und beginnen aufrecht schnell und ausdauernd zu laufen, während sie mit ihren Händen Gegenstände als Werkzeuge und Waffen nutzen. Aber auf was sie wirklich zählen und setzen können, das ist ihre emotionale und mentale Intelligenz und ihre soziale Kompetenz zur Gruppenbildung.

Wie kann eine Gruppe *sowohl* die Fähigkeiten und Stärken aller einzelnen Individuen *als auch* den Zusammenhalt und die Kooperation einer Gemeinschaft unterstützen und entwickeln? Das ist die kardinale Frage, die sich allen sozialen Systemen stellt, die gemeinsam erfolgreich sein wollen (egal, ob es sich um Familien, eine Horde, einen Sportverein, die WHO oder die Weltgemeinschaft handelt). Die Frage stellt sich umso dringlicher, je prekärer eine Situation ist, und genau das ist die Ausgangslage, in der sich unsere Vorfahren befanden, als sie die Wälder verließen.

Kleine Gemeinschaften auf Wanderschaft müssen unbedingt Wege finden, um die Talente und Begabungen jedes einzelnen Individuums zu fördern, gleichzeitig müssen sie den Teamgeist stärken, um anders talentierte, vermeintlich weniger »nützliche«, kranke, weniger attraktive und »schwächere« Individuen in die Gemeinschaft zu integrieren. Das bedeutet auch, dass besondere, »seltsame« und abweichende Individuen eine Chance bekommen.

In jedem Fall provoziert die skizzierte Ausgangslage soziale, emotionale und geistige Erfindungen, ja sie macht diese Erfindungen überlebensnotwendig. Diese Entwicklung ist allerdings wiederum in sich widersprüchlich und mehrdeutig.

2.8.4.5 Mentale und emotionale Flexibilität als Lösung und Problem

In bestimmten, zugespitzten Situationen können sich soziale und psychologische Dilemmata[119] zwischen den Lebensinteressen Einzelner und dem Überlebensinteresse einer Gruppe ergeben: *Lass niemanden zurück, wenn es irgendwie geht* versus *überlass Einzelne ihrem Schicksal, wenn das Überleben der Gemeinschaft ernsthaft gefährdet ist*. Wer wird zuerst versorgt, wer erhält den letzten Schluck Wasser? Dilemmasituationen solcher Art sind mehrdeutig, *widersprüchlich* und schmerzlich, gleichwohl begünstigen sie die Entwicklung emotionaler und kognitiver Flexibilität und Biegsamkeit.

Diese Entwicklung bringt Licht und Schatten hervor. Einerseits beobachten wir unter Menschen Raub und Mord, Lüge und Betrug, Egoismus und Rücksichtslosigkeit, Brutalität und Grausamkeit, und diese Phänomene nehmen mit der Intelligenzentwicklung und im Verlauf der Zivilisation keineswegs ab, im Zweifelsfall werden sie in der Moderne nur geschickter narrativ »verpackt«, anders gerahmt oder flexibler in *etwas anderes* umgedeutet. Die Bibliotheken und Nachrichten sind voll davon, und gerade intelligente Menschen können sehr erfinderisch in diesen Dingen sein.

Andererseits entwickeln sich unter Menschen soziale Muster und produktive Empfindungen wie Mitgefühl, Mitmenschlichkeit, Gerechtigkeit, Solidarität, Bescheidenheit, Zurückhaltung oder Altruismus. Diese Errungenschaften sind kein »sozialer Klimbim« oder kultureller Luxus, sie sind vielmehr eine Antwort auf die Frage, wie eine Gruppe als Gemeinschaft und damit jeder Einzelne auf Dauer gut überleben und leben kann. Eine Frage, die sich auf verschiedenen Stufen der Evolution und Zivilisation immer wieder neu stellt.

---

119 Solche oder ähnliche Dilemmata sind der Ausgangspunkt ethischer Überlegungen und Diskurse (vgl. unter anderem Hutterer-Krisch, 2007; Maio, 2012; Stegemann u. Weymann, 2016).

Sicher, es gibt unter Menschen den Willen zur Macht, Gier, Gewissenlosigkeit, Lüge, Intoleranz oder Grausamkeit, aber kulturelle und geistige Errungenschaften wie Gerechtigkeitssinn, Gewissen, Willen zur Zusammenarbeit, Wahrhaftigkeitsstreben, Toleranzbereitschaft, Hilfsbereitschaft oder der Wunsch, ohne direkten Gegenwert etwas zu geben, sind keineswegs Ausfluss einer irgendwie gearteten humanistischen Gefühlsduselei – sie kommen aus der konkreten Erfahrung des Überlebens als Gemeinschaft und entspringen mitten aus dem Bestreben des Lebens nach sich selbst.

2.8.5 Liebe und Spiel

Liebe und Spiel als Basis der Menschwerdung werden in Evolutionstheorien kaum angemessen berücksichtigt, obwohl sie wesentlich tiefer in unserer biopsychosozialen Entwicklung verankert sind, als uns gemeinhin bewusstwird (Maturana u. Verden-Zöller, 1993).

2.8.5.1 Abweichung, Variation und Vielfalt

Lebende Systeme, die ausschließlich selektieren und keine Abweichungen hervorbringen, gehen zugrunde. Sie unterbrechen den fehlerfreundlichen Prozess der Evolution, weil sie keine Abweichungen und Variationen (mehr) produzieren, aus denen irgendetwas ausgewählt werden könnte. Die evolutionäre Idee, dass die Natur *ständig* neue Lebewesen und Muster von Beziehungen erfindet und hervorbringt, indem sie die Anlagen und Formen der bereits existierenden variiert, um dann auszuwählen, wurde bereits früh von Charles Darwin (1871/1872) in seinem bahnbrechenden Werk über den Ursprung der Arten formuliert. Eine auf Expansion und Eroberung fixierte (patriarchal dominierte) Zivilisation hatte an dieser dialektischen und zirkulären Idee allerdings wenig Interesse. So wird Darwins Denken in der öffentlichen Rezeption bis heute auf eine plumpe Variante reduziert, in der einseitig die *Auslese* und damit der sogenannte Kampf ums Überleben (Sozialdarwinismus) betont wird. Damit gerät jedoch die für Darwin zentrale Frage, warum und wie eigentlich die Natur und die Menschen, als ein Teil dieser Natur, Abweichungen und Vielfalt produzieren, ins Abseits. In der verzerrten und verkürzten Sicht des Sozialdarwinismus scheint allein Konkurrenz, der »Kampf ums Dasein«, die Evolution voranzutreiben. Der Irrtum könnte nicht größer sein.

Abweichungen und Variationen bilden die Voraussetzung für Auswahl, erst beides zusammen sorgt für Entwicklung und Vielfalt. Akzeptiert man diese Idee, dann wird vor allem die Frage interessant, welche Bedingungen die Entwicklung von Vielfalt begünstigen und nach welcher Logik ausgewählt wird, um Überleben zu sichern. Die ebenso verblüffend einfache wie überzeugende Antwort, die viele Biologen (unter anderem Darwin, 1871/1872; Maturana u. Verden-Zöller, 1993; Hüther, 1999, Humphrey, 2011) damals wie heute geben, lautet: Es sind Liebe und Spiel, die Abweichungen und Variationen begünstigen.

Sicherlich verfügen gerade Menschen – in bestimmten Situationen und unter bestimmten Bedingungen – auch über ein enorm destruktives Potenzial (Elbert et al., 2006). Das ist unabweisbar, und ein aufgeklärter Humanismus sollte diese Tatsache entsprechend würdigen.[120] Andererseits stehen wir als Spezies viel tiefer in der biopsychosozialen Tradition von Liebe und Spiel, als wir uns vorstellen.

2.8.5.2 Spiel aktiviert soziales Engagement

Liebe und Spiel sind biopsychisch und soziokulturell mindestens ebenso tief verwurzelt wie Konkurrenz und Kampf. Daher ist es ein grundlegendes Missverständnis, Liebe und Spiel allein unter den Rubriken Kindheit, Romantik, Kultur oder Religion zu verhandeln. Wir hätten vielmehr allen Grund, uns mit Liebe und Spiel natur- und gesellschaftswissenschaftlich genauer zu beschäftigen.

Stephen Porges[121] weist zurecht darauf hin, dass das *Spiel der Säugetiere* keineswegs, wie oft irrtümlich angenommen wird, einfach nur dazu dient, »Flucht- und Kampfverhalten« zu aktivieren und einzuüben. Was wir beobachten können, ist vielmehr, dass sich Säugetiere im Spiel immer wieder (von Angesicht zu Angesicht) Sicherheit signalisieren und zwischen Zuständen und Verhaltensweisen von Mobilisierung und Immobilisierung hin und her wechseln; wobei die Akteure öfters die Rollen tauschen. Porges geht nun davon aus, dass ein *Wechsel* von *Mobilisierung* (als psychophysiologischer Zustand *und* als Verhaltenssignal in einer Beziehung) und *Immobilisierung* (als psychophysiologischer Zustand *und* als Verhaltenssignal in einer Beziehung) unter *sicheren Bedingungen* ein zugewandtes und positives gegenseitiges soziales Engagement ermöglicht und erzeugt. Genau das wird im Spiel eingeübt.

Mit anderen Worten: Im Spiel nutzen Säugetiere ein System gegenseitigen positiven Engagements, um Mobilisierung (physiologische Flucht- und Kampfzustände und entsprechendes Verhalten) so (flexibel wechselnd) einzusetzen und

---

120 Robert Sapolsky (2017) hat zu diesem Thema ein beeindruckendes Buch geschrieben: »Gewalt und Mitgefühl« (englischer Titel: »Behave: The biolgoy of humans at our best and worst«).
121 Stephen W. Porges, Professor für Psychiatrie, ehemaliger Direktor des Brain-Body Centers in Chicago, heute leitender Forscher im Bereich Neurowissenschaften am Research Triangel Institut (RTI) in North Carolina, ist Begründer der *Polyvagal-Theorie* (Porges, 2001; Porges et al., 2021). Die Theorie erweitert und vertieft das Verständnis des Zusammenhangs von vegetativem Nervensystem und sozialem Engagement und verändert damit die Praxis der Beziehungsgestaltung nicht nur in der modernen Traumatherapie (Porges u. van der Kolk, 2010).

zu transformieren, dass Aggression gedämpft und Zugewandtheit intensiviert werden kann. In den Akten gemeinsamen Spiels lernen und üben Säugetiere (und Menschen) sich im Wechsel einerseits vegetativ zu *mobilisieren,* ohne andere zu verletzen, und andererseits vegetativ zur Ruhe zu kommen,[122] um sich in einer Beziehung wohlzufühlen.

Das Spiel der Säugetiere besteht aus *dynamischen reziproken Interaktionen* (Porges, 2012), in denen sich die neuronalen und vegetativen Schaltkreise der beteiligten Individuen entfalten und in ihrer Flexibilität und Intensität entwickeln können. Zum einen liegt der evolutionäre Vorteil solcher Übungen in einer gesteigerten Anpassungsfähigkeit und Resilienz. Diese zeigt sich, wenn es im Spiel trainierten Individuen oder Gemeinschaften in herausfordernden, kritischen, gefährlichen, verstörenden oder lebensbedrohlichen Situationen gelingt, ihr Erregungsniveau optimal (zwischen Beruhigung und Mobilisierung) zu regulieren (und nicht in Panik zu verfallen), um situationsangemessen ihre Potenziale abzurufen und einzusetzen.

Ein weiterer Vorteil solchen Spiels liegt darin, dass sich soziales Engagement vertiefen und das Repertoire sozialer Beziehungsgestaltungen erweitern und entwickeln kann. Das *System gegenseitigen sozialen Engagements* ist selbst ein dynamisches System, das sich evolutionär weiterentwickelt. Genau das zeigt sich offenbar in der Evolution der Menschwerdung, die an die Evolution der Säugetiere anknüpft und aus ihr hervorgeht.

Bemerkenswert ist jedenfalls, dass die Prinzipien und Muster des Beziehungsaufbaus und der sicheren Beziehungsgestaltung (in menschlichen Beziehungen) denen des Spiels (der Säugetiere) sehr ähneln: (a) Kontaktaufnahme und wiederkehrende Sicherung durch Zuwendung von Angesicht zu Angesicht (soweit akzeptabel), (b) dynamische reziproke Interaktionen (Begegnungen), (c) flexibler Wechsel und gemeinsame Abstimmung von behutsamen Hin- und Abwendungen sowie prosodische Vokalisation, um mögliche Abwehrreaktionen gegen Zuwendung, Nähe und Berührung weitgehend zu dämpfen oder zu beruhigen.

2.8.5.3 Produktive Emotionen und Systemstimmungen

Menschen verfügen über besondere körperliche Voraussetzungen und diverse Verhaltensweisen und Techniken, um individuell und kollektiv produktive Emotionen und Systemstimmungen zu erzeugen und zu erleben (zum Weinen und

---

122 Wir können das bei vielen unterschiedlichen Sportarten (und ihren Ritualen) beobachten. Nach dem Spiel gehen die Leute gemeinsam duschen. Sportlich sind auch Debattierklubs, in denen man lernt, seinen Geist zu aktivieren und »scharf« (differenziert und pointiert) zu argumentieren, ohne andere direkt zu verletzen oder (gegenseitig) in Gekränktheit zu verfallen.

Lachen siehe Teil II). Wozu? Warum entwickelten sich in den langen Jahren der Evolution produktive Emotionen und Systemstimmungen,[123] nach denen die meisten Menschen streben?

Positive Systemstimmungen und produktive Emotionen müssen sich schon früh entwickelt und intensiviert haben. Als Sammler waren die ersten Homines zunächst Gejagte, beliebte Beutetiere für Hyänen, Säbelzahntiger und andere Raubtiere. Die Rolle der Gejagten zwang diese Menschen zu besonderen Formen der Kooperation. Nicht zuletzt kam es darauf an, durch besondere Formen des sozialen Miteinanders und besondere Rituale[124] positive soziale Systemstimmungen[125] zu erzeugen, die wiederum die Entwicklung produktiver Emotionen, wie Lachen, Humor, Trauer, Zuversicht, Verstehen, Respekt, Toleranz, Vertrauen oder Hoffnung, begünstigen.

In jedem Fall lernten die Menschen im Verlauf der Evolution zunehmend, ihre Affekte und Gefühle zu differenzieren, zu regulieren, flexibel zu steuern. Menschen können einerseits grausam und aggressiv gegen Feinde und Rivalen vorgehen, andererseits können sie sich Angehörigen zärtlich und liebevoll zuwenden.

Positive Systemstimmungen und produktive Emotionen sind nicht risikolos (man kann, naiv oder zu wenig misstrauisch, betrogen oder übertölpelt werden), andererseits ergeben sich erhebliche Vorteile. Solidarität, Teamgeist, die Entwicklung von Humor und Ironie (Rorty, 1992), von Sprache, Kultur und Geist, all dies versetzt Menschen trotz widriger Umstände in *proaktive Stimmungen,* die in fast jeder Lage nützlich sind. In jedem Fall sind es *Systeme gegenseitigen sozialen Engagements* (Porges u. van der Kolk, 2010; Porges, 2012), die Menschen guttun und in denen sie ihre Talente zum Wohl anderer entfalten können.

Wenn aber positive Systemstimmungen und produktive Emotionen, Einstellungen und Haltungen (zunächst in der eigenen Gruppe) zu einem Moment des Erfolges werden, und wenn diese Fähigkeiten neurobiologisch, genetisch, sozial und kulturell gebahnt, weitergegeben und begünstigt werden, dann erlangen die in dieser Hinsicht *Tüchtigsten* mit der Zeit auch die Fähigkeit, Andersartige, Fremde oder sogar »Feinde«, wenn nicht zu lieben so doch zu respektieren, zu würdigen und zu achten. Humanistische Utopien, wie die Erklärung der Menschenrechte durch Lafayette, zeigen Gesellschaften nicht wie sie sind, sondern wie sie sein sollten und sein könnten (von Schirach, 2021).

---

123 Im Überblick: Bleckwedel (2008, S. 267–269).
124 Zum Beispiel Trauerrituale, Hoffnungsrituale, Opferrituale oder die Lachrituale der Inuit.
125 Glaube, Liebe, Hoffnung.

2.8.5.4 Zärtlichkeit, Sex, Erotik, Fürsorge, altruistische Pflege, Fairness, Teilen, Mitfühlen, Trösten

Schauen wir auf unsere Hände. Nur ein Idiot käme, ginge es ausschließlich um »lebende Kampfmaschinen«, zu einer solchen körperlichen Konstruktion. Aber die Evolution ist kein Idiot und sie hat nicht versagt. Frank R. Wilson (2002)[126] beschreibt eindrücklich, wie eng die Evolution der Hände mit der Evolution von Bewusstsein, Sprache und Kultur verbunden ist. Menschen aller Art haben extrem empfindliche und feingliedrige Hände, mit denen sie alles Mögliche machen können: Auf etwas zeigen, nach etwas greifen, gestikulieren, vor allem aber können sie mit ihren Händen hervorragend streicheln und Babys halten und zärtlich sein und Liebe machen. All die schönen Sachen, die tief in der Biologie des Lebens verwurzelt sind. Dabei folgt die Evolution der menschlichen Hände, und mit ihnen der menschliche Geist, einer geschichtlichen Spur, die wir bereits in der Evolution unserer tierischen Vorfahren erkennen können.

Höhere Säugetiere beschäftigen sich nicht nur ausgiebig und gern mit Spiel, Sex und Erotik, sie kümmern sich auch in altruistischer Pflege um Angehörige, Kranke und Verletzte. Das Überleben von scheinbar Schwächeren spielt in der sozialen Organisation höherer Säugetiere eine überragende Rolle. Viele Affenarten verfügen über einen ausgeprägten Sinn für Kooperation und Fairness, und bereits bei Menschenaffen finden sich die Grundbausteine einer zivilisierten Haltung: *Einfühlung, Zusammenarbeit, Teilen, Trösten, Vergnügen an der Gesellschaft anderer, Wesensfreundlichkeit, Starke helfen Schwächeren* (vgl. Suddendorf, 2014a). Die Beobachtung anderer Lebewesen, die Schmerz erleiden, aktiviert bei Menschenaffen und Menschen *dieselben* Hirnregionen, die bei *eigenem* Schmerz aktiviert werden. Moralische Dilemmata aktivieren beim Menschen Hirnregionen, die älter sind als unsere Spezies, und all das weist darauf hin, dass die Evolution bereits vor uns eine Richtung eingeschlagen hat, der wir, zumindest teilweise, folgen.

Die Frage des *Ausgleichs von Geben und Nehmen* (Boszormenyi-Nagy u. Krasner, 1986), also von Gerechtigkeit und Fairness, spielt in allen menschlichen Gemeinschaften und bereits sehr früh in der individuellen Entwicklung eine überragende Rolle: Die damit verbundenen Emotionen bestimmen einen großen Teil der psychischen und sozialen Dynamik.[127]

Fairness, Gerechtigkeit, Vertrauen und Respekt halten Gemeinschaften zusammen und am Leben (Ungerechtigkeit, Ungleichheit, Misstrauen und Ver-

---

126 Frank R. Wilson (2002) hat dazu eine beeindruckende Monografie vorgelegt: »Die Hand – Geniestreich der Evolution. Ihr Einfluss auf Gehirn, Sprache und Kultur des Menschen«.
127 Zum Thema Fairness und Gerechtigkeit siehe ZDF-Dokumentation »Die zerrissene Gesellschaft« (2021).

achtung zerstören Gemeinschaften). Deshalb entwickeln Menschen ein Gefühl für die Würde anderer, einen Sinn für Gerechtigkeit und Ethik, und schließlich sogar die Fähigkeit, auf unmittelbare Belohnungen zu verzichten und, zumindest temporär, mehr zu geben, als zu nehmen. Menschen fühlen sich gut und *erhoben*, wenn sie liebevolles und altruistisches Verhalten anderer beobachten. Wir sehen, wie einem anderen Menschen selbstlos geholfen wird, und ein *angenehmes Gefühl* durchströmt unseren Körper. Aus der Perspektive der Evolution dienen Liebe und Spiel eben nicht, wie von einigen Soziobiologen angenommen der »egoistischen« Fortpflanzung (vgl. Dawkins, 1978), sondern der Entwicklung von Mitgefühl und Mitmenschlichkeit, von sozialem Engagement und Sorge für die Umgebung.

2.8.6 Fürsorge, Bindung und Beziehungslernen

Der Prozess der Evolution »antwortet« auf die spezifischen Herausforderungen, die sich für kleine Gruppen von Homines auf Wanderschaft ergeben, mit einigen überraschenden und genialen »Einfällen«. Tatsache ist jedenfalls, dass sich langfristig drei Phänomene herausbilden, die dafür sorgen, dass Menschen einerseits verletzlicher und angreifbarer werden (als sie sowieso schon sind), andererseits aber anpassungsfähiger und vor allem psychisch, sozial, kulturell und geistig wesentlich leistungsfähiger und agiler als alle anderen Arten vor ihnen:

Mehr und intensivere Fürsorgezeiten: Der Mensch ist eine Frühgeburt. Die Fürsorgephase nach der Geburt, in der Menschenbabys schutzlos, verletzlich und fürsorgebedürftig sind, verlängert sich beträchtlich. Die Folge: Kinder *und* Eltern werden *bezogener*, und gemeinsam werden sie beziehungsfähiger.[128] Emotionen, Kognitionen und Verhaltensweisen können sich im intensiven *Bezogensein* – in einem zeitlich ausgedehnten geschützten Entwicklungsraum – differenzieren und wesentlich intensiver reifen. In basalen Beziehungssystemen (siehe Teil II) können sich emotionale, kognitive, sprachliche und soziale Kompetenzen entfalten und ausdifferenzieren.

Mehr und intensivere Bindungszeiten: Die Phase der engen Bindung an Bezugspersonen, in der Menschenkinder unselbstständig und abhängig bleiben, verlängert sich auffällig. Bindungen bleiben nicht nur, im Rahmen verwandtschaftlicher oder partnerschaftlicher Beziehungen, lebenslang erhalten, sondern entwickeln sich, unter günstigen Bedingungen, lebenslang qualitativ weiter. Im Wechselspiel zwischen Autonomie und Bindung (Bleckwedel, 2000a),

---

[128] Natürlich genießen hier Frauen in der Regel einen gewissen Evolutionsvorteil.

im Prozess *bezogener Individuation* (Stierlin, 1989), können sich Beziehungsfähigkeiten und unterschiedliche Persönlichkeiten herausbilden[129].

Mehr und intensivere Lernzeiten: Die Zeit, in der Menschenkinder nicht oder kaum für sich selbst sorgen müssen und begleitet lernen können, verlängert sich im Verlauf der Evolution ebenfalls erheblich. Menschenkinder können bis ins jugendliche Alter relativ beschützt und unbeschwert *experimentieren* und *spielend* die Welt um sich herum erkunden und erforschen. Soziales und kulturelles Lernen in Peergroups unterstützt Beziehungslernen und eine differenzierte Persönlichkeitsentwicklung. Kinder und Jugendliche werden in dieser Phase, in der sie noch keine volle Verantwortung tragen, aufmerksam von älteren und erfahreneren Individuen begleitet, trainiert und *geschult*. Kulturelles Lernen kann sich entfalten und frühe Formen »*sozialer Akademien*« (Humphrey, 1976) bringen junge, unerfahrene, aber wissbegierige und experimentierfreudige Individuen mit gesetzten, erfahrenen und vorsichtigen Individuen zusammen. Junge können am Modell der Älteren lernen, und Ältere werden von der Neugier und Experimentierfreude der Jüngeren mitgerissen.

Fürsorge-, Bindungs- und Lernzeiten zusammen sorgen nicht nur für intensiviertes Beziehungslernen und stärkeren sozialen Zusammenhalt, sie sorgen gleichzeitig für mehr individuelle Differenzierung und mehr Vielfalt in der Gestaltung von Beziehungen. Differenzierte Emotionen und differenzierte soziale Beziehungen sind offenbar ein entscheidender Evolutionsvorteil. Schließlich lernen die Menschen, auf eine ganz besondere Art miteinander und voneinander in Beziehungen und für Beziehungen zu lernen.

Für menschliche Gemeinschaften ergeben sich daraus enorme Vorteile, denn sie brauchen eben nicht nur »starke Kämpfer« und »gebärfreudige Frauen«, sondern ebenso Persönlichkeiten, die von der Norm abweichen und erfinderisch sind. Frauen, Männer und andere, die sich mit Kräutern und Medizin auskennen, Weise, die etwas länger nachdenken, bevor sie handeln, Schaman:innen, die sich auf spirituelle Reisen begeben, Künstler:innen, die Geschichten erzählen, Musik machen oder malen, und nicht zuletzt Individuen, die eine ganze Gruppe zum Lachen oder zum Weinen bringen können. Die Entwicklung von (a) Gemeinsinn und solidarischem Miteinander und (b) gleichzeitiger Förderung persönlicher Eigenheiten und Talente erzeugt Evolutionsvorteile, die kaum überschätzt werden können.

---

129 Die Kehrseite dieser Entwicklung ist eine erhöhte Störanfälligkeit (Bleckwedel, 2000b).

2.8.7 Ambivalenz und Flexibilität

Stellen wir uns eine Gruppe umherziehender *Homo sapiens* vor. Sie sammeln, jagen und kämpfen gemeinsam, sie schlafen, essen, spielen und sprechen miteinander, erziehen gemeinsam Kinder, wehren gemeinsam wilde Tiere, Feinde oder andere Gefahren ab, sie stellen gemeinsam Werkzeuge und Waffen her, sie erfinden soziale und kulturelle Arrangements, sie lernen gemeinsam und pflegen enge, lang andauernde Beziehungen zueinander. Auf der Wanderschaft durch die Wildnis sind die Umgebungsbedingungen allerdings nicht immer freundlich, die Gruppen müssen daher, um zu überleben, einerseits (A) um ihr *Dasein kämpfen*, zeitweise mit aller Härte und allem (gruppenbezogenen oder egoistischen) Überlebenswillen, der ihnen zur Verfügung steht, andererseits müssen sie (B) *miteinander und füreinander da sein,* um ihre Gemeinschaft als sozialen Schutz- und Entwicklungsraum zu erhalten, zu pflegen und zu entwickeln.

Das Leben der Menschen wird also durch zwei grundlegend verschiedene Daseinsformen, Erlebnis- und Gefühlswelten bestimmt, zwischen denen sie, je nach Aufgabenteilung, hin und her wechseln. Beide Daseinsformen, (A) und (B), sind mit unterschiedlichen emotionalen und sozialen Herausforderungen verbunden. Über lange Strecken ein wildes Tier (oder einen Feind) zu verfolgen und zu töten, erfordert andere Formen von Beziehungsgestaltung und andere Emotionen,[130] als ein Kind in seinen Armen zu wiegen oder einen Partner zu liebkosen. Diese Ausgangslage begründet eine fundamentale Ambivalenz, die bis heute die Existenz der Menschen bestimmt. In jedem Fall erfordern unterschiedliche Handlungssituationen unterschiedliche Formen von Beziehungsgestaltung, und unterschiedliche Formen von Beziehungsgestaltung bringen unterschiedliche Formen von Emotionen hervor.

2.8.7.1 Zwei Formen der Beziehungsgestaltung

Im Leben des *Homo sapiens* können wir, idealtypisch gesehen, zwei Formen der Beziehungsgestaltung beobachten, die bis heute mehr oder weniger stark oder subtil, abhängig von den Rahmenbedingungen und der jeweiligen Situation, das Leben bestimmen:

---

[130] Als *Emotionen* bezeichne ich hier relativ stabile, *integrierte Einheiten,* in denen sich das Erleben der Welt und Ideen über die Welt miteinander verbinden (Bleckwedel, 2008, S. 276 ff.). Emotionen setzen sich zusammen aus: (a) spezifischen Formen der Wahrnehmung und sensomotorischen Mustern, (b) Affekten, Empfindungen und Gefühlen, (c) Gedanken und Ideen, (d) Handlungen und Verhaltensweisen, (e) Motiven und Wünschen.

(A) »Ums Dasein kämpfen«

Im Kampf um Nahrung und Lebensräume,[131] gegen Raubtiere oder andere Konkurrenten geht es vornehmlich um (a) *dominante* Formen von Beziehungsgestaltung und (b) um kontrollierte und strukturierte Formen der Kooperation. Die Ausübung von Macht und Dominanz bestimmt die Beziehungsgestaltung und es gilt, *Kühnheit, Listigkeit, Disziplin, Durchsetzungsfähigkeit, kämpferischen Mut, Gewalt- und Verletzungsbereitschaft, individuelle und kollektive Aggression* und *kämpferische Kooperation* zum *eigenen Vorteil und Nutzen* (beziehungsweise zum Vorteil der eigenen Gruppe) zu mobilisieren und zu entwickeln.

Diese Art der Beziehungsgestaltung findet sich vor allem *jenseits der Grenzen der eigenen Gruppe*,[132] aber auch, wenn sich einzelne Personen oder Fraktionen innerhalb von Gruppen durchsetzen wollen.

(B) »Miteinander-und-füreinander-da-Sein«

Bei der Pflege von gegenseitiger Fürsorge und der Entwicklung von Gruppenkohäsion und gegenseitigem sozialem Engagement geht es vornehmlich (a) um *gegenseitige* Formen von Beziehungsgestaltung und (b) um fluide und flexible Formen der Kooperation. Die Ausübung von Liebe und Zuwendung bestimmt die Beziehungsgestaltung, und es gilt, *zurückhaltende Präsenz, großzügiges Teilen, gegenseitige Wertschätzung, Akzeptanz von Unterschieden, Toleranz gegenüber Abweichungen, Verantwortung für die ganze Gruppe, liebende Kooperation* und *gegenseitiges soziales Engagement* zum *Wohl aller* zu mobilisieren und zu entwickeln.

Diese Art der Beziehungsgestaltung findet sich meist *innerhalb der eigenen Gruppe* (diesseits der Grenzen der eigenen Gruppe), aber auch, um mit anderen Gruppen in bestimmten Situationen gut zu zusammenzuarbeiten.

Beide Formen der Beziehungsgestaltung sind offensichtlich mit sehr unterschiedlichen Einstellungen und Haltungen und mit entgegengesetzten mentalen und emotionalen Entwicklungsanforderungen verbunden. Wer in einem solchen widersprüchlichen und ambivalenten Dasein bestehen will, muss lernen, mit (mindestens) zwei sehr unterschiedlichen *Beziehungsmodi* unterwegs zu sein. Tatsache ist jedenfalls, dass Menschen, abhängig von ihrer jeweiligen Identität, Rolle und Aufgabe, situativ zwischen unterschiedlichen Beziehungsmodi hin und her wechseln, und das erfordert sowohl eine (a) enorme men-

---

131 Geld, Anerkennung, Titel, Ruhm, Ehre, Status, Macht.
132 Abhängig davon, was als »eigene Gruppe« angesehen (oder definiert) wird. Die Kategorie der Zugehörigkeit, also die Unterscheidung zwischen »wir« und »ihr« wird hier wirkmächtig.

tale und emotionale Flexibilität auf der individuellen als auch (b) soziale und kulturelle Regulierungen auf der kollektiven Ebene.

2.8.7.2 Zwei Beziehungsmodi

Um die Anforderungen etwas genauer zu verdeutlichen, beschreibe ich im Folgenden, komprimiert und in idealtypischer Weise, zwei grundlegende, typisch menschliche Beziehungsmodi,[133] die sich in der Wirklichkeit selbstverständlich mischen und gegenseitig durchdringen können. Als *Beziehungsmodus* bezeichne ich hier eine bestimmte Form, sich mit der Umgebung beziehungsweise einem Gegenüber in Beziehung zu setzen. Ein solcher Modus bezieht sich sowohl (a) auf den inneren Zustand, die spürbaren Empfindungen und Emotionen, als auch auf (b) die sichtbaren Handlungen einer Person sowie (c) die Art und Weise, wie eine Person auf die Umgebung einwirkt. Jeder Beziehungsmodus ist mit bestimmten Wahrnehmungsweisen, Gefühlen, Prämissen, Logiken, Handlungsweisen, Wünschen und Motiven assoziiert.

Macht-Kampf-Beziehungsmodus

In Situationen der (tatsächlichen oder vermeintlichen) Bedrohung können Menschen flüchten oder einen Beziehungsmodus des Kämpfens mobilisieren, den wir als *Macht-Kampf-Beziehungsmodus* bezeichnen können. Ein Beziehungsmodus, der mit Dominanz assoziiert ist, mit Macht- und Gewaltausübung.

Es gibt eine Fülle von Kampfsituationen, die, mehr oder weniger, im Macht-Kampf-Beziehungsmodus bestritten werden können. Es kann gegen etwas (wilde Tiere, Rivalen, Dämonen, Feinde, Bedrohungen) und für oder um etwas gekämpft werden (Sicherheit, Nahrung, Sexualpartner, Territorien, Schätze, Götter, eine Idee, einen Glauben, Identität, Hegemonie, Ehre, Anerkennung, Aufmerksamkeit). Im Macht-Kampf-Beziehungsmodus geht es darum, etwas zu besetzen (oder besetzt zu halten) oder zu besitzen und Konkurrenten oder Rivalen aus dem Feld zu schlagen. Zu Feinden erklärte Gegner können dämonisiert (vgl. Omer, Alon u. von Schlippe, 2014), versklavt oder getötet werden. Vom Kampf mit einem Tiger über die Seeschlacht, vom Handelskrieg über den Ehekrieg ist vieles möglich. Dabei sind die handlungsleitenden Prämissen im *Macht-Kampf-Beziehungsmodus* fast immer ähnlich. Zugespitzt formuliert lauten sie:

---

133 Selbstverständlich sind Beziehungsmodi im Einzelfall vielfältiger und können weiter (aus-) differenziert werden. In der psychosomatischen Grundversorgung wird z. B. (als Kompass für die Arzt-Patient-Beziehung) zwischen ängstlichen, depressiven, narzisstischen, zwanghaften oder histrionischen Beziehungsmodi von Patient:innen unterschieden.

- *Mobilisierung:* Mobilisiere alle Kräfte und versuche in jedem Fall und unter Einsatz aller Mittel, zu siegen oder deine Position zu halten (auf keinen Fall unterliegen).
- *Beziehungslogik:* Entweder ich (wir) oder du (sie). Sieg oder Niederlage. Herrschaft oder Unterwerfung.
- *Einstellung und Haltung:* Ich werde und kann siegen. Zeige das mit deiner ganzen Haltung. Gib niemals auf.
- *Interaktion:* Dominiere dein Gegenüber oder schlage es aus dem Feld. Mittel: Im Zweifelsfall alles, was im Kampf hilft. Jede List, alle Mittel sind erlaubt.
- *Mittel:* »Der Zweck heiligt die Mittel.«

Im Macht-Kampf-Beziehungsmodus können sich Durchsetzungsvermögen, Mut, Opferbereitschaft, Wille zum Sieg, Wille zur Macht, Angriffs- und Kampfbereitschaft, schließlich aber auch Brutalität, Grausamkeit, Tötungslust, Zerstörungs- oder Vernichtungswut entwickeln.

Durch gemeinschaftlich anerkannte Spielregeln kann das Kämpfen (oder der Krieg) eingehegt, eingeschränkt, kanalisiert, gesteuert oder beschränkt werden. Die Kulturentwicklung bringt zahlreiche Möglichkeiten (Orte, Bereiche und Rituale) der Sublimation und potenziellen Transformation hervor. Wo *nach Regeln* »spielerisch« gekämpft wird, ergibt sich eine Brücke oder Verbindung zu einem fundamental anderen Beziehungsmodus.

Liebe-Spiel-Beziehungsmodus

In Situationen der Sicherheit können Menschen einen Beziehungsmodus mobilisieren, den wir als *Liebe-Spiel-Beziehungsmodus* bezeichnen können. Ein Beziehungsmodus, der mit Zärtlichkeit, Mitmenschlichkeit und Mitgefühl assoziiert ist, in jedem Fall aber mit sozialem Engagement, Respekt und Vertrauen.

Im menschlichen Zusammenleben werden viele Situationen im Liebe-Spiel-Beziehungsmodus bestritten. Nahrung wird geteilt, Babys werden getragen, gesäugt, gewogen, Zärtlichkeiten werden ausgetauscht. Es wird geliebt. Menschen sind füreinander da, sorgen füreinander, bestätigen sich gegenseitig, Beziehungen werden gepflegt und gemeinsam weiterentwickelt. Es wird miteinander gespielt, herumgelümmelt, gesprochen, gesungen, getanzt oder musiziert. Gemeinsam wird etwas erkundet, ausprobiert, erfunden oder gelernt. Bei aller Vielfalt sind die handlungsleitenden Prämissen des Liebe-Spiel-Beziehungsmodus immer ähnlich. Knapp formuliert lauten sie:
- *Mobilisierung:* Öffne dich dem (den) anderen und dir selbst. Wende dich dem (den) anderen in einer Art und Weise zu, die den (die) anderen als Beziehungspartner erhält und stärkt.

- *Beziehungslogik:* Ich *und* du (sowohl ich als auch du). Leben *und* leben lassen. »Ich bin, weil du bist« (Ubuntu-Lebensphilosophie), und wir können uns gemeinsam weiterentwickeln.
- *Einstellung und Haltung:* Ich bin (prinzipiell) in Ordnung, wie ich bin, du bist (prinzipiell) in Ordnung, wie du bist. Lass uns zusammen etwas unternehmen, was Freude macht und Sinn erzeugt.
- *Interaktion:* Respektiere und achte dein Gegenüber. Halte dein Gegenüber lebendig und im Feld. Schütze, rette, pflege, stärke, entwickle dein Gegenüber.
- *Mittel:* freundliche Zuwendung und Liebenswürdigkeit. Alles, was die Beziehung erhält und weiterentwickelt. Verbreite Freude, Zuversicht und Hoffnung.

Im *Liebe-Spiel-Beziehungsmodus* können sich Liebe, Zärtlichkeit, Spielfreude, Mitgefühl, Mitmenschlichkeit, Toleranz, Akzeptanz, Vertrauen, Solidarität, Daseinsfreude, Austauschlust, gemeinsame Schöpferfreude und Gestaltungslust entwickeln.

2.8.8 Emotionale Flexibilität und kulturelle Regulation

Die geschilderten Formen des Daseins und der Beziehungsgestaltung bestimmen das Leben und Erleben der Menschen auf unterschiedliche und vielschichtige Weise. Dabei gibt es im wirklichen Leben wohl kaum entweder *nur* das eine oder das andere. Situationen des *Kämpfens* und des *Miteinander-und-füreinander-da-Seins* gehen ineinander über und auseinander hervor, sie verbinden und verweben sich zu mehr oder weniger komplexen Abfolgen von Situationen. Dabei greifen auch die Beziehungsmodi ineinander, vermischen sich und verschachteln sich zu komplexen Gebilden. Auf dieser Basis und auf diese Weise entwickelt sich im Verlauf der Evolution, so können wir annehmen, jene erstaunliche Vielfalt kognitiv-emotionaler Zustände und sozial-kultureller Beziehungsgestaltungen, die wir heute unter Menschen beobachten können.[134] Diese Entwicklung ist jedoch mit einem Anstieg von Ambivalenz und Mehrdeutigkeit verbunden und damit mit erhöhten Herausforderungen für Individuen und Gemeinschaften.

Auf der *individuellen* Ebene liegt die Herausforderung darin, zwischen unterschiedlichen Lebenswirklichkeiten und Handlungssituationen möglichst flexibel hin und her zu wechseln. Von Situation zu Situation kommen unterschiedliche

---

134 Die Vielfalt von Formen und Spielarten der Beziehungsgestaltung zeigt sich, um ein Beispiel zu nennen, in der enormen Bandbreite menschlicher Sexualität (vgl. Sigusch, 2013).

Formen der Beziehungsgestaltung zum Einsatz und müssen andere Beziehungsmodi aktiviert werden. Das aber ist, ohne allzu große Verwirrung, nur möglich, wenn die Individuen mental und emotional flexibler sowie in der gemeinsamen Beziehungsgestaltung kreativer werden. Genau das können wir, bei allen Rückschlägen, regressiven Schleifen und Ausnahmen im Verlauf der menschlichen Evolution beobachten.

Auf der sozialen Ebene liegt die Herausforderung darin, wie unterschiedliche und widersprüchliche Formen des Daseins und der Beziehungsgestaltung in menschlichen Gemeinschaften gelebt werden können. Die Lösung dieser komplexen Aufgaben liegt für Gemeinschaften darin, soziale und kulturelle Regelungen zu (er)finden, um psychische und soziale Konflikte zu regulieren. Stellen wir uns den Verlauf der menschlichen Evolution als einen Prozess vor, der Lösungen für die genannten Herausforderungen hervorbringt, dann können wir uns vorstellen, dass auf einem bestimmten Level der Entwicklung ein Sprachsystem auftaucht (erfunden werden »muss«), mit dessen Hilfe sich Menschen über Regelungen, Beziehungsgestaltungen und Beziehungsmodi auf einer *Metaebene* austauschen können. Einer Ebene, die über die unmittelbare Erfahrung, das unmittelbare Handeln und das unmittelbare Erleben hinausweist. Eine solche Entwicklung zeigt sich, nach langer Vorlaufzeit, vor etwa hundert- bis zweihunderttausend Jahren. Kontingenz spielt in dieser Entwicklung sicher eine Rolle, und doch kam diese Entwicklung keineswegs aus dem »Nichts«, sie geht aus einer Dynamik hervor, die lange vorher begann und bis heute andauert.

2.8.9 Beziehungsverstehen und Beziehungsgestaltung

Menschen beobachten sich gegenseitig sehr genau beim Beobachten und Gestalten von Beziehungen. Aus der Aufmerksamkeit für Beziehungsdynamiken, die wir bereits bei Menschenaffen beobachten können, entwickelt sich im Verlauf der Evolution allmählich eine viel umfassendere und tiefenschärfere Aufmerksamkeit für sich selbst, für andere und für soziale und kulturelle Kontexte. Wir können sagen, unter den Menschen entwickelt sich eine *gemeinsam geteilte Aufmerksamkeit für emotionales, soziales und kulturelles Geschehen* und die Menschen entwickeln sich zu Wesen, die Beziehungen vorausschauend kalkulieren und gestalten.

2.8.9.1 Mentale Kalkulation und soziale Regulation

Wer gehört zu wem? Wer wird mit wem gehen? Wer will oder wird mit wem kooperieren? Wer könnte sich mit wem verbünden? Für oder gegen wen? Wer kann, wer wird mich trösten, lieben, hassen? Wem kann ich trauen? Wer schätzt mich?

Wer könnte mich unterstützen? Wer könnte mir nützlich sein? Wer könnte mir gefährlich werden? Schon Menschenaffen, in sozial eng aufeinander bezogenen Gruppen lebend, kommen gar nicht darum herum, sich zu »*Calculating Beings*« zu entwickeln: Sie »müssen in der Lage sein, die Konsequenzen ihres eigenen Handelns zu berechnen, das wahrscheinliche Verhalten anderer einzuschätzen, und die Balance von Vorteil und Verlust abzuschätzen – und all dies in einem Kontext, in dem die Hinweise darauf, worauf sie ihre Kalkulationen beziehen können, flüchtig, mehrdeutig und anfällig für Veränderungen sind, *nicht zuletzt aufgrund ihrer eigenen Handlungen*« (Humphrey, 1976, S. 7, Übersetzung und Hervorhebung J. B.).

Im Verlauf der Evolution entwickeln Menschen die Fähigkeit, Beziehungen zu kalkulieren und zu regulieren. Beziehungskalkulation und -regulation ist eine komplexe Aufgabe, denn im sozialen Zusammenleben fließen verschiedene Prozesse ineinander, das Geschehen ist flüchtig und auch der Bezugsrahmen kann (unvorhergesehen und schnell) wechseln (ausgelöst durch das Beziehungshandeln der Beteiligten). Das Zusammenleben steckt daher voller Überraschungen, Chancen, aber auch Risiken. Die Ungewissheit, das tendenziell unvorhersehbare Hin und Her sozialer Wechselspiele, fordert und fördert eine besondere Empfindsamkeit und Achtsamkeit für Beziehungen und in Beziehungen. Auf diese Weise entwickeln Menschen jene besonderen emotionalen und geistigen Fähigkeiten, die es ihnen erlauben, sich in unterschiedlichen Beziehungssystemen und sozialen Konstellationen, die sich selbst wandeln, flexibel zu bewegen und diese zu gestalten.

Von klein auf lernen Menschen, nicht nur ihre Bedürfnisse zu befriedigen, sondern auch, die Erwartungen, die andere ihnen gegenüber haben oder haben könnten, zu »lesen«, zu antizipieren und bei kleinsten Abweichungen sensibel zu reagieren. Diese Basisfähigkeit versetzt Menschen schließlich in die Lage, komplexe gesellschaftliche *Erwartungs-Erwartungs-Spiele* zu spielen und soziale Situationen zu meistern, in denen Ungewissheit und Unvorhersehbarkeit wichtige Konstanten bilden.

Zwischen der mentalen Kalkulation von Beziehungen und ihrer sozialen Regulation besteht ein Zusammenhang, der über Komplexität geregelt wird. Offene, weitgehend ungeregelte Situationen bergen Entwicklungsmöglichkeiten, aber auch hohe Anforderungen. In sozialen Situationen, die nicht schematisch durch Instinkte oder starre Traditionen geregelt werden (können), ergeben sich experimentelle Spielräume und Möglichkeitsräume, in denen sich Transaktionen zwischen Personen in großer Vielfalt ereignen können. Es öffnen sich also Beziehungsräume, die für überraschende Veränderungen und Entwicklungen prinzipiell offenbleiben.

Steigen Komplexität und Mehrdeutigkeit und damit die Herausforderungen jedoch über ein bestimmtes, individuell oder kollektiv verkraftbares Maß (an), kommt es zu psychischem und sozialem Stress. Die Herausforderung wird dann auf ein emotional und sozial erträgliches Maß reduziert, indem Situationen mental und kommunikativ vereinfacht und kulturell stringent(er) reguliert werden.[135] Die Komplexität wird reduziert, die Offenheit einer Situation nimmt ab, bis, durch Fluktuationen und Abweichungen, erneut offene Situationen entstehen. Auf diese Weise kann sich, zwischen Komplexitätserweiterung (Ungewissheit) und Komplexitätsreduktion (Gewissheit), sowohl die Fähigkeit zur mentalen Kalkulation von Beziehungen als auch die Fähigkeit zur gemeinsamen sozialen Regulation weiterentwickeln.

Offene Situationen mit Ungewissheit bieten die Chance, Unsicherheiten und Ängste zu überwinden, auf die Kraft der Fantasie zu vertrauen und gemeinsam Beziehungskreativität zu entwickeln. Andererseits bergen (zu) offene Situationen immer das Risiko regressiver Reaktionen, also den Rückfall auf ein vorheriges Entwicklungsniveau (den wir in schleifenförmigen Prozessen des Wandels regelmäßig beobachten können). Einfache Rückgriffe auf vorherige Lösungen und regressive Vereinfachungen[136] können zwar temporär entlasten, sind jedoch tendenziell gefährlich, weil der Versuch, komplexe Probleme von heute und morgen durch einfache Lösungen und Logiken von gestern zu lösen, in der Regel Probleme und Konflikte verstärkt. Bestimmte Situationen können nur durch einen Sprung auf ein höheres Entwicklungsniveau gelöst werden.

Der evolutionäre Vorteil tendenziell *offener* sozialer Situationen liegt – bei angemessener geistiger und kultureller Rahmung und bei passender Dosierung – in ihrer innovativen Schubkraft. Offene Situationen können mit angelerntem Wissen allein nicht bewältigt werden, sondern begünstigen die Entwicklung emotionaler Flexibilität, geistiger Selbstständigkeit und sozialer und kultureller Kreativität.

---

135 Regulierung durch politische oder religiöse Ordnungen, gesellschaftliche Institutionen und Organisationen, kurz all das, was Niklas Luhmann (1984) als »Gesellschaft« beschrieben hat. In Luhmanns soziologischer Perspektive dienen alle Bereiche und Institutionen der Gesellschaft der *Reduktion* von Komplexität; in mehr Gewissheit besteht ihr übergeordneter Sinn. In einer evolutionären systemischen Sichtweise ist allerdings ebenso interessant, wie, wenn Systeme »in Gewissheit erstarrt« (oder festgefahren) sind, Komplexität immer wieder *erweitert* wird oder werden kann, um offene Situationen der Ungewissheit herzustellen.

136 Kurzfristig gesehen kennt der historische Prozess immer wieder Regressionen in primitive Denkweisen und Verhaltensmuster, die den aufgeklärten Zeitgenossen durchaus in die Verzweiflung treiben können (»Vor der Morgenröte – Stefan Zweig in Amerika«, 2016).

2.8.9.2 Emotionale und mentale Flexibilität, Resilienz und Verletzlichkeit
Die körperliche Anpassungsfähigkeit, die Menschen im Verlauf der Evolution entwickelten, ist erstaunlich. Menschen können unter unterschiedlichsten Umgebungsbedingungen überleben. Damit nicht genug, sie entwickeln auch eine ebenso bemerkenswerte mentale und emotionale Flexibilität und Resilienz.[137] Mit anderen Worten, Menschen entwickeln sich zu geistig und seelisch enorm flexiblen und biegsamen Wesen. Sie lernen, sich (a) auf unterschiedlichste soziale Bedingungen und kulturelle Umgebungen flexibel einzustellen, und sie können (b) situationsbedingt sehr geschmeidig zwischen verschiedenen seelischen Zuständen und Beziehungsmodi hin und her wechseln. Was uns vordergründig als »selbstverständlich« gegeben erscheint, ist keineswegs selbstverständlich, denn diese Flexibilität erfordert außerordentliche, intensive emotionale und mentale Aktivitäten im »Hintergrund« (die uns in der Regel kaum bewusst werden). Im Ergebnis entwickeln sich Menschen durch intensives Lernen in basalen Beziehungssystemen (siehe Teil II) zu Beziehungsexperten, die sich emotional und mental erstaunlich gut an veränderte gemeinschaftliche Bedingungen anpassen und sich zudem in widersprüchlichen, mehrdeutigen gesellschaftlichen Umgebungen äußerst flexibel bewegen können.

Wie jede Entwicklung hat auch diese Entwicklung eine »Kehrseite«. Während der turbulente Prozess der Zivilisation (Elias, 1976) immer komplexere emotionale, mentale, soziale und kulturelle Strukturen und Muster hervorbringt, wächst auch die individuelle und kollektive Verletzlichkeit. Spätestens in der Postmoderne wird die *Ambivalenz der Moderne* (Bauman, 1995a) und damit unsere *gemeinsam geteilte Verletzlichkeit* (Lear, 2020, S. 27) deutlich spürbar. Immer komplexere Gesellschaftsstrukturen fordern vom Einzelnen und von Gruppen immer höhere Flexibilität und Komplexitätstoleranz. Einerseits sorgt die Entwicklung für mehr Freiheitsgrade, andererseits schränkt sie Freiheitsgrade ein, indem das *Potenzial für Veränderung* in einem ausufernden Krisen- und Komplexitätsmanagement gebunden wird. Was paradox erscheint, lässt sich nur durch ausbalanciertes, entwicklungsorientiertes Denken und Handeln auflösen. Konkret: Wer mehr Flexibilität für Veränderungen anstrebt, muss im *gleichen Maß* für stabile Rahmenbedingungen sorgen. Stimmt die Balance nicht, geraten Menschen an ihre Grenzen und brechen unter der Last zu hoher Flexibilitäts- und Komplexitätsanforderung psychisch zusammen, ebenso wie die sozialen Systeme und die Gesellschaften, die sie hervorbringen, von denen sie aber nicht mehr getragen werden.

---

137 Die Resilienz biologischer, psychischer, sozialer, kultureller oder politischer Systeme zeigt sich in der Fähigkeit, Krisen durch Rückgriff/Zugriff auf (vorhandene und ungenutzte) Veränderungspotenziale zu bewältigen und für Entwicklung zu nutzen.

Erhöhte gemeinsame Verletzlichkeit zeigt sich gegenwärtig sowohl in einer erhöhten Kränkbarkeit und Empörungsbereitschaft einzelner Individuen oder Gruppen als auch in einer gesteigerten Störanfälligkeit sozialer, kultureller und politischer Systeme (vgl. Fukuyama, 2019). Ohne sicheren Boden und gemeinsam geteilten Hintergrund, ohne stabile Rahmenbedingungen ist der *flexible Mensch* (Sennett, 1998) den Umgebungsbedingungen hilflos und wütend ausgeliefert.

2.8.9.3 Beziehungsintelligenz und Weltklugheit

Die rechnerische Fähigkeit der Menschheit steigert sich im Verlauf der Evolution beachtlich und Mathematik treibt, spätestens seit der Erfindung der Agrarwirtschaft und des Handels vor etwa zwölftausend Jahren, den Verlauf der technologischen, kulturellen und wissenschaftlichen Entwicklung maßgeblich voran (Harari, 2015). Doch menschliche Klugheit beschränkt sich keineswegs auf die Fähigkeit, gut zu rechnen. Beziehungsintelligenz und Weltklugheit gehen weit über Mathematik hinaus.

Beziehungsintelligenz erfordert zunächst (a) ein profundes und *intuitives Wissen* (Humphrey, 1976, S. 6) über die Eigenheiten des *Lebensraumes,* in dem ich mich bewege. Ich muss den Ort kennen oder erkunden, bevor ich mich im Raum sicher bewegen kann. Wer will, kann dieses Phänomen, das bereits bei Säugetieren imponiert, im Verhalten von Kindern, aber auch bei sich selbst und anderen leicht beobachten. Um mich in der Gemeinschaft, in der ich lebe oder leben will, sicher, angemessen und erfolgreich zu bewegen, brauche ich zudem gewisse (b) kognitive, emotionale, soziale und kulturelle Kompetenzen. Wer die Ortssprache nicht spricht oder nicht lesen kann, wer in seiner kognitiven, emotionalen, sozialen oder kulturellen Wahrnehmungsfähigkeit eingeschränkt ist (weil er die *Codes* nicht kennt), bekommt Schwierigkeiten. Schließlich ist (c) ein breites Repertoire an Fähigkeiten, Kontakt aufzunehmen und Beziehungen kreativ zu gestalten, hilfreich.

Die Beobachtung von Menschenaffen in Gruppen zeigt eindrücklich die Entwicklung von Beziehungsintelligenz in ihren Anfängen (Goodall, 1991; de Waal, 1983, 2009; Tomasello, 2006, 2011; Suddendorf, 2014a). Mit ein wenig Fantasie können wir uns vorstellen, wie sich daraus – über sehr lange Zeiträume hinweg, allmählich und in Sprüngen – jene besondere Art von *Weltklugheit*[138] entwickelt, die intelligente, emotional und sozial kompetente Menschen und Gruppen von

---

138 Weltklugheit: Ein schöner Begriff des spanischen Theologen und Philosophen Baltasar Gracián y Morales (1601–1658), der wegen seiner aufklärerischen Weltsicht zeitweise Publikationsverbot erhielt (Luckner, 2005, S. 129–140).

Menschen heute auszeichnen kann (auch wenn wir uns, angesichts herber Rückschläge, davon durchaus etwas mehr wünschen würden).

Im Verlauf der Evolution generieren und akkumulieren menschliche Gemeinschaften ein Wissen über die Umgebungen, von denen ihr Überleben abhängt, und ebenso ein Wissen darüber, wie die Gestaltung von Beziehungen nicht nur ihr Leben, sondern auch die Umgebungen verändert, von denen sie ein Teil sind. Davon zeugen viele kleine und »große« Erzählungen, die das Leben der Menschen begleiten und lenken. Kulturelles Lernen verbindet individuelles und kollektives Lernen, und aus dieser Verbindung entspringt ein breiter und tiefer werdender Strom aus Kunst und Wissen.

Dieser Prozess verläuft keineswegs geradlinig, er ist störanfällig und durchläuft progressive wie regressive Phasen. Manchmal dreht er Pirouetten, die manch einem wie die *Wiederkehr des ewig Gleichen* erscheinen mögen. Und doch lässt sich, in einer evolutionären Perspektive, durchaus feststellen, dass sich unter den Menschen Beziehungsintelligenz verbreitet und Weltklugheit entwickelt. Der Prozess der Zivilisation verläuft zwar in seltsamen Schleifen (Hofstadter, 2008) und wird immer wieder durch die dunklen Mächte der Gegenaufklärung bedroht,[139] aber das Wissen um diese Bedrohung ist ja ein Teil von Weltklugheit.

Nach allem, was wir über die Dynamik in Gruppen und Beziehungen wissen, kann das Zusammenleben inspirierend, wunderbar und beglückend sein, aber eben auch konfliktbeladen, anstrengend und herausfordernd, manchmal leidvoll, gelegentlich sogar gefährlich oder grausam. Wer in einer Gruppe geborgen und geschützt wird, der kann auch durch die Gruppe drangsaliert, ausgeschlossen oder von ihr umgebracht werden (vgl. Freud, 1930). Wen die Gruppe erhebt, der kann durch sie fallen. Die Gruppe kann lieben und unterstützen oder kränken und beschämen, sie kann geben und sie kann nehmen, und wer ihr vertraut, der kann enttäuscht werden.

In jedem Fall haben Menschen gute Gründe sich gegenseitig aufmerksam zu beobachten, um die möglichen Entwicklungen von Beziehungen im Voraus zu kalkulieren.

2.8.10 Kleine Gruppen als soziale Akademien

Schon Schimpansen verbringen viel Zeit im sozialen Miteinander. Dieses Miteinander intensiviert sich bei den Menschen entscheidend. Menschen wenden *sehr viel Zeit auf,* um sich in sozialen Beziehungen auszutauschen und zu ler-

---

[139] Literarisch brillant dargestellt im weltklugen Roman »Tyll« (2017) von Daniel Kehlmann.

nen. Der enorme Aufwand an Zeit hätte sich evolutionär kaum durchsetzen können, wenn er nicht mehrfach belohnt würde. Kommunikativer Austausch erhöht nicht nur die Beziehungsintelligenz, sondern steigert auch die *Freude am Dasein*.[140]

Aus kleinen Gruppen umherziehender Homini gehen die ersten nomadischen Kulturen hervor. Diese *Kulturen des Lagerfeuers* (vgl. Richardson u. Christiansen, 2013; Wiessner, 2014) kennen bereits Grundformen aller Arten der Künste: Tanzen, Musizieren, Malen, Erzählen und frühe Formen des Theaterspielens. Nomadische Kulturen strukturieren komplizierte Verwandtschaftsbeziehungen durch ungeschriebene Regeln, und sie teilen Weltanschauungen und frühe Religionen durch Mythenbildung und Totemismus.[141] »Am Feuer verbrachte Nächte waren wahrscheinlich, über Jahrtausende hinweg, ein Katalysator für eine ganze Anzahl bedeutender Schritte der menschlichen Entwicklung, indem sie Traditionen, Kommunikationen und Neuerungen zugutekamen« (Suddendorf, 2014a, S. 335).

Kleine Gruppen bilden in der menschlichen Evolution jene Einheiten, in denen Menschen sich besonders intensiv *gegenseitig beim Beobachten und Gestalten von Beziehungen beobachten und sich über ihre Beobachtungen, auch der Umgebung, austauschen können*. Eben das, was Menschen gut können und gern tun, und was die Kulturentwicklung vorantreibt.

Es erscheint daher nicht übertrieben, kleine Gruppen als sozio-kulturelle Inkubatoren des Humanen zu bezeichnen. Kleine Gruppen umherziehender Sapiens übernehmen schon früh die Funktion *sozialer Akademien* (Humphrey, 1976, S. 8), und sie verdienen tatsächlich den Namen *Hochschule*: Sie sind innovative Orte, wo Menschen mit Ideen und Beziehungen experimentieren, ihre Seelen erforschen, sich über Erfahrungen und Ideen austauschen und Erfindungen machen können. Daran hat sich bis heute wenig geändert. Es ist ein langer Weg bis zu den hochkomplexen modernen Gesellschaften, die wir heute kennen, aber zweifellos sind es immer wieder relativ kleine, gut vernetzte Gruppen, die den Fortgang der Gesellschaft, der Künste und der Wissenschaften vorantreiben. Der große Schwarm ist vielleicht intelligent, von sich aus aber nicht unbedingt innovativ. Innovative Kulturen des Lagerfeuers organisieren sich spontan, informell und agil und werden eher durch den Lebensstil »fahrenden Volks« geprägt. In der Entwicklung der Menschheit spielen sie bis heute eine überragende Rolle. Sie übernehmen eine wichtige korrigierende und innovative Funktion in oder

---

140 Die Freude am Dasein, die Freude des Lebens an sich selbst, hat tiefe biologische Wurzeln (vgl. Humphrey, 2011).
141 Eindrücklich beschrieben in den Romanen von Bruce Chatwin (1990) »Traumpfade« oder Vargas Llosa (1992) »Der Geschichtenerzähler«.

gegenüber den großen *pyramidalen Kulturen,* die lange nach ihnen entstanden, und die sich, den Lebensstil »sesshaften Volks« pflegend, eher bürokratisch, hierarchisch und schwerfällig organisieren und langsam bewegen.

Kleine Gruppen verknüpfen, gewissermaßen als Knotenpunkte, größere Netzwerke und Gemeinschaften, aber nicht nur das, sie halten größere Netzwerke als Impulsgeber lebendig, sie sind das innovative Salz in der Suppe größerer Gemeinschaften, und sie können zu einem Stachel im trägen Fleisch von Gesellschaften werden. Ohne kleine informelle und innovative Gruppen, die immer wieder das Utopische wagen (Timm, 2020), würde die gesellschaftliche Entwicklung stagnieren und erstarren. Kleine Gruppen und Graswurzelbewegungen aller Art bringen die gesellschaftliche Entwicklung voran (Moreno, 1954, 1988; Richter, 1972; Yalom, 2010; Battegay, 2000; von Ameln et al., 2004; Stadler, 2010). Entdeckungsfreude, Abweichungsfreundlichkeit und Innovation: Was im flackernden Schein der Lagerfeuer auftaucht,[142] bleibt auch im Licht der großen Städte lebendig.

---

142 »The formative years for human intellect were the years when man lived as a sicial savage on the plains of Africa« (Humphrey, 1976, S. 14).

Teil II: Theorie des Zwischenmenschlichen

»*Die Welt ist die Gesamtheit der Tatsachen, nicht der Dinge.*«
(Ludwig Wittgenstein, 1979, S. 9)

3 Theoretische Grundlagen und Zugänge

»Alles Gesagte wird von einem Beobachter zu einem
anderen Beobachter gesagt, der er selbst sein kann.«
(Humberto Maturana, zit. nach Ludewig, 1997, S. 62)

3.1 Theoriebildung als offener Prozess

Theoriebildung verstehe ich als einen permanenten geschichtlichen Prozess, der mitten im Leben beginnt und über unmittelbare Erfahrung hinausweist. »Um Lebendes zu erforschen«, schreibt Viktor von Weizsäcker, »muss man sich am Leben beteiligen [...], die Wissenschaft hat mit dem Erwachen des Fragens mitten im Leben angefangen« (von Weizsäcker, 1940/1968, S. 126). Dabei gibt Theorie nicht Sichtbares wieder, sondern macht sichtbar: Gemeinsam geteilte Theorien bestimmen, was wir beobachten und als wahr annehmen können.

In der Praxis stellen wir Fragen, stützen uns auf vorangegangene Erfahrungen, Ideen und Theorien und versuchen, stimmige Hypothesen zu bilden, die empirisch geprüft werden können und zu neuen Fragen anregen.[143] Theoriebildung ist also ein prinzipiell unabgeschlossener, offener Prozess, der sich nach Möglichkeit auf vorangegangene Wissensbestände und Theoriebildungen bezieht und sich in der Praxis sowie in der empirischen Forschung als haltbar und nützlich erweist (Dewey, 2002, 2007).[144]

Der erste Teil des Buches stützte sich vor allem auf Erkenntnisse der evolutionären Anthropologie. Dabei ging es darum, einen evolutionstheoretisch fundierten Ordnungsrahmen zu entwerfen, von dem alle weiteren Überlegungen zu einer systemischen Theorie des Zwischenmenschlichen ausgehen können.

---

143 Erkenntnistheoretiker sprechen von einem hermeneutischen Zirkel (Ast, 1807) oder einer hermeneutischen Spirale (vgl. Bolten, 1985).
144 Genaueres zu meiner erkenntnistheoretischen Position siehe Bleckwedel (2008, S. 93–103).

In einer evolutionären Perspektive *ermöglichen und bedingen* Entwicklungen auf der personalen, sozialen, kommunikativen und kulturellen Selbstorganisations- und Regulationsebene sich gegenseitig. Dieser Zusammenhang wird, das ist die Idee, nachvollziehbar, wenn wir uns diese Entwicklungen im Kontext gemeinsamer Beziehungsgestaltung vorstellen.

Die Theorie menschlicher Beziehungsgestaltung, die ich hier vorstelle, stützt sich auf eine solide wissenschaftstheoretische Basis.[145] Meine Überlegungen knüpfen an relevante Theorien und Erkenntnisse aus verschiedenen Wissensgebieten an, ich ordne diese jedoch in einem übergreifenden systemtheoretischen Rahmen, der, so hoffe ich, eine erweiterte Sichtweise ermöglicht.

3.2 Systemtheoretische Prämissen

Dabei wird mein Verständnis *lebender Systeme*[146] von allgemeinen systemtheoretischen Ideen geleitet.

- Ein System besteht aus einem Netzwerk von Elementen (die wiederum selbst Systeme sein können), die sich untereinander so verbinden und konfigurieren, dass ihr Zusammenwirken nicht (mehr) auf einzelne Elemente zurückgeführt (oder in ihrem Rahmen erklärt) werden kann.
- Die Verbindungen und Konfigurationen eines Systems erzeugen (mehr oder weniger durchlässige) Grenzen, die das Netzwerk (das diese Verbindungen und Konfigurationen hervorbringt) (a) von der Umgebung abgrenzen, (b) schützen, (c) in seiner Entwicklung beschränken und (d) Kontakt zur Umgebung ermöglichen.

---

145 Wir wandern in den Spuren derjenigen, die vor uns unterwegs waren. Dabei ist unsere Sicht begrenzt. Einige Autoren waren für mich besonders relevant, u. a.: Buber (1979, 2006), Moreno (1954), Elias (1976, 1988), Sullivan (1980), Arendt (1981), Habermas (1988), Ainsworth, Blehar, Walters und Wall (1978), Bowlby (1975, 1988), Stern (1991, 1993, 1998, 2010, 2012, 2014), Fonagy (1997), Fonagy et al. (2004), Boszormenyi-Nagy und Krasner (1986), Boszormenyi-Nagy und Spark (1973), Yalom (2010), Stierlin (1971, 1978, 1989, 2001), Willi (1978, 1991, 2007), Yontef (2004), Maturana und Verden-Zöller (1993), Welter Enderli und Hildenbrand (2006), Antonowsky (1979), Asen (2017, 2021), Asen und Fonagy (2021), Porges (2012, 2021), Rosa (2016).

146 Die Grundlagen zum Systembegriff gehen auf von Bertalanffy (1949, 2015) und Bateson (1981, 1984) zurück. Der Systembegriff ist allerdings »schillernd« (von Schlippe u. Schweitzer, 1996, S. 54), er wird unterschiedlich definiert und verstanden, siehe unter anderem Hoffman (1984), Boscolo, Cecchin, Hoffman und Penn (1988), Ciompi (1997), Heisenberg (1979, 2001), Whitaker (1982), Kriz (2017), Maturana und Varela (1987), Ludewig (1997), Luhmann (1984), Levold und Wirsching (2014), von Schlippe und Schweitzer (2016), Ditzen und Gaab (2010), Haken (1987), Haken und Schiepek (2006), Schiepek (2018), Simon (1997), Simon und Stierlin (1984), Wienands (2014), Beushausen (2002).

- Ein System hat eine Funktion, die durch die Aufgabe definiert ist, die sie realisieren soll.
- Um diese Funktion erfüllen zu können, erzeugt das System eine Prozessstruktur, die seine Elemente auf angemessene Weise strukturell ordnet und zugleich für Veränderung und Entwicklung offenhält.
- Um diese Prozessstruktur trotz der unvermeidlichen Schwankungen und Verstörungen, die sich aus den Bewegungen der inneren Welt und der äußeren Umgebung ergeben, erhalten und entwickeln zu können, reguliert das System sich selbst und andere Elemente in seiner Umgebung.
- Ein System kann sich verändern und entwickeln, indem es als Reaktion auf Veränderungen in seiner inneren Welt oder in seiner äußeren Umgebung seine Struktur komplexer gestaltet und seine Regulationsprozesse differenziert.
- Lebende Systeme prozessieren sich geschichtlich. Sie bilden neben einer Struktur ein geschichtliches *Strukturbewusstsein* (über die Entwicklung der eigenen Selbstorganisation). Struktur und Strukturbewusstsein sind nicht identisch, müssen jedoch zusammengedacht werden. Geschichtlichkeit begrenzt und ermöglicht im Zusammenspiel mit sich wandelnden Umgebungsbedingungen und im Rahmen systemischer *Anfangsbedingungen* zukünftige Entwicklungen.

Im Folgenden beschränke und konzentriere ich mich auf die Beschreibung gemeinsamer Beziehungsgestaltungen in *basalen menschlichen Beziehungssystemen* (Definition siehe unten), wobei die Kontexte mitbedacht werden sollten.

3.3 Eine ökosystemische Perspektive

Wozu könnte eine Theorie menschlicher Beziehungsgestaltung beitragen? Warum könnte sie sinnvoll sein? Ich möchte hier drei Gründe ins Feld führen.

Gemeinsame kreative Beziehungsgestaltungen spielen offenbar in der Evolution und Entwicklung menschlichen Zusammenlebens, menschlichen Geistes und menschlicher Kommunikation eine zentrale Rolle. Der erste Teil dieses Buches diente dazu, die *Herausbildung* dieser Phänomene und deren Besonderheiten genauer zu beschreiben. Sie stehen, evolutionär und entwicklungspsychologisch betrachtet, in einem engen wechselseitigen Verhältnis zueinander und können nur im Zusammenhang, als unauflösliche Einheit, ausreichend verstanden werden. Von dieser Einheit gehe ich in der Theoriebildung aus, um die Aufmerksamkeit darauf zu lenken, wie Menschen gemeinsam Beziehungen gestalten, zu sich selbst, untereinander und zur weiteren Umgebung.

Eine pragmatische Begründung für eine erweiterte Theoriebildung ergibt sich aus der Praxis der Psychotherapie. In der therapeutischen Zusammenarbeit bilden *gemeinsame Beziehungsgestaltungen* nach Meinung fast aller Experten den alles entscheidenden *Rahmen,* in dem Methoden und Techniken wirksam werden können, oder eben nicht. Fühlen Menschen sich sicher und aufgehoben, können sich ihre Potenziale entfalten. Vor diesem Hintergrund erscheint eine allgemeine Theorie menschlicher Beziehungsgestaltung für die Praxis von Therapie und Beratung nicht nur sinnvoll und nützlich, sondern überfällig. Eine Theorie der Psychotherapie sollte, wie ich in der Einführung dargelegt habe, sowohl empirische Forschungsergebnisse als auch die Erfahrungen und Reflexionen praktizierender fachlicher Communitys beachten und ernst nehmen, um zu einem vertieften Verständnis der Praxis beizutragen und in der Praxis den Raum der Gestaltungsmöglichkeiten zu erweitern.

Aus meiner Sicht gibt es jedoch einen weiteren, tiefer liegenden Grund zu einer *anderen* Theoriebildung. Dieser liegt in der Geschichte der Theoriebildung selbst, so, wie diese Theoriebildung sich im westlichen Denken, spätestens seit der Renaissance, entwickelt hat. Das Denken Europas weist, wissenschaftshistorisch gesehen, eine Tendenz zur Trennung und Spaltung von Zusammenhängen auf. Diese Tendenz zeigt sich unter anderem in der Trennung von Beobachter und Beobachtetem,[147] in der Trennung von Geist und Natur (Bateson, 1984), in der Trennung von Körper, Geist und Seele, aber auch in der Trennung von Individuum und Gemeinschaft (Sperber, 1987; Rosa, 2016).

In der Konsequenz führt diese Art des Denkens und der Theoriebildung zu Trennungen, Entgegensetzungen und Spaltungen, die einen tief greifenden Einfluss auf die Art ausüben, wie wir als Spezies Beziehungen gestalten – zu uns selbst, miteinander und im Umgang mit der natürlichen Umgebung. Die herrschende Beziehungslogik (Expansion, Konkurrenz, Dominanz und permanente Steigerung; vgl. Rosa, 2016), mit der wir als Spezies *in allen Bereichen* schon so lange unterwegs sind, erweist sich im Anthropozän als fundamentaler und gefährlicher *Irrtum*. Dieser Irrtum beginnt damit, den »Menschen« als Individuum ins Zentrum der Betrachtung zu stellen.[148]

---

147 Eine Kybernetik zweiter Ordnung geht hingegen davon aus, dass Beobachter immer schon Teil des Systems sind, das sie beobachten (vgl. dazu: Bateson, 1983; Schwing u. Fryszer, 2006, S. 79 ff.; Levold u. Wirsching, 2014, S. 55–58; von Schlippe u. Schweitzer, 2016, S. 95).
148 Die fundamentalen Irrtümer der westlichen Kultur sind die großen Themen des kanadischen Philosophen Charles Taylor. In die »Quellen des Selbst« (1989) beschäftigt er sich mit der Frage, wie es zu der Idee eines isolierten, »desengagierten« Subjekts kommen konnte (eine Idee, die als Irrtum den modernen Individualismus antreibt).

Gregory Bateson, der wie kaum ein anderer für ein genaues und zugleich verbindendes Denken geworben hat, formuliert das zentrale Problem so: »Trennt man aber den Geist von der Struktur ab, der er immanent ist, wie etwa die menschlichen Beziehungen, die menschliche Gesellschaft oder das Ökosystem, dann sitzt man meiner Ansicht nach einem grundlegenden Irrtum auf, der sich letztlich mit Sicherheit gegen einen selbst auswirken wird« (Bateson, 1983, S. 622).

In den Psycho- und Sozialwissenschaften spiegeln sich die Tendenzen zur Trennung und Aufspaltung der wirklichen Welt wider. Norbert Elias schreibt dazu: »Man scheint nur die Wahl zu haben zwischen Theorieansätzen, die so angelegt sind, als ob die Einzelmenschen jenseits der Gesellschaft als das eigentlich Existierende, dass eigentlich ›Reale‹ und die Gesellschaft als eine Abstraktionen, als nicht eigentlich existierend zu betrachten seien, und anderen Theorieansätzen, die die Gesellschaft als ›System‹, als ›soziales Faktum sui generis‹, als eine Realität eigener Art jenseits der Individuen hinstellen« (Elias, 1976, S. LI).

In der einen Tradition von Theoriebildung wird das einzelne *Subjekt* als zentrale Perspektive gewählt, also vom Individuum aus zur Umgebung und wieder zum Individuum hingedacht. Freuds Triebtheorie ist ein prominentes Beispiel dieser Denkungsart,[149] ebenso aktuelle neurobiologische Theorien (Damasio, 2011; Roth, 2009; Roth u. Strüber, 2018). *Der Mensch,* als *autonom* vorgestelltes Individuum,[150] steht im Zentrum der Aufmerksamkeit, und es wird ein Subjekt konstruiert, das sich gewissermaßen aus sich selbst heraus erschafft.

In der entgegengesetzten Tradition[151] wird die *Gesellschaft* als zentrale theoretische Perspektive gewählt. In dieser Tradition wird von der Gemeinschaft aus zum Individuum und wieder hin zur Gemeinschaft gedacht. Die marxistische Gesellschaftstheorie oder der französische (Post-)Strukturalismus (vgl. Foucault, 1969, 1974a, 1974b; Deleuze u. Guttari, 1974; im Überblick: Moebius

---

149 Objektbeziehungstheorien definieren in dieser Traditionslinie ein menschliches Gegenüber nicht als Subjekt, sondern als »Objekt« (vgl. unter anderem Kernberg, 1997; Ekman, 2016). Diese Art der Unterscheidung (von Selbst [Subjekt] und Umgebung [Objekt]) führt aber zu weitreichenden Irrtümern (vgl. unter anderem Daniel Sterns Kritik an Kernberg, Melanie Klein und anderen; Stern, 1993, S. 261 ff.).
150 Die Erfindung des *autonomen* Subjekts (und damit die Überbetonung von Autonomie in Philosophie und Psychologie) fällt historisch gesehen mit der Expansion des europäischen Kolonialismus zusammen. Zufall?
151 Eine Art der Gegenbewegung: Wir erinnern uns, Marx wollte ja Hegel, der sich, wie kein anderer, mit dem *Geist* und seiner Entwicklung beschäftigte, »vom Kopf auf die Füße stellen«, indem er das »menschliche Sein, das kein anderes ist als das *gesellschaftliche Sein*« ins Zentrum des Denkens stellte.

u. Reckwitz, 2008; siehe auch Moebius, 2003)[152] sind Beispiele dieser Art zu denken. In der Konsequenz stehen gesellschaftliche, kulturelle oder gemeinschaftliche Strukturen im Zentrum der Aufmerksamkeit, es wird eine Gesellschaft konstruiert, die sich gewissermaßen aus sich selbst heraus erschafft – und die Subjekte gleich mit.

In den wechselnden Moden der Theoriebildung und in den theoretischen Debatten kippt das Denken immer wieder aufs Neue von einem Extrem ins andere. Dabei käme es, was allerdings extrem herausfordernd zu sein scheint, darauf an, das einseitige *Entweder-oder-Denken* in ein mehrperspektivisches Denken zu transformieren. Ein Denken, das sich in mehreren Richtungen zirkulär und schleifenförmig entfaltet und verschiedene Perspektiven in einer übergreifenden Sichtweise verbindet, ohne im Ungenauen und Ungefähren zu verschwimmen.

In einer ökosystemischen Perspektive existiert, wie ich in Teil I gezeigt habe, ein zentraler Zusammenhang zwischen (a) individuellem Leben, Erleben und Bewusstsein, (b) gemeinschaftlichem Zusammenleben und Kommunikation sowie (c) diversen Umgebungsbedingungen.[153] Dieser Zusammenhang erschließt sich allerdings erst, wenn wir uns in einer übergreifenden Perspektive mit den diversen Formen menschlicher Beziehungsgestaltung beschäftigen.

Offenbar verfügen Menschen über ein Potenzial, das sie von anderen Lebewesen fundamental unterscheidet: Sie haben die Fähigkeit, *gemeinsam* Beziehungen kreativ zu gestalten, und selbstverständlich spielen Aspekte *individueller* Beziehungsfähigkeit, die in der Entwicklungspsychologie und in der Säuglingsforschung auftauchen, in diesem Kontext eine wichtige Rolle. Doch bisher gibt es, soweit ich das beurteilen kann, keine konsistente Theorie *gemeinsamer Beziehungsgestaltung*. Auf dem Weg dorthin müssen, wie angedeutet, einige Hürden im Denken überwunden werden. Darauf will ich nun etwas näher eingehen, in der Hoffnung, dass die theoretische Herausforderung deutlicher wird.

---

152 Zunächst werden selbstbestimmte Subjekte methodisch suspendiert, später tauchen sie als Bündel aus Fremdeinwirkungen und unbewussten Impulsen wieder auf. Der Einzelne »ist« ein Produkt der jeweiligen Gesellschaft oder Kultur, Identitäten erscheinen ausschließlich sozial und kulturell konstruiert (vgl. unter anderem Butler, 1998; Bublitz, 2010). Kritisch dazu Fukuyama (2019), auch Angermüller (2007).

153 Ein trennendes oder getrenntes Denken kann diese Zusammenhänge nur ungenügend erfassen. Der Bereich des Zwischenmenschlichen kann weder durch Interaktionsmuster zwischen Akteuren (Moreno, 1954, 1988; von Ameln et al., 2004) noch durch subjektive Resonanzen (Rosa, 2016) allein vollständig erfasst werden. Ebenso wenig lässt sich zwischenmenschliches Geschehen auf ein reines Wechselspiel von Kommunikationen (Luhmann, 1984) reduzieren.

3.4 Verschiedene theoretische Zugänge

Wenn es um menschliche Beziehungen geht, können im Wesentlichen vier theoretische Zugänge unterschieden werden: (A) subjektbeziehungsorientierte Theorien, (B) interpersonale und interaktive Theorien, (C) Diskurstheorien und (D) die kommunikative *Theorie sozialer Systeme* von Niklas Luhmann (1984), auf die ich im Folgenden genauer eingehe.

3.4.1 Subjektbeziehungsorientiertes Denken

(A) Subjektbeziehungsorientierte Theorien fokussieren im Wesentlichen die subjektive Wahrnehmung, das Empfinden, Denken, Fühlen, Wünschen, Handeln, die subjektive Resonanz oder das individuelle Mentalisieren *einzelner* Personen in Bezug zu einer bestimmten Umgebung. In diese Kategorie fallen die meisten philosophischen, psychologischen und psychotherapeutischen Theorien, auch viele moderne neurobiologische und soziologische Theorien. *Bezogenheit* zu relevanten Bezugspersonen oder anderen Umgebungen spielt selbstverständlich in der Psychologie, schon bei Freud und später in der britisch geprägten Psychoanalyse (Balint, 1972; Winnicott, 1994), in der Bindungsforschung (Bowlby, 1975) und in der Entwicklungspsychologie (Piaget, 1976; Stern, 1993) eine wichtige Rolle – und doch bleibt das Denken letztlich im Subjektiven, in einer subjektiven Weltsicht und Weltdeutung gefangen. Das gilt aus meiner Sicht ebenso für viele verhaltensorientierte, humanistische oder personenzentrierte systemische Konzepte und Ansätze (Kriz, 2004, 2017; Gergen, 1990), wobei sich der personenzentrierte Ansatz von Kriz durch Kontextbewusstheit und Mehrdimensionalität besonders auszeichnet.

3.4.2 Kritik der Bindungstheorie

Die Orientierung am einzelnen Individuum zeigt sich ebenfalls in der explizit beziehungsorientierten *Bindungstheorie* (Bowlby, 1975, 1988; Grossmann u. Grossmann, 2009, 2012, 2020). Die Bindungstheorie hat sich in der Tradition der Psychoanalyse entwickelt und geht vom biologisch verankerten Schutz- und Bindungsbedürfnis aller Säugetiere aus. Heute ist sie die gebräuchlichste und bedeutendste Beziehungstheorie, mit der Therapeuten fast aller Richtungen weltweit operieren. Die Bindungsforschung erbrachte wichtige Erkenntnisse über menschliche Beziehungsgestaltung. Sie hat unser Wissen über die Entwicklung menschlicher Beziehungsfähigkeit fundamental erweitert und zeigt eindrücklich und detailliert, wie Kinder in der Beziehung zu frühen Bezugspersonen bestimmte Bindungsstile und -muster entwickeln, die sie später im Zusammenleben wieder anwenden und variieren. Dieses Wissen ist eine Quelle der Inspiration für die Praxis der Therapie.

Und doch müssen wir feststellen, dass die Bindungstheorie und die Untersuchungen, die von ihr inspiriert wurden, die Wahrnehmung und Aufmerksamkeit einseitig auf die Entwicklung *einzelner kindlicher Individuen* ausrichtet oder beschränkt. Es wird vom einzelnen Subjekt (dem Kind) aus und wieder zu ihm hingedacht, obwohl meist Dyaden und (seltener) Triaden beobachtet werden. Natürlich tauchen Bezugspersonen als Beziehungsgegenüber auf, meist sind es die Mütter. Durch die Brille der Bindungstheorie betrachtet werden diese Bezugspersonen allerdings weitgehend auf ihre *Funktion* als Elternteil, als Teil der *kindlichen Umgebung*, reduziert, also auf mehr oder weniger adäquat (»feinfühlig«) reagierende Gegenüber, die durch die Art ihrer Beziehungsgestaltung die Entwicklung der Bindungsstile ihrer Kinder formen und prägen. Der Forschungs- und Beobachtungsfokus liegt überwiegend auf der kindlichen Entwicklung. Als eigenständige Subjekte, die sich in der Beziehung zu ihren Kindern ebenfalls *entwickeln und weiterentwickeln*, tauchen Eltern, Väter und Mütter kaum oder nur am Rand auf.

Die Wahrnehmung und Aufmerksamkeit wird also theoretisch einseitig gelenkt und beschränkt. Erst in einer erweiterten Sichtweise, wenn man also annimmt, dass *alle* Personen an der gemeinsamen Beziehungsgestaltung beteiligt sind und *alle* am Beziehungssystem beteiligten Person sich persönlich permanent weiterentwickeln, kann sich die Wahrnehmung und Aufmerksamkeit auf sonst ausgeblendete, ebenso wichtige Phänomene und Tatsachen richten. Also nicht nur darauf, wie sich (a) Kinder in der Beziehung zu Bezugspersonen entwickeln, sondern ebenso darauf, wie sich (b) Eltern (und Großeltern) *in der Beziehung zu ihren Kindern (und Enkeln)* lebenslang weiterentwickeln, sowie, nicht weniger wichtig, darauf, wie sich (c) die Muster und Formen der gemeinsamen Beziehungsgestaltungen zwischen den Personen entwickeln.

Eltern und Kinder und Kommunikationen bilden wechselseitig füreinander Umgebungen und entwickeln sich *gemeinsam*. Darum geht es in der erweiterten theoretischen Perspektive, die ich hier vorschlage. Es wäre doch interessant, genauer zu beobachten, *wie* sich Kopplungs- und Abstimmungsprozesse *zwischen* Personen in basalen Beziehungssystemen entfalten und wie dabei die Muster und Formen gemeinsamer Beziehungsgestaltung immer *komplexer* werden. Mit dieser Dimension von Entwicklung haben sich bisher aber nur ganz wenige beschäftigt (vgl. Wynne, 1985; Fivaz-Depeursinge u. Corboz-Warnery, 2001). Dabei ist aus der Praxis hinlänglich bekannt, dass sich in länger andauernden intensiven Beziehungen bestimmte wiederkehrende Transaktions-

und Kommunikationsmuster – und damit spezifische *Systemstimmungen* (Bleckwedel, 2008) – verfestigen, herausbilden und entwickeln, die auf die Personen, die diese Muster als Akteure selbst hervorbringen, zurückwirken.

Subjektorientiertes Denken ist, wie Elias vermerkt, tief in der europäischen Kultur- und Wissenschaftstradition verankert, und diese Denkungsart bleibt, zumal in den Zeiten der Neurobiologie, wirkmächtig: »Das Bild des einzelnen Menschen als eines völlig freien, völlig unabhängigen Wesens, als einer ›geschlossenen Persönlichkeit‹, die ›innerlich‹ ganz auf sich gestellt und von allen anderen Menschen abgetrennt ist, geht in der Entwicklung europäischer Gesellschaften auf eine lange Tradition zurück«, schreibt Elias (1976, S. XLVII) und fügt hinzu: »Zu seinen Abarten gehört nicht nur der herkömmliche *homo philosophicus*, das Menschenbild der klassischen Erkenntnistheorie, sondern auch der *homo oeconomicus*, der *homo psychologicus*, der *homo historicus*, und der *homo sociologicus*« (Elias, 1976, S. L). Wir können dieser Liste getrost den *homo neurobiologicus* (Levold et al., 2014, S. 27 ff.) hinzufügen. In dieser Tradition wird, wie in der Triebtheorie Freuds oder in aktuellen neurobiologischen Theorien, die Macht der Biologie, die Magie des Leibes betont. Der einzelne Mensch erschafft sich, wie auch immer, letztlich selbst.[154]

3.4.3 Interaktionsorientiertes Denken

(B) *Interpersonelle und Interaktionstheorien*[155] beschäftigen sich intensiv mit dem, was interaktiv zwischen Personen geschieht. Der Fokus liegt im Wesentlichen auf sozialer Interaktion, interaktivem Handeln, Begegnung und interpersonellen Dynamiken (von Ameln et al., 2004). Natürlich geht es dabei auch um sprachliches, dialogisches Handeln (Buber, 1979, 2006; Wegscheider, 2020), und doch wird die Macht interaktiven Handelns und sozialer, *kreativer Interaktion* (Krüger, 1997) betont. Obwohl *szenisches Verstehen* (Moreno, 1954, 1988; Buer, 1989) eigentlich einen guten Zugang zu einer Theorie gemeinsamer Beziehungsgestaltung eröffnet, wurde ein solcher Ansatz bisher theoretisch kaum differenziert konzeptualisiert. Geht es um das Innenleben einzelner Personen, wird entweder auf die Rollentheorie rekurriert oder auf psychoanalytische (Krüger, 1997) und objektbeziehungstheoretische Konzepte zurückgegriffen.

---

154 Der Mensch als Schöpfer seiner selbst, als *Konfliktbündel* unter dem Diktat des triebhaften »ES«, als *Ressourcenwunder* (weil alles zum Glücklichsein in einem selbst, wenn auch vielleicht verborgen, liegt), als übermächtiger *Homo Deus* (Harari, 2018) oder als bedauernswerter *Homo Servus* (ein Sklave seiner Gehirnfunktionen) ohne freien Willen (Roth u. Strüber, 2018).

155 Einen Überblick geben Anchin und Kiesler (1982). Siehe auch Moreno (1954, 1988), Sullivan (1980), Schneider-Düker (1992), von Ameln et al. (2004).

3.4.4 Diskursiv orientiertes Denken

(C) Diskurstheorien fokussieren im Wesentlichen auf Diskurs und Kommunikation. Radikal formuliert erscheint alles Subjektive sozial, kulturell oder diskursiv konstruiert (Butler, 1998). Der einzelne Mensch, was immer er auch sei, erscheint nicht mehr selbstbestimmt (selbstdeterminiert, selbstmotiviert, selbstgetrieben), er wird zum Produkt oder »Opfer« einer mächtigen sprachlichen Ordnung (Foucault, 1974a, 1974b), die im gesellschaftlichen Diskurs alles Subjektive gewissermaßen *hinterrücks* oder *unbewusst* bestimmt (vgl. Foucault, 1969; Deleuze u. Guattari, 1974). In dieser Tradition wird die Macht der Sprache (Wittgenstein, 1921/1963) besonders betont[156]. Nicht selten kippt das Denken in einer seltsamen Volte in einen radikalen Subjektivismus oder Konstruktivismus zurück.

3.4.5 Systemtheoretisch orientiertes Denken

Die systemische Therapierichtung hat bisher keine eigene, anerkannte und konsistente Beziehungstheorie hervorgebracht. Ging es in den Anfängen der Familientherapie noch um die Strukturen von Beziehungen und konkretes interaktives Geschehen (Minuchin u. Fishman, 1983; Minuchin, 1988; vgl. auch von Schlippe u. Schweitzer, 2016, S. 33–34)[157] im Rahmen einer Kybernetik erster Ordnung, verschob sich das theoretische Interesse mit der »autopoietischen Wende« (Levold u. Wirsching, 2014, S. 34) eher ins epistemologisch Abstrakte; Themen wie *Kybernetik zweiter Ordnung, Konstruktivismus* (von Foerster, 1981; von Glasersfeld, 1981; Gergen, 1990), *Selbstorganisation* (Maturana u. Varela, 1987; Ludewig, 1997), *Synergetik* (Haken u. Schiepek, 2006),[158] *lebende Systeme* (Simon, 1988, 1997) oder die *Theorie sozialer Systeme* (Luhmann, 1984) traten in den Vordergrund und bestimmen weitgehend den theoretischen Diskurs.

Die Anerkennung der systemischen Therapie als Richtlinienverfahren in der Psychotherapie (in Deutschland) führt allerdings zu einem erhöhten Interesse an einer eher praxisorientierten, am klinischen Geschehen orientierten Theorie (Wagner, 2020; Retzlaff, 2021). Die Praxis wirft die Frage auf, welche

---

156 In der Perspektive radikaler Diskurstheoretiker*innen wie Judith Butler bildet sprachliche Macht das »fundamentale Konstruktionsprinzip von Wirklichkeit« (Bublitz, 2010, S. 8).
157 Vgl. unter anderem auch Boszormenyi-Nagy und Krasner (1986), Satir und Baldwin (1988), Stierlin (1971, 1978, 1989, 2001), Simon und Stierlin (1984), Richter, Strotzka und Willi (1976), Willi (1996), Massing (1990), Minuchin und Fishman (1983).
158 Einen guten Überblick geben Kriz und Ochs (2022).

Theorie wofür geeignet und nützlich ist.[159] Wagner bemerkt dazu, »dass der selbstreferentielle Diskurs der soziologischen Systemtheorie die Integration systemischer Praxis in klinische Kontexte eher erschwert und Niklas Luhmann selbst seine Beobachtertheorie für ungeeignet hielt, psychotherapeutische Praxis anzuleiten«[160] (Wagner, 2020, S. 308). In dieser Lage erweitern und vertiefen praktisch versierte Systemiker:innen seit einigen Jahren den systemischen Therapieansatz durch beziehungsorientierte Konzepte,[161] die weitgehend im Rahmen psychoanalytischer Theoriebildung entstanden sind (siehe oben). Der systemische Ansatz zeigt sich offen.

Eine intensive kritische Auseinandersetzung über die damit verbundenen, tieferliegenden, theoretischen Fragen findet allerdings kaum statt. Personenzentrierte systemische Ansätze, die sich auf eine humanistische Tradition beziehen (Kriz, 2017), und kommunikativ orientierte systemische Ansätze, die sich auf die *Theorie sozialer Systeme* (Luhmann, 1984) berufen, stehen weitgehend *unverbunden* nebeneinander. Während die systemische Praxis blüht und gedeiht (Trost, 2018, S. 45), wurde die theoretische Debatte zwischen den verschiedenen Ansätzen und Konzepten seit dem Heidelberger Kongress »Das Ende der großen Entwürfe« (1991) weitgehend eingestellt.[162] Theoretische Widersprüche zwischen Subjektorientierung auf der einen Seite und Kommunikationsorientierung auf der anderen Seite werden kaum diskutiert.

---

159 Vgl. dazu Tom Levolds (2021) Wiederaufnahme der »Autopoieses-Debatte« um Luhmanns Theorie sozialer Systeme.
160 Mündliche Mitteilung von Luhmann gegenüber Wagner (1995) und Bleckwedel (1988).
161 Vgl. unter anderem Schwing und Fryszer (2006), Retzlaff (2008, 2021), Bleckwedel (2008), Rufer (2012), Rieforth und Graf (2014), Hanswille (2015), Wagner, Henz und Killian (2016), Kriz (2017), Wagner (2020), von Schlippe und Schweitzer (2016, S. 64–66), Asen (2017). Differenziert nach bestimmten Themen/Stichworten: *Mentalisieren* (Fonagy, 1997; Fonagy et al., 2004; Asen u. Fonagy, 2014, 2021), *Bindungstheorie* (Bowlby, 1975; Grossmann u. Grossmann, 2009, 2012, 2020; Trost, 2018), *Neurobiologie* (Schiepek, 2018; Schwing, 2009), *Affektlogik* (Ciompi, 1982, 1988, 1997) und *Affektregulation* (Egloff, 2009) sowie *Synergetik* (Haken u. Schiepek, 2006) und *Bewusstseinstheorien* (Revensdorf u. Peter, 2009) spielen in diesen Ansätzen als Grundlagentheorien eine wichtige Rolle.
162 Das Misstrauen gegenüber allen »großen Erzählungen« (Lyotard, 1979/2012) scheint nur allzu berechtigt (Bauman, 1995a, 1995b), und doch ist die Einstellung eines kritischen Diskurses über strittige Themen auch problematisch.

Was bleibt, sind eine unausgetragene Kontroverse[163] und ein ungelöstes theoretisches Problem. Norbert Elias spricht in diesem Kontext vom »vertrackten Problem des Zusammenhangs von individuellen, psychologischen Strukturen, also von den sogenannten Persönlichkeitsstrukturen, und von Figurationen, die viele interdependente Individuen miteinander bilden« (Elias, 1976, S. XIII).

Ein erweitertes theoretisches Verständnis, das individuelles und soziales Geschehen miteinander verbinden will, muss tatsächlich enorme Hindernisse und Hürden überwinden, die tief im dualistischen[164] Denken Europas eingegraben und verwurzelt sind. Im Kern liegt die Schwierigkeit in der Tendenz zur *Trennung und Aufspaltung der Wirklichkeit* (vgl. Bateson, 1978, S. 58; 1983), wo es, systemisch gesehen, um »die ineinander verschränkten Strukturen, die die Dinge verknüpfen« (Bateson, 1978, S. 60) geht, jenes »umfassendere Wissen, das die Seesterne und Seeanemonen und die Wälder und genauso Gruppen von Menschen zusammenhält« (S. 60). In der Konsequenz führt diese Art des aufspaltenden Denkens zu Trennungen, Entgegensetzungen und Spaltungen, die einen tief greifenden Einfluss auf die Art ausüben, wie wir Beziehungen wahrnehmen, wie wir Beziehungen beobachten und schließlich gestalten. Aus der Distanz betrachtet, sind sowohl »autonome Individuen« als auch von gestaltenden Akteuren »unabhängige Gesellschaft« oder »Kommunikationen« nichts weiter als Illusionen von Beobachtern.

3.5 Kritik der »Theorie sozialer Systeme« – über Luhmann hinaus

Die soziologische *Theorie sozialer Systeme* Niklas Luhmanns (1984) ist vor allem im deutschsprachigen Raum weitverbreitet und einflussreich (vgl. Levold u. Wirsching, 2014, S. 35). Sie soll hier kritisch gewürdigt werden, um Ähnlich-

---

163 Darauf gehe ich im Folgenden genauer ein. Zur unausgetragenen Kontroverse um Luhmann vgl. unter anderem: von Schlippe und Schweitzer (2016, S. 111 ff.), Levold und Wirsching (2014, S. 62, S. 65 ff.). Beushausen (2002) beruft sich in seiner Kritik auf Habermas, Hurrelmann und Petzold. Kriz (1999, 2017) setzt sich aus einer personenzentrierten Sicht ebenfalls kritisch mit Luhmann auseinander. Zu Maturanas Kritik an Luhmann siehe Riegas und Vetter (1990). Zu Varelas Kritik an Luhmann siehe Simon (1997, S. 142). Vgl. auch: Elisabeth Wagner (2021), *Zur systemischen Entstörung von Persönlichkeitsstörungen*, Keynote 1, Video, DGSF-Kongress am 12. September 2021.

164 Vgl. Bateson: »Im Laufe der Jahre habe ich mich in eine ›Position‹ manövriert, in der mir herkömmliche dualistische Aussagen über die Beziehungen zwischen Körper und Geist – die Dualismen Darwins, der Psychoanalyse und der Theologie – absolut unverständlich sind« (Bateson, 1978, S. 60).

keiten, aber auch gravierende Unterschiede zu dem hier vorgelegten Entwurf zu verdeutlichen (der sich auf den engeren Bereich des Zwischenmenschlichen konzentriert).

Luhmann beschreitet in seiner *Theorie sozialer Systeme* (Luhmann, 1984, Kneer u. Nassehi, 1993) einen ganz eigenen, faszinierenden, weil konsistent über Subjektivität hinausweisenden, Weg der Theoriebildung. Er unterscheidet, systemtheoretisch angelehnt an das Autopoiesekonzept der beiden Biologen Humberto Maturana und Francisco Varela (1987), zunächst drei Klassen *autopoietischer Systeme:* (a) *Leben* (biologische Systeme; gebildet durch neuronale Netzwerke), (b) *Bewusstsein* (psychische Systeme; gebildet aus Gedanken[ketten]) und (c) *Kommunikation* (soziale Systeme, gebildet aus Kommunikationen).

Diese *Differenz-Entscheidung* kann als Hauptthese (I) der *Theorie sozialer Systeme* angesehen werden, denn von dieser zentralen *Differenz* geht alle weitere Theoriebildung bei Luhmann aus: Alle drei Systeme operieren (a) *unabhängig* (autonom, autopoietisch) voneinander, obwohl sie sich (b) gegenseitig voraussetzen und sich auf vielfältige Art und Weise *strukturell koppeln* (Maturana u. Varela, 1987). Das ist die Kernaussage der Theorie.

Tatsächlich sind lebende, psychische und soziale Systeme, diesen Umstand betont Luhmann, auf *strukturelle Kopplungen* angewiesen, um die eigene Selbstorganisation (aufrecht) zu erhalten (vgl. Kneer u. Nassehi, 1993, S. 68 ff.). Dass sie, als Systeme, *unabhängig* voneinander *operieren,* bedeutet also *keineswegs,* dass sie sich nicht gegenseitig beeinflussen und existenziell voneinander abhängig sind!

Für Beratung und Therapie liegen die Vorteile dieser Sichtweise darin, dass deutlich wird:
a) Menschen können sich gegenseitig gedanklich *nicht direkt* (instruktiv) beeinflussen, sondern nur *indirekt* über Kommunikationen, sie können sich jedoch gedanklich »anregen«.
b) *Psychische* und *soziale* Systeme und Entwicklungen sollten achtsam unterschieden werden, »vor allem […], wenn man die eine als Indikator oder gar als Ursache für die andere ansehen will« (Luhmann, 2001, S. 63, zit. nach von Schlippe u. Schweitzer, 2014, S. 118).

Wer die Komplexität gegenseitiger Beeinflussungen und die Unterschiede zwischen den Systemen beachtet, kann Fehlschlüsse, die in der Populärpsychologie, aber auch unter Psychotherapeut:innen weitverbreitet sind, vermeiden. Das eine geht *eben nicht* direkt oder automatisch oder einfach kausal aus dem anderen hervor. Die Wirklichkeit ist komplexer.

Diese Ideen sind empirisch evident und in der Praxis und Theorie der systemischen Therapie daher zu Recht einflussreich (vgl. von Schlippe u. Schweitzer, 2014, S. 117–120).

These (I) der Luhmann'schen Theorie führt allerdings zu einer weiteren, überraschenden Konsequenz. Soziale Systeme bestehen für Luhmann nicht, wie noch in der Theorie Talcott Parsons, aus Handlungen menschlicher Akteure, sondern *ausschließlich (!) aus Kommunikationen*: Menschen *können* keine Elemente sozialer Systeme sein, weil sie sowohl als biologische Systeme (neuronale Netzwerke) als auch als psychische Systeme (Gedankenketten) einer fundamental *anderen* Kategorie von System angehören. Elemente des einen Systems können nicht Element eines *kategorial* (!) anderen Systems sein (siehe These I). So gesehen bilden Menschen für Luhmann nur mehr ein- oder auskoppelbare »Umwelten«[165] sozialer Systeme, die aus Kommunikationen und *nur* aus Kommunikationen bestehen.

Der Vorteil dieser Sichtweise besteht in zwei wesentlichen Gesichtspunkten. Es wird deutlich:

a) Menschen *und* Menschen *und* Kommunikationen bilden wechselseitig füreinander (mehr oder weniger relevante) »Umgebungen«. Es gilt: Meine Entwicklung wird von deiner Entwicklung und unseren Kommunikationen beeinflusst und umgekehrt. Der Entwicklungsraum des/der einen ist der Entwicklungsraum des/der anderen, und im gemeinsamen Entwicklungsraum verbinden uns Kommunikationen.

b) Menschliche Bewusstseine *koppeln sich* strukturell über Kommunikationen. Das wird deshalb möglich, weil sowohl psychische Systeme (über sprachlich codierte Gedanken) als auch soziale Systeme (über sprachlich codierte Kommunikationen) Bedeutungen und damit *Sinn* produzieren. Menschen produzieren Sinn und sind über oder durch Sinn miteinander verbunden.

So weit sind die systemischen Überlegungen Luhmanns hilfreich. Allerdings hat sich Luhmann meines Wissens nie genauer damit beschäftigt, wie es eigentlich dazu kommt, dass sowohl der menschliche Geist (die menschliche Psyche, die im Übrigen weit mehr ist als »Gedankenketten«) als auch die Kommunikationen der Menschen überhaupt in einem sprachlichen, bedeutungsgebenden und sinnerzeugenden Modus operieren (können), und auf welcher Basis.

---

165 Zu diesem Thema siehe im Folgenden den Abschnitt über Umwelten und Umgebungen.

3.6 Prämissen einer Theorie des Zwischenmenschlichen

Genau dieser Frage bin ich im ersten Teil des Buches nachgegangen, um die Wurzeln und Quellen einer anthropologischen Entwicklung freizulegen, die es überhaupt erst ermöglicht(e), Sinn, Kultur und Zivilisation auf einem bestimmten Level hervorzubringen. Die Untersuchung zeigte nicht nur die Bedeutung sozialer, sprachlicher und kultureller Kooperation, sondern vor allem die überragende Bedeutung *gemeinsamer Beziehungsgestaltungen* in *basalen menschlichen Beziehungssystemen* (genaue Definition im Folgenden). Das offene und fiktionale Sprachsystem, das sinnerzeugendes und sinngebendes *Denken und Sprechen* ermöglicht, muss erst entwickelt, erworben und immer wieder erneuert werden, und zwar in aufwendigen Sozialisations-, Lern- und Beziehungsprozessen, die im menschlichen Zusammenleben ganz wesentlich durch leibliche, emotionale, kooperative und kommunikative Abstimmungs- und Koordinationsprozesse bestimmt werden.

Diese für eine anthropologisch fundierte Beziehungstheorie zentralen Aspekte tauchen aber, was man einer soziologischen Gesellschaftstheorie[166] nicht vorwerfen kann, in der *Theorie sozialer Systeme* gar nicht auf, und zwar, wie ich meine, als Folge einer theoriebedingten Ausblendung[167] dessen, was man durchaus beobachten kann, wenn man will.[168] Die Theorie erzeugt einen blinden Fleck in der Wahrnehmung, zu der die grundlegende *These I* gewissermaßen verführt oder »zwingt«.

Dass lebendige Menschen aus Fleisch und Blut in der *Theorie sozialer Systeme* so blass bleiben, könnte man zur Not noch mit dem Argument retten, dass Menschen ja als »eingekoppelte Umwelten« durchaus berücksichtigt werden (können); sie können auf diese Weise als denkende, sinnliche, emotionale, wünschende und handelnde Wesen wieder ins Blickfeld geraten. Die Gefahr ist allerdings groß, dass dabei das Denken wieder in die Personenzentrierung und den Subjektivismus zurückfällt.

---

166 Als Soziologe interessiert sich Luhmann für die Dynamik und Funktionsweisen gesellschaftlicher Systeme, insofern erscheint es durchaus konsequent und sinnvoll, Personen weitgehend in den Hintergrund treten zu lassen.

167 Diese Ansicht teile ich übrigens mit Niklas Luhmann selbst, der mehrfach seine Verwunderung darüber äußerte, dass sich Therapeuten und Psychologen für seine Theorien interessierten, und sich skeptisch zeigte, was den therapeutischen Gebrauchswert seiner Theorie betraf (Persönliches Gespräch im Hotel Molkenkur in Heidelberg, 1989).

168 Luhmann selbst schreibt zu diesem Thema: »Geht man vom Sinnbegriff aus, ist als erstes klar, dass Kommunikation immer selektives Geschehen ist. Sinn lässt keine andere Wahl als zu wählen. Kommunikation greift aus dem je aktuellen Verweisungshorizont, den sie selbst erst konstituiert, etwas heraus und lässt anderes beiseite« (Luhmann, 1984, S. 194).

Warum? Weil Menschen innerhalb der *Theorie sozialer Systeme* nicht als *beziehungsgestaltende Akteure,* sondern allenfalls als »Beobachter« auftauchen, obwohl sie als handelnde Subjekte doch eben jene Kommunikationen erzeugen, die soziale Systeme hervorbringen.

Aus eben diesem Grund standen die Begründer des Auotopoiesekonzepts, die Biologen Humberto Maturana und Francisco Varela, dem Transfer ihres theoretischen Modells für biologische Systeme in eine allgemeine Theorie sozialer Systeme durch Luhmann äußerst skeptisch und kritisch gegenüber. Beide verstehen soziale Systeme als Systeme, »die aus interagierenden lebenden Systemen, also aus den entsprechenden Systemmitgliedern oder Menschen, bestehen« (Kneer u. Nassehi, 1993, S. 55). Was wir beobachten, stehe »immer in Interaktion, weil man stets eine Unterscheidung und ein Medium hat. Geschlossene Systeme gibt es nur im Gedankenexperiment […]. Alle Systeme, mit denen wir es zu tun haben, sind offene Systeme in dem Sinne, dass immer Interaktion stattfindet«, formuliert Varela (zit. nach Simon, 1997, S. 142). Und Maturana sagt explizit: »Wenn ich aber über ein autopoietisches System im Bereich der Kommunikation spreche, dann behandle ich die Mitteilungen oder Kommunikationen als Elemente und klammere die Menschen aus […], sobald man aber die Menschen als lebende Personen ausklammert, beschäftigt man sich nicht mit sozialen Phänomenen« (Riegas u. Vetter, 1990, S. 40; vgl. auch Maturana, 2001).

Mit anderen Worten: Wenn es um soziales Zusammenleben und menschliche Beziehungsgestaltung geht, dann sollten wir die beteiligten Personen als Teil des Systems betrachten. Das wiederum erfordert eine andere Definition von »System« im Rahmen einer Theorie des Zwischenmenschlichen und eine andere Einteilung von »Systemen«, wobei bestimmte Unterscheidungen, wie bereits beschrieben, durchaus sinnvoll erscheinen und erhalten bleiben sollten.

Die systemtheoretische Einteilung (These I) von Luhmann ist, wie er selbst durchaus weiß, keineswegs zwingend.

Andere Beobachter können, wenn das für sie und andere plausibel erscheinen, andere Systemeinteilungen und -unterscheidungen wählen. Wedekind und Georgi (2014) beispielsweise schlagen, in Abgrenzung zu Luhmann und in Anlehnung an Kriz, vor, zwischen einem *Selbstsystem* (dem »psychischen System der Mitglieder« eines Arbeitsteams) und einem *Teamsystem* (dem »sozialen System der Kooperation«) zu unterscheiden. Pragmatisch gesehen eine durchaus hilfreiche Einteilung, auf beziehungstheoretischer Ebene aber logisch unbefriedigend und wenig ergiebig. Denn mit dieser Art von Einteilung ist noch keineswegs genauer verstanden, *wie* einzelne Mitglieder eines sozialen Systems sich strukturell koppeln, *wie* soziale Systeme entstehen und sich entwickeln, und wie personale, soziale und kulturelle Systeme sich wechselseitig hervorbringen, bedingen und gemeinsam entwickeln. Wie also lässt sich das beschriebene theoretische Dilemma zwischen Personenzentrierung und Kommunikationszentrierung, das immer wieder auftaucht, in einem theoretisch konsistenten, systemisch-entwicklungsorientierten Ansatz befriedigend auflösen? An diesem Punkt schlage ich eine Erweiterung der Sichtweise vor, eine Theorie des Zwischenmenschlichen.

Prämissen einer Theorie des Zwischenmenschlichen

Ich formuliere hier zunächst die zentralen Überlegungen, die eine allgemeine systemische Theorie des Zwischenmenschlichen begründen. Diese Ideen bilden die Grundlage für die Theorie menschlicher Beziehungsgestaltung, die ich danach detailliert darstelle.

1. Der historisch nur allzu berechtigte Versuch, in der Theoriebildung eine rein subjektorientierte Sichtweise zu überwinden und die Kommunikationen in sozialen Systemen in den Mittelpunkt zu rücken, sollte nicht zur Ausblendung des Subjektiven oder zur Marginalisierung der Tatsache führen, dass handelnde Personen als beziehungsgestaltende Akteure soziale Systeme hervorbringen und gestalten.
2. Die Lösung, die ich hier vorschlage, besteht darin, unsere Vorstellung und unsere Wahrnehmung auf den Bereich des Zwischenmenschlichen auszudehnen. Wenn wir den Bereich des Zwischenmenschlichen als erweiterte Beobachtungseinheit wählen, ergibt sich ein gemeinsam geteilter Ereignisraum. In diesem Ereignisraum können wir sowohl das *subjektive Erleben* und *Handeln mehrerer Personen* als auch das, was zwischen den Personen geschieht, als Ereignisse in einem *gemeinsamen Ereignisraum* auffassen und beobachten.
3. Eine systemische Theorie des Zwischenmenschlichen versteht und betrachtet erlebende, beobachtende und handelnde Personen als *Teile eines interagierenden sozialen Systems,* das die Beteiligten selbst als beziehungsgestaltende Akteure gemeinsam mit anderen Akteuren hervorbringen, *und* das zugleich über generalisierte Muster gemeinsamer Beziehungsgestaltungen (transaktionale Muster; Wynne, 1985), die eine eigene Dynamik entwickeln, auf die beteiligten Subjekte zurückwirkt.
4. Im *Ereignisraum des Zwischenmenschlichen* ereignen sich (a) *mindestens* zwei Personen *und* das, was (b) zwischen den Personen geschieht, *sowie* das, was (c) die Personen, über eine gewisse Dauer, zwischen sich herstellen. Eine Theorie des Zwischenmenschlichen sollte die Zusammenhänge zwischen diesen Ereignissen in den Blick bringen.

5. Eine *erweiterte theoretische Sichtweise* ergibt sich, wenn wir unsere Aufmerksamkeit mehrfach fokussieren und unsere Vorstellungswelt mehrdimensional und zirkulär organisieren.

Die Idee einer erweiterten theoretischen Sichtweise wird vielleicht verständlicher, wenn wir uns in die Position und Rolle eines Fußballtrainers oder eines Dirigenten hineinversetzen. Stellen wir uns ein Fußballspiel vor oder ein Konzert: Wollen wir das Spiel oder die Musik als Gesamtereignis erfassen, sollten wir sowohl (a) die Performance einzelner Spieler/-innen *und* (b) ihr Zusammenspiel als auch das, (c) was die Spieler durch ihre besondere Art des Zusammenspiels hervorbringen, in den Blick nehmen (beziehungsweise mit unserem Gehör erfassen). Im Fall eines Fußballteams bestünde die *Hervorbringung* in wechselnden,[169] sich je nach Spielverlauf verschiebenden, Mustern von Konstellationen, Konfigurationen und Ballzirkulationen, die ein Team auszeichnen, und die, indem sie intensiv trainiert werden, die Performance jedes einzelnen Spielers im Fall des Zusammenspiels mehr oder weniger bestimmen und formen. Im Fall einer Musikband oder eines Orchesters ergeben die besonderen Muster des Zusammenspiels einen unverwechselbaren »Gesamtklang«, einen eigenen Sound, der, einmal eingegroovt, in seiner besonderen Dynamik das Spiel jedes einzelnen Band- oder Orchestermitglieds während des gemeinsamen Musizierens mehr oder weniger bestimmt und prägt.

Die Beispiele zeigen: Es sind die *Spieler,* die Mitglieder eines Systems, die im *Zusammenspiel* ein System hervorbringen, das auf eine besondere Art und Weise auf die Spieler zurückwirkt. Ähnlich ist es im Beziehungsleben von Paaren, Familien oder kleinen, dauerhaft bestehenden Gruppen. Um das zu erkennen, müssen wir allerdings eine übergreifende Idee und eine besondere Art der Aufmerksamkeit entwickeln: Wer genauer und *im Zusammenhang* beobachten und verstehen will, wie (a) beobachtende, erlebende und handelnde Akteure gemeinsam Beziehungen hervorbringen und gestalten, (b) wie die subjektiven Bewusstseinsprozesse mehrerer Personen sich *koppeln* und (c) wie gemeinsame Beziehungsgestaltungen generalisierte Muster und Formen von Transaktionen hervorbringen, die (d) als *Umgebungen* auf die handelnden Akteure zurückwirken, muss eine übergreifende, mehrdimensionale Sichtweise und eine mehrfach fokussierte und zirkuläre Aufmerksamkeit entwickeln.

---

169 »Mit oder gegen den Ball«.

6. Als Akteure in *basalen menschlichen Beziehungssystemen* (Definition siehe im Folgenden) sind wir nicht einfach nur teilnehmende Beobachter, mehr oder weniger zufällig und »passager« eingekoppelt ins Beziehungsgeschehen. Vielmehr bringen wir basale Beziehungssysteme (intime Partnerschaften, Eltern-Kind-Beziehungen, Freundschaften, therapeutische Beziehungen) gemeinsam mit anderen Akteuren über eine gewisse Dauer in einem zeitlichen Kontinuum immer und immer wieder anders hervor (siehe im Folgenden). Dieser Sichtweise liegt die tiefere, tröstende, manchmal vielleicht auch erschreckende, ökosystemische Erkenntnis zugrunde, dass wir immer schon ein *gestaltender* Teil des Systems sind, das wir beobachten (Kybernetik zweiter Ordnung; vgl. unter anderem Levold u. Wirsching, 2014, S. 53 ff.; Schwing u. Fryszer, 2006, S. 79 ff.). In einer Beziehung ist es weder möglich, *nicht zu kommunizieren* (Watzlawick et al., 1969), noch möglich, *nicht zu beeinflussen oder zu gestalten*.
7. Wir gestalten Beziehungen nicht nur durch verbale Kommunikationen, sondern ebenso durch leibliche, emotionale und kooperative Kopplungs- und Abstimmungsprozesse. Wir können also vier Ebenen gemeinsamer Beziehungsgestaltung unterscheiden, die sich im Beziehungsleben und -geschehen ergänzen, bedingen und gegenseitig durchdringen (siehe im Folgenden).

Individuum und *Gemeinschaft* (Sperber, 1987) bilden ebenso wie *Geist* und *Natur* (Bateson, 1984) eine *untrennbare Einheit* (Elias, 1976), als Ereignisse und Prozesse sind sie untrennbar aufeinander bezogen und miteinander verknüpft. Die Frage ist: Wie genau und in welchem Rahmen?

4 Eine systemische Theorie menschlicher Beziehungsgestaltung

Den Begriff »Mensch« benutze ich im Folgenden als übergeordneten Begriff, die Begriffe »Individuum«, »Subjekt«, »Person« oder »Akteur« kontextabhängig, um bestimmte Teilaspekte des Menschseins hervorzuheben.

4.1 Beziehungsgestaltung als Ursprung und Triebkraft menschlicher Evolution

Im Verlauf der Evolution erfanden Menschen im Rahmen gemeinsamer sozialer und kultureller Beziehungsgestaltungen immer komplexere Formen der Kooperation und Kommunikation. Diente Kommunikation anfänglich noch weitgehend dazu, im unmittelbaren gemeinsamen Handeln besser zu kooperieren, führte der Prozess der *kulturellen Evolution* schließlich zur Erfindung eines innovativen, *offenen und fiktionalen Sprachsystems*. Diese Entwicklung verlieh dem menschlichen Geist Flügel, revolutionierte die Art der Kommunikationen und hob die Möglichkeiten der Beziehungs- und Umgebungsgestaltung auf ein extrem hohes, schöpferisches Level (vgl. Harari, 2018). Moderne Menschen sind, selbst wenn es ihnen gelegentlich so erscheint, nicht mehr hilflos »ins Dasein geworfen« (Heidegger, 1967), sie entwickeln geistigen, kulturellen und technischen Erfindungsgeist und lernen, ihr Dasein schöpferisch zu gestalten.[170]

Leibliche, emotionale und kooperative Koordinations- und Abstimmungsprozesse spielen zwar weiterhin eine wichtige Rolle, doch schließlich können die Menschen, auf der Basis hoch entwickelter verbaler und mathematischer

---

[170] Ein Gefühl von »Ausgeliefertsein« spielt in der menschlichen Psyche offenbar eine wichtige Rolle, ein Umstand, der leicht zu dem Irrtum führt, »die Verhältnisse« als etwas nicht Menschengemachtes oder Übernatürliches, von wem auch immer Inspiriertes, Gegebenes oder Gesetztes, anzusehen. »Die ›Umstände‹, die sich ändern, sind [aber] nichts, was gleichsam von ›außen‹ an den Menschen herankommt; die ›Umstände‹, die sich ändern, sind die Beziehungen zwischen den Menschen selbst«, schreibt Norbert Elias (1976, S. XX).

Zeichensysteme, mit denen sie sowohl ihren Geist als auch ihre Kommunikationen organisieren, ein enormes Wissen akkumulieren und wissenschaftliche Theorien entwerfen, die eine enorme Hebelwirkung entfalten. Im Anthropozän erreicht diese Entwicklung einen vorläufigen, ambivalenten Höhepunkt.

Darüber wird leicht, nicht nur von Technikfreaks, sondern auch von Sprachphilosophen, Soziologen oder Linguisten,[171] vergessen, wie extrem aufwendig die Lern- und Sozialisationsprozesse sind, die eine *Teilhabe* am geistigen und kommunikativen Geschehen erst ermöglichen. Auch wenn wir von einer neuronalen und genetischen Disposition ausgehen können, müssen Menschenkinder zunächst in ihrer persönlichen Entwicklung durch intensive Prozesse des Bezogenseins (Stern, 1993) und *bezogener Individuation* (Stierlin, 1989) die Entwicklung der Menschwerdung nachvollziehen, um in die besondere sprachliche Infrastruktur (siehe Teil I) eingeführt zu werden, die von *Homo sapiens* vor etwa hunderttausend Jahren erfunden wurde und auf der heute (noch) *alle* Menschen geistig und kommunikativ operieren.

In der Ontogenese vollziehen Menschen, wie Michael Tomasello (2020) überzeugend zeigt, die Phylogenese der Spezies nach, und diese ganz persönliche Menschwerdung ist ein ziemlich komplexes und intensives Geschehen: Eingebettet in basale Beziehungen *differenziert* sich allmählich das persönliche *Selbstempfinden* (Stern, 1993), wird komplexes Einfühlen und *Zweifühlen* (Moreno, 1988), entwickeltes Sprechen sowie Hineindenken in die Welten anderer (Mentalisieren; Fonagy et al., 2004) schrittweise möglich. Erst dieser intensive Lernprozess erlaubt es Menschen, am sozialen, kulturellen und geistigen Leben teilzunehmen und alle Möglichkeiten eines offenen und fiktiven Sprachsystems zu nutzen. Muster und Formen gemeinsamer Beziehungsgestaltung spielen in der Phylogenese und Ontogenese, wie in Teil I detailliert beschrieben, eine überragende Rolle.

4.2 Soziales Zusammenleben, gegenseitige Beobachtung und gemeinsame Beziehungsgestaltung

Im sozialen Zusammenleben sind wir nicht nur Beobachter, sondern Beobachter:innen, die andere beim Beobachten und Gestalten von Beziehungen beobachten – und die anderen tun dies ebenso! Ein Verhalten, das wir bereits bei vielen Säugetieren, besonders bei Menschenaffen, beobachten können.

---

171 Vgl. die Auseinandersetzungen zwischen dem Linguisten Chomsky und dem Entwicklungspsychologen Piaget.

Moderne Menschen erschaffen und organisieren, indem sie sich (a) gegenseitig beim Beobachten und Gestalten von Beziehungen sehr genau beobachten und sich (b) intensiv über Erleben, Beobachtungen und Erfahrungen sprachlich austauschen, sowohl ihren Geist als auch komplexe Muster von Beziehungen, in denen sie sich bewegen und entwickeln.

Daher ist das menschliche Bewusstsein in seiner *Aufmerksamkeit* grundsätzlich sowohl nach innen auf sich selbst als auch nach außen auf die Umgebung(en) gerichtet. Menschen beobachten und gestalten die Muster ihrer leiblichen Organisation – Bewegungskoordination, Empfindungen, Affekte, Gefühle, Gedanken und Motive – ebenso intensiv wie die Muster von Beziehungskonstellationen und -konfigurationen sowie die Ereignisse in ihrer natürlichen Umgebung. Daher ist eine Theorie des Zwischenmenschlichen genau genommen immer auch eine Theorie der Umgebungen.

4.3 Organisationsebenen des Lebendigen

Mit anderen Systemtheoretikern gehe ich davon aus, dass (A) die Natur, von der wir ein Teil sind, als Ganzes ein Kontinuum bildet, das sich (B) in *hierarchischen Anordnungen* organisiert (vgl. Wynne, 1985, S. 115). Das Leben auf der Erde kann daher (C) auf *unterschiedlichen Organisationsebenen* (die ineinander verschachtelt ein Ganzes bilden) beobachtet und verstanden werden. Für eine differenzierte systemtheoretische Sichtweise gilt: (D) Komplexere, übergeordnete Organisationsebenen/systemische Einheiten schließen alle untergeordneten Organisationsebenen/systemischen Einheiten mit ein. Gleichwohl muss (E) jede systemische Einheit auf jeder Organisationsebene als ein in sich organisiertes Ganzes *mit unterscheidbaren qualitativen Eigenschaften und Merkmalen* angesehen werden, obwohl (F) auf allen Ebenen Isomorphien (Ähnlichkeiten) in Dynamiken, Formen und Mustern auftauchen.

Das bedeutet auch, (G) Ereignisse auf einer höheren Organisationsebene können teilweise, aber eben nicht allein (monokausal) auf die Wirkung von Einheiten oder Elementen einer untergeordneten Organisationsebene zurückgeführt oder durch dieses erklärt werden.[172] Ebenso gilt, (H) Ereignisse auf einer untergeordneten Organisationsebene können teilweise, aber eben nicht

---

172 Weil das Ganze mehr ist als die bloße Summe der Teile: »Organe sind also mehr als eine bloße Anhäufung von Zellen, die Person ist mehr als ein Aggregat von Organen und die Familie ist mehr als ein Aggregat von Personen« (Wynne, 1985, S. 115).

allein auf die Wirkung von Einheiten oder Elementen einer übergeordneten Organisationsebene zurückgeführt oder durch diese erklärt werden.

Im Kontext menschlicher Beziehungsgestaltung unterscheide ich allgemein *fünf hierarchisch angeordnete Organisationsebenen* eines zusammenhängenden, vielfach miteinander verflochtenen Ganzen: 1. Ebene: Personensysteme, 2. Ebene: basale Beziehungssysteme, 3. Ebene: Gemeinschaftssysteme, 4. Ebene: Gesellschaftssysteme und 5. Ebene: die Biosphäre (siehe Abbildung 1). In der hier gewählten grafischen Darstellung (Abbildung 1) wird die 2. Ebene (basale Beziehungssysteme, die aus mehreren Personen bestehen) entgegen den üblichen Darstellungen und Erwartungen ganz bewusst in den Mittelpunkt der Aufmerksamkeit gerückt.

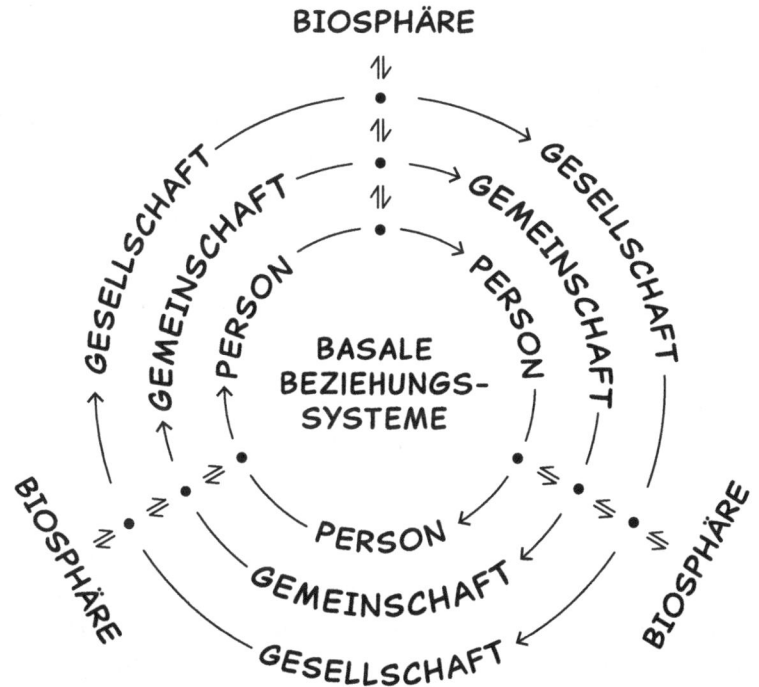

Abbildung 1: Organisationsebenen menschlicher Beziehungsgestaltung

Bei den folgenden Darstellungen und Überlegungen konzentriere und beschränke ich mich weitgehend auf die Ebene 2 (basale Beziehungssysteme), um die Komplexität zu reduzieren und das Wesentliche herauszuarbeiten. Die Aufmerksamkeit soll sich dabei ganz bewusst nicht auf »*eine* Person in ihrer Umgebung« richten[173], sondern auf dyadische und triadische Dynamiken, Formen und Muster von Interaktionen, Kommunikationen und Transaktionen auf der zweiten Organisationsebene. Damit treten die Ereignisse in basalen Beziehungssystemen, die von beziehungsgestaltenden Akteuren hervorgerufen und gestaltet werden, in den Mittelpunkt der Aufmerksamkeit.

Selbstverständlich werden basale Beziehungssysteme in ihrer spezifischen Verfasstheit und Ausgestaltung stark von allen weiteren relevanten Organisationsebenen und damit von spezifischen Kontexten mitbestimmt und beeinflusst. Das sollte, obwohl nicht weiter ausgeführt, immer mitbedacht werden.

Worauf es mir in der Darstellung und im Verständnis besonders ankommt: Die Wahl der Beobachtungsebene/Organisationsebene *basale Beziehungssysteme* schließt die personale Organisationsebene (Entwicklung der Persönlichkeit) mit ein. Denn es gilt: »Im Verlauf von transaktionalen Prozessen machen die am Austausch beteiligten Personen auch einen *inneren* Wandel durch. Alle Teile eines transaktionalen Feldes hängen voneinander ab, jeder beeinflusst alle anderen durch rückläufiges (zirkuläres) Feedback« (Wynne, 1985, S. 120). Im Kontext gemeinsamer Beziehungsgestaltung sind Personen dem Wandel auf der Beziehungsebene zudem nicht nur passiv ausgesetzt, sie sind als beziehungsgestaltende Akteure vielmehr aktive Elemente eines übergeordneten Systems, das sie selbst hervorbringen.

Im Übrigen hebt die Interdependenz im Beziehungssystem die Eigenständigkeit (Autonomie) der Individuen keineswegs auf. Zwar sind alle Personen auf irgendeine Art und Weise untereinander und miteinander verbunden und beeinflussen sich gegenseitig, »trotzdem ist es nicht möglich, dass alle Teile eines Beziehungssystems sich zu gleicher Zeit, in gleichem Ausmaß und in derselben Art wandeln. Deshalb behalten Subsysteme, insbesondere Individuen und Dyaden, notwendigerweise einen gewissen Grad von Losgelöstheit, eigener Identität und Differenzierung, der im Laufe der Zeit variiert« (Wynne, 1985, S. 115).

---

173 Das passiert sehr schnell, z. B. auch in der Darstellung des »sozialen Atoms« bei Moreno (1988; vgl. auch von Ameln et al., 2004; Krüger, 1997), in der das einzelne Individuum in die Mitte gestellt wird.

4.4 Basale menschliche Beziehungssysteme

Das Leben der Menschen vollzieht sich seit Urzeiten in sozialen Systemen, die sich von flüchtig vorübergehenden Interaktionen, Organisationen oder Gesellschaften[174] erheblich unterscheiden: Kleine Gruppen, Familien, Paare, Eltern-Kind-Dyaden oder Triaden oder Freundschaften reproduzieren und entwickeln sich im »gemeinsamen Lebensvollzug« als »intime Beziehungen« (von Schlippe u. Schweitzer, 2016, S. 131), und zwar *dauerhaft*, mit allen Windungen und Wendungen, über eine gewisse Zeit. Solche Beziehungssystem nenne ich, um sie von kurzfristigen Interaktionssystemen zu unterscheiden, *basale menschliche Beziehungssysteme*.[175]

Ich möchte also die Aufmerksamkeit hier auf das richten, was Charles H. Cooley (1909) als »Primärgruppe« bezeichnet hat: »Intime Verbindung und Kooperation von Angesicht zu Angesicht ›in einer nicht durchwegs harmonischen‹, aber immer ›differenzierten‹ und im Allgemeinen kompetitiven Gemeinschaft, die Selbstbehauptung und angemessene individuelle Leidenschaft zulässt, wobei diese Leidenschaften jedoch durch Sympathie sozialisiert werden und im Allgemeinen einer gemeinsamen Gesinnung unterstellt sind« (Cooley, 1909, S. 23, zit. nach Wynne, 1985, S. 116).

Charakteristisch für basale Beziehungssysteme ist ein hoher Grad an Interdependenz, Interferenz und gemeinsam geteilter Geschichtlichkeit zwischen den Personen: Die beteiligten Personen sind über längere Zeit und über Lebensabschnitte hinweg (a) *bedeutungsvoll* füreinander, (b) sie verbringen (mit Unterbrechungen) relativ viel *Zeit miteinander*, (c) sie sind in vielfältigen Formen *gemeinsam aktiv* und (d) sie *beeinflussen* sich dabei *gegenseitig* relativ stark. In der Summe sind Personen in basalen Beziehungssystemen an der gemeinsamen Beziehungsgestaltung in der einen oder der anderen Form relativ stark beteiligt. Basale Beziehungssysteme tauchen als *elementare* soziale Systemeinheiten in allen Gemeinschaften und Gesellschaften auf – und zwar unabhängig vom Stand der Evolution, von der jeweiligen historischen Situation, vom Grad der Zivilisation, von der jeweiligen kulturellen Verfasstheit oder der speziellen Organisation einer bestimmten Gesellschaft.

---

174 Niklas Luhmann (1984) unterscheidet in seiner einflussreichen *Theorie sozialer Systeme* eben diese drei Arten sozialer Systeme. Basale Beziehungssysteme von der Art, um die es hier geht, werden nicht erfasst.
175 Von Schlippe und Schweitzer (2016) verwenden den Begriff »intime Systeme« (S. 131), ein Begriff der, wie ich finde, zu sehr zu Verwechslungen einlädt. Eine ähnliche Definition, wie ich sie hier vorschlage, findet sich im englischsprachigen Raum, allerdings für *Paarbeziehungen*, die dort »Close Relationships« (Kelly, 1983) genannt werden (vgl. Sichart, 2020, S. 13 f.).

Offenbar spielen überdauernde Beziehungssysteme sowohl in der Evolution unserer Spezies als auch in der Persönlichkeitsentwicklung eine überragende Rolle. Ihre Bedeutung für die Kohäsion und Transformationsfähigkeit von Gesellschaften sollte allerdings ebenfalls nicht unterschätzt werden.

Basale Beziehungssysteme sind nicht einfach nur Orte, an denen sich das »allzu Menschliche« in wechselnden Inszenierungen ewig wiederholt. Wir müssen uns basale Beziehungssysteme vielmehr als transgenerationale Entwicklungsräume vorstellen, in denen sich der *Prozess der Evolution und Zivilisation* zeigt und im Detail vollzieht. Basale menschliche Beziehungssysteme sind Orte der Transformation: Dort entwickeln sich über Generationen hinweg psychisches Erleben und gemeinsames Sprechen, und dort werden psychische, soziale und kulturelle Erfindungen, wenn nicht gemacht, so doch weitergegeben und verstetigt. Die Geschichte der modernen Psychotherapie seit Freud beginnt mit dieser Idee.

Eine Theorie der Beziehungsgestaltung mit praktischer Relevanz für Beratung, Therapie, Soziale Arbeit und Gesundheit sollte sich auf soziale Systeme dieser Art beziehen, Beziehungssysteme, die in der Praxis mannigfach und in großer Vielfalt auftauchen: Paarsysteme (vgl. Bleckwedel, 2014), Triaden (Mutter-Vater-Kind, Geschwistersysteme; vgl. Fivaz-Depeursinge u. Corboz-Warnery, 2001), Dyaden (Eltern-Kind, Geschwister; vgl. z. B. Stern, 1998), komplexe Familiensysteme (Bleckwedel, 2008, S. 84–91), andauernde Freundschaften oder überdauernde Kleingruppen.

Basale Beziehungssysteme reproduzieren und entwickeln sich im sozialen Zusammenleben über eine gewisse Dauer in einem zeitlichen Kontinuum. Über längere Zeiträume hinweg können wir extrem komplexe Abstimmungs- und Strukturierungsprozesse beobachten, und zwar sowohl innerhalb der Personen (Persönlichkeitsentwicklung) als auch zwischen den Personen (Beziehungsentwicklung).

4.5 Basale Beziehungssysteme als dynamische soziale Systeme

Soziale Beziehungssysteme der oben beschriebenen Art bezeichne ich als *basale Beziehungssysteme*. Wir können solche Beziehungssysteme als *dynamische Systeme* verstehen und beschreiben, die (a) durch dauerhafte Aneinanderreihungen miteinander gekoppelter Bewusstseinszustände *und* Kommunikationsereignisse mit der Zeit entstehen, die sich (b) in bestimmten Dynamiken und Mustern von Kommunikationen und Beziehungsgestaltungen (erkennbar) zeigen und die (c) wieder zerfallen, wenn Bewusstseinszustände und Kommunikationsereignisse sich disparat entwickeln oder auf andere Art entkoppeln.

Mit anderen Worten, soziale Beziehungssysteme *entwickeln* sich dynamisch, insbesondere aber *geschichtlich,* indem Systemzustände aus vorangegangenen Systemzuständen hervorgehen und sich auf diese beziehen. In einem übergeordneten systemischen Zusammenhang können wir das Beziehungserleben und -handeln mehrerer Personen, die ein basales Beziehungssystem bilden, *und* das, was zwischen den Personen über eine gewisse Zeitdauer geschieht, als Ereignisse in einem gemeinsam geteilten Ereignisraum auffassen. In diesem Ereignisraum können wir unterscheiden:

(A) Mehrere, mindestens aber zwei *Personen,* die als gestaltende Akteure eine Beziehung gemeinsam hervorbringen und gestalten und deren Bewusstseinssysteme sich gekoppelt autonom organisieren und entfalten,

(B) leibliche, emotionale, kooperative und kommunikative Kopplungs- und Abstimmungsprozesse *zwischen den Personen,* die sich auf der Basis gemeinsamer Beziehungsgestaltung organisieren und entfalten,

(C) generalisierte Muster von Beziehungsgestaltungen (Transaktionsmuster; Wynne, 1985), die sich, auf der Basis von (A) *und* (B) über eine gewisse Dauer in einem gemeinsamen geschichtlichen Prozess herausbilden, und, bei allem Wandel, eine gewisse Konstanz und Stabilität aufweisen.

Betrachten wir basale Beziehungssysteme als dynamische soziale Systeme, lässt sich in komprimierter Form feststellen:

1. Personen *und* Personen *und* Abstimmungsprozesse zwischen den Personen *und* generalisierte Transaktionsmuster bilden in basalen Beziehungsgeschehen wechselseitig für einander relevante *Umgebungen,* die sich wandeln, dabei aber eine relative Konstanz aufweisen.

2. Die an einem basalen Beziehungssystem beteiligten Personen entwerfen und gestalten *Umgebungen* in ihrer personalen Innenwelt als subjektive *Umwelten* einerseits (a) selbstbezogen autonom, andererseits im (b) engen Bezogensein mit anderen Personen sowie (c) im Kontext der Kopplungs- und Abstimmungsprozesse *zwischen den Personen.* Die auf diese Weise auf der Basis von Erfahrung subjektiv konstruierten Innenwelten (Umwelten) weisen ebenfalls eine gewisse Konstanz auf, können jedoch verändert und gestaltet werden, und zwar sowohl selbstbestimmt innerlich (ohne Veränderung der Umgebungen) als auch durch veränderte Beziehungserfahrungen (wenn sich die Umgebungen wandeln).

3. *Generalisierte Muster von Beziehungsgestaltungen* bilden sich auf der Basis von sich wiederholenden und voneinander abweichenden Abstimmungs-

und Koordinationsprozessen zwischen den Personen. Sie werden in den Bewusstseinssystemen der beteiligten Personen als *generalisierte Episoden* (Stern, 1993) gespeichert, bleiben jedoch (ebenso wie *generalisierte Muster von Beziehungsgestaltungen*), obwohl sie eine relative Konstanz aufweisen, für Veränderungen offen.
4. Sowohl *generalisierte Episoden* als auch *generalisierte Muster von Beziehungsgestaltungen* können im Beziehungsleben leicht aktualisiert werden.
5. Die relative Konstanz *sozial hergestellter Umgebungen* und *individuell entworfener Umwelten* in basalen Beziehungen begründet die besondere Eigenheit basaler Beziehungssysteme: Sie zeichnen sich durch *Interdependenz, Interferenz* und *Geschichtlichkeit* aus.

Was das im Einzelnen bedeutet, darauf gehe ich nun genauer ein.

4.6 Umgebungen und Umwelten in sozialen Systemen

Was bezeichnen wir als Umwelt, was bezeichnen wir als Umgebung? Diese Frage müssen wir zunächst beantworten, wenn wir uns theoretisch mit menschlichen Beziehungen und menschlicher Beziehungsgestaltung genauer beschäftigen. Für eine Theorie des Zwischenmenschlichen und eine Theorie der Beziehungsgestaltung ist diese Frage eminent bedeutungsvoll, daher möchte ich nun darauf genauer eingehen.

4.6.1 Umgebung und Umwelt – eine fundamentale Unterscheidung

Die Unterscheidung von Umwelt und Umgebung, die von dem Biologen und Zoologen Jakob von Uexküll in seinem Grundlagenwerk »Umwelt und Innenwelt der Tiere« (1909) eingeführt wurde, ist für das Verständnis von Ökosystemen, von Individuen in ihrer Lebenswelt ebenso fundamental wie für das Verständnis sozialer Systeme[176].

Stellen wir uns, mit Jürgen Kriz, eine Sommerwiese vor, wo viele Tiere »in derselben Umgebung [leben] – beispielsweise Ameisen, Blattläuse, Bienen, Spinnen, einige Frösche und Fische im nahen Tümpel und sogar Fledermäuse in der

---

[176] Vgl. Jürgen Kriz (2017, S. 33–47), dessen Überlegungen in Bezug auf Umwelt und Umgebung ich unbedingt teile.

Scheune« (Kriz, 2017, S. 34–35). Bei genauer Betrachtung wird schnell klar, dass keines der Tiere die *Umgebung* genauso wahrnimmt wie ein Tier anderer Art.[177]

Die *Umgebung* ist, wie von Uexküll feststellt, objektiv gegeben, während die Tiere die Umgebung subjektiv – in ihrer inneren »Merkwelt« – als *Umwelt* konstruieren. Allerdings ist die innere Konstruktion von Selbst und Umgebung keinesfalls beliebig, schon aus existenziellen Gründen. Ein Käfer mit dem Orientierungssinn eines Elefanten wird (während er einen Frosch mit einer Fledermaus verwechselt) in seiner Umgebung nicht lange überleben.

Ähnliches gilt selbstverständlich auch für Menschen in sozialen Beziehungswelten. Evident wird die oben eingeführte Unterscheidung zwischen Umgebung und subjektiv konstruierter Umwelt schon dadurch, dass Personen als Beobachter desselben Beziehungsgeschehens (derselben *Umgebung*) offenbar in der Regel sehr unterschiedliche Bilder und Vorstellungen von den Ereignissen – das, was zwischen den Personen passiert, und das, was in anderen Personen vorgeht – entwickeln. Allgemein gilt: »Wir konstruieren unsere Wirklichkeit durch die Art und Weise, wie wir Ordnung in dem Chaos einer uns umgebenden Welt von internalen und externalen Reizen erzeugen. Diese Ordnungsprozesse stützen sich einmal auf innere mentale und affektive Zustände, wie zum Beispiel Angst, zum anderen auf die Verarbeitung von Informationen aus der Außenwelt, deren Komplexität wir reduzieren, um Sinn zu generieren« (Trost, 2018, S. 39).

Für die kommunikative Beziehungsgestaltung unter Menschen ergeben sich aus dieser Überlegung heraus einige Regeln, deren Gültigkeit sich in der Praxis regelmäßig bestätigen:

- Besteht eine Person oder eine Gruppe von Personen darauf, im Besitz der *objektiven* oder *absoluten* Wahrheit (über die Umgebung) zu sein, wird es kompliziert und nicht selten gefährlich (es sei denn alle anderen unterwerfen sich).
- Versucht keine Person oder keine Gruppe von Personen, einen *Konsens* darüber herzustellen, was in der Umgebung vorgeht, wird es ebenfalls schwierig, denn wo es keine (durchaus über kontroverse Kommunikationen hergestellten) *gemeinsam geteilten Hintergründe* (mehr) gibt, verlieren soziale Systeme ihre Kohäsion und lösen sich auf.[178]

---

[177] Keine Umwelt gleicht der anderen, sogar die Wahrnehmung von Zeit und Raum, Formen und Bewegungen kann in den verschiedenen artspezifischen und subjektiven Umwelten unterschiedlich sein (von Uexküll, 1909). Die Umgebung wird von jeder Spezies und jedem einzelnen Subjekt verschieden (in der »Merkwelt«) wahrgenommen und anders (in der »Wirkwelt«) beantwortet.

[178] Vgl. den von L. C. Wynne geprägten Begriff der »Pseudogemeinschaft« (Bateson, Jackson u. Haley, 1969), der eine Familie oder Gruppe kennzeichnet, in der (aus Gründen der Harmo-

- Das gilt in ähnlicher Weise, wenn sich Personen oder Gruppen (in welcher Form auch immer) weigern, an einem Prozess der konsensuellen Annäherung an das, was vorläufig als »wahr« angesehen werden soll, teilzunehmen.
- Soziale Systeme sind, um zu existieren und zu überleben, auf kommunikativen Austausch angewiesen, um zu bestimmen, was sie als vorläufig gegebene, gemeinsam anerkannte Umgebung ansehen wollen, ohne dass jemand oder eine Gruppe einen *absoluten* Wahrheitsanspruch postuliert (vgl. Habermas, 1973, 1999). Zur Umgebung gehören aber die subjektiv konstruierten Bilder (Umwelten), die sich Personen von ihrer Umgebung machen.[179]

Das gilt in Gemeinschaften und Gesellschaften, transkulturell und global, ebenso wie in basalen Beziehungssystemen.

4.6.2 Doppelt resonante Wechselwirkungen in basalen Beziehungssystemen

Aus der klaren Unterscheidung von Umgebung und Umwelt ergeben sich weitere Aspekte, die für menschliche Beziehungen ebenso bedeutungsvoll erscheinen. Die meisten Erkenntnistheoretiker und Kognitionswissenschaftler können sich heute darauf verständigen, dass wir die Umgebungen, in denen wir uns bewegen und die aus Ereignissen bestehen, nicht »objektiv« in uns abbilden, sondern *subjektiv als Umwelten konstruieren*. Wir bilden die Umgebung nicht einfach »eins zu eins« in uns ab, wir stellen die Umgebung in unserer inneren Welt autonom und selbstbezüglich her. Diese subjektiven Konstruktionen werden allerdings auch stark davon beeinflusst, *wie* wir in die Umgebung hineinwirken – von Uexküll nennt dies »Wirkwelt« – *und* welche Feedbacks wir für unser Wirken aus der Umgebung erhalten.

Für zwei Personen in basalen Beziehungen ergibt sich eine zunächst etwas komplex erscheinende, aber durch Erfahrung gut gestützte und nachvollziehbare Situation. Die individuell konstruierten Umwelten der Personen bilden wechselseitig füreinander spezielle Umgebungen, die nur durch gegenseitiges Mentalisieren (Hineinversetzen in die Welt und Weltkonstruktion des anderen) verstanden werden können. Das ist schon anspruchsvoll genug, aber noch nicht alles. Menschen lernen durch komplexe gegenseitige Regulierungserfahrungen in frühen basalen Beziehungen (Stern, 1993), dass nicht nur ihre jeweiligen

---

nie oder Gleichgültigkeit) keine Auseinandersetzungen (mehr) stattfinden.
179 Der Buchtitel »Ich dachte, meine Ehe sei gut, bis meine Frau mir sagte, wie sie sich fühlt« (Napier, 1991) bringt diesen Sachverhalt ganz gut auf den Punkt.

Handlungen, sondern auch ihre (verbalen) Umweltkonstruktionen für den jeweils anderen *bedeutungsvoll* sind (oder werden können). In Beziehungen ist den Beteiligten daher, mehr oder weniger, bewusst, dass die eigene innere Welt (zum Beispiel das Bild, das ich von einem Gegenüber entwerfe) über verschiedene (verbale und nonverbale) Formen der Kommunikation als relevante Umgebung in die jeweilige innere Welt des anderen (wenn auch wiederum in einer ganz eigenen Version) eingeht. Diese Tatsache eröffnet im Raum gemeinsamer Beziehungsgestaltungen ein komplexes Feld gegenseitiger Beeinflussungen sowie von Verstehen und Missverstehen.

Wenn meine subjektiv konstruierte Umwelt deine Umgebung bildet, und deine subjektiv konstruierte Umwelt meine Umgebung, und wir das beide (mehr oder weniger) wissen, dann ergibt sich allein schon daraus eine gegenseitige Beeinflussung, aus der sich gegenseitige (Ver-)Bindungen, Abhängigkeiten und Verantwortlichkeiten ergeben. Die Sicht des einen wirkt in die Sicht des anderen hinein, und das macht mit Sicherheit etwas mit der Beziehung.

Es ist also keineswegs beliebig, *wie* wir die Umgebung als Umwelt in uns konstruieren und wie wir auf diese Art und Weise unsere Umgebung gestalten, und wir »wissen« das. Wir wirken mit unserer Art der *Weltbeziehung* (Rosa, 2016) in die Umgebung hinein und erhalten ein Echo (Willi, 1996) und wir geben das Echo zurück.

4.6.3 In mir und in der Umgebung aktiv – zur Unterscheidung von ICH, NICHT-ICH und WIR

Leider wird der Begriff »Umwelt« als eingebürgerter Begriff in der Regel für das genutzt, was ich hier als »Umgebung« bezeichne. In der Folge wird nicht klar unterschieden zwischen einer Umgebung, die unabhängig von meiner subjektiven Wahrnehmung der Umgebung existiert, und der subjektiven Konstruktion dieser Umgebung. Das halte ich, trotz der weiten Verbreitung des Begriffs »Umwelt«, für keine besonders gute Idee, wenn es um komplexe Themen wie Bewusstsein, Kommunikation oder Beziehungsgestaltung geht. Ungenaues Denken führt hier schnell zu Konfusion oder begünstigt erkenntnistheoretische Irrtümer. Ich bemühe mich daher um eine möglichst klare Verwendung der Begriffe.

Als Umgebung bezeichne ich das, was wir *nicht* (selbst) sind (obwohl wir, auf einer anderen Ordnungsebene, ein Teil dieser Umgebung sind). Diese Unterscheidung ist für *alle* Lebewesen *existenziell* wichtig, um Beziehungen zu und in sich selbst, zu anderen Lebewesen und zur weiteren Umgebung überlebensfähig und passend zu gestalten. »Erst eine kognitive Ich-Du-Unterscheidung ermöglicht Selbstwahrnehmung« (Kurt Ludwig in Levold u. Wirsching, 2014, S. 62), und, so füge ich hinzu, die Wahrnehmung anderer Personen als *eigenständig* und von mir getrennt. Intersubjektives Selbstempfinden und intersubjektives Bezogensein basieren auf dieser fundamentalen Unterscheidung.

Umgebung ist das, was ICH *nicht* bin. *Umwelt* hingegen bezeichnet einen Teil dessen, was ICH bin, nämlich jene Beobachtungen und Resonanzen, die Umgebungen in mir auslösen. Einschließlich der Bilder und Vorstellungen, die ich mir von den Ereignissen in meiner Umgebung mache, und mit deren Hilfe ich Beziehungen zur Umgebung gestalte. Subjektiv konstruierte *Umwelten* stellen also einen spezifischen Bezug zur Umgebung und zu mir selbst her. Es handelt sich um eine jeweils besondere, subjektive Art der *Resonanz* oder *Weltbeziehung*, die Hartmut Rosa (2016) in seiner *Soziologie der Weltbeziehung* für den sozialen Raum detailliert beschrieben hat. Insofern lebe ICH in einer inneren Resonanz-Welt, die nicht die Umgebung ist, von der ich allerdings, auf einer höheren Ordnungsebene (wie bereits erwähnt) ein Teil bin.

Aber das ist nicht alles. In basalen Beziehungen lebe ich, leben wir, das ist unvermeidlich und muss jetzt gesagt werden, aktiv in mir *und* in der sozialen Umgebung. Wir sind also niemals nur teilnehmende Beobachter. Selbst wenn wir nur beobachten und schweigen, wirken wir in die Umgebung hinein, und wir gestalten dabei gemeinsam mit anderen eben jene Entwicklungsräume, die uns, durch die Art und Weise, wie wir Beziehungen gestalten, Resonanz ermöglichen oder die uns »verstummen« lassen (vgl. Rosa, 2016).[180]

4.7 Interdependenz und Interferenz in basalen Beziehungssystemen

4.7.1 Zur Interdependenz von Ereignissen

Betrachten wir zunächst unser Leben und Zusammenleben aus einer größeren Distanz. Als Lebewesen sind wir immer schon Teil eines größeren Zusammenhangs von Ereignissen. Als Menschen unter Menschen bewegen und ereignen wir uns gemeinsam mit anderen Lebewesen in einem riesigen Ereignisraum, den wir Biosphäre nennen. In einer ökosystemischen Perspektive zeigt sich, dass sich alle Manifestationen des Lebens in Zeit und Raum *prozesshaft, gemeinsam* und *interdependent* ereignen. Im raum-zeitlichen Kontinuum erkennen wir: (A) lebende Systeme, die sich (a) von ihrer Umgebung abgrenzen, die sich (b) mit ihrer

---

180 Das gilt im kleinen und im großen Maßstab: Wir erhalten Nachrichten aus der Umgebung über uns selbst, und wir wären gut beraten, sie ernst zu nehmen (vgl. Rosa, 2016).

Umgebung austauschen sowie sich (c) mit anderen Systemen zu größeren oder kleineren Systemen zusammenschließen (z. B. Menschen oder Bäume), (B) die Elemente der jeweiligen Systeme (die wiederum selbst Systeme sein können), mit denen sich Systeme prozesshaft selbst organisieren (z. b. einzelne Zellen, Organe oder Bestandteile von Pflanzen), und schließlich (C) die Beziehungen aller Ebenen, Systeme und Elemente miteinander und untereinander, die sich ebenfalls prozesshaft ereignen. Im Ereignisraum sind *alle Ereignisse* raum-zeitlich aufeinander bezogen, sie beeinflussen sich also, mehr oder weniger direkt oder indirekt, intensiv oder marginal gegenseitig.[181]

4.7.2 Interdependenz in basalen Beziehungssystemen

Zoomen wir etwas näher an soziale Beziehungssysteme heran, erkennen wir, dass sich in der Welt menschlicher Beziehungen daran nichts ändert. Personen *und* Personen *und* gemeinsame Beziehungsgestaltungen ereignen und entwickeln sich im Beziehungsleben ebenso *prozesshaft, gemeinsam* und *interdependent*. Bezogen auf dyadische Beziehungen können wir folgende Phänomene unterscheiden und beobachten: (A) den *individuellen Abstimmungs- und Selbstorganisationsprozess* einer Person X, (B) den *individuellen Abstimmungs- und Selbstorganisationsprozess* einer anderen Person Y sowie (C) den g*emeinsamen Abstimmungsprozess* zwischen den Personen X und Y, der sich als komplexer Prozess gemeinsamer Beziehungsgestaltung verstehen lässt.

Im Ereignisraum gilt nun, in Bezug auf Interdependenz, was Kurt Lewin (1963) in seiner Feldtheorie bereits früh als Idee entwickelt hat: »Die Feldtheorie betrachtet jedes Ereignis als eine Funktion der Beziehungen zwischen vielen interagierenden Kräften. Solche interagierenden Kräfte bilden ein Feld, in dem jedes Teil auf das Ganze, und dieses wiederum auf jedes seiner Teile einwirkt. Es gibt demnach keine isolierten Ereignisse. Die Ereignisse im Feld werden durch das Feld in seiner Gesamtheit bestimmt, wobei manche Teilkräfte zur Figur werden und stärker ins Bewusstsein treten, während andere eher im Hintergrund wirken« (Yontef, 2004, S. 4).[182]

Kurt Lewin – einer der Pioniere der Sozialpsychologie, der Gruppendynamik und der Aktionsforschung und prominenter Vertreter der Gestalttheorie[183] – versteht in seinem feldtheoretischen Ansatz, ausgehend vom allgemeinen Feld-

---

181 Das macht, wie Einstein festgestellt hat, ihre Relativität aus.
182 Genaueres zur Bedeutung und Einordnung einer Theorie sozialer Felder, zu den Gestaltqualitäten sozialer Felder sowie zur Erkundung und Gestaltung sozialer Felder durch Aufstellungen: Bleckwedel (2008, S. 274–280).
183 Zusammen mit Max Wertheimer, Wolfgang Köhler und Kurt Koffka.

begriff Einsteins, unter einem Feld die Gesamtheit gleichzeitig bestehender Tatsachen oder simultaner Ereignisse, die in Raum und Zeit gegenseitig aufeinander einwirken und voneinander abhängig sind (Lewin, 1963, S. 233). Laut Lewin entwickeln soziale Felder eigene Feldkräfte, die auf die Personen im Feld zurückwirken. Deshalb muss jedes psychologische Verstehen die Feldsituation berücksichtigen. Nach Lewin entwickelt sich die komplexe Dynamik sozialer Felder in Verbindung mit der Motivlage der Personen, die sich aus der Verarbeitung des Vergangenen und den Wünschen für die Zukunft ergibt. Handeln ist immer Handeln im Feld. Jede Analyse von Verhalten beginnt daher mit der Untersuchung der Situation, in der Verhalten sich zeigt, wobei die Situation im Feld des Sozialen nicht durch physikalische Beschaffenheiten beschrieben wird, sondern durch Personen und das subjektive, psychologische Erleben derjenigen, die sich in einer Situation befinden. Es scheint mir wichtig zu betonen, dass, geht man mit Lewin von einer Felddynamik[184] aus, Personen soziale Felder hervorbringen und auf soziale Felder einwirken (soziale Felder existieren nicht unabhängig von Personen). Man muss von einer wechselseitigen Beinflussung von Personen und Feldern ausgehen. Personen bringen soziale Felder hervor, während die Feldkräfte auf die Personen einwirken.

Mit Interdependenz ist aber keineswegs alles erklärt und verstanden, was sich zwischen Menschen in basalen Beziehungen ereignet.

4.7.3 Interferenz zwischen Personen

Was sich zwischen Personen im Beziehungsleben ereignet, geht über pure Interdependenz weit hinaus. Um die Austauschprozesse zwischen Personen genauer zu verstehen, müssen wir ebenso von *Interferenzprozessen* ausgehen.

Denn es sind ja nicht nur einfache interdependente Wechselbeziehungen, in denen sich Personen in Beziehungen wie Kugeln gegenseitig »anstoßen« oder »verstören«. Wenn wir, im Sinne Hartmut Rosas, von »*resonanten*« persönlichen Weltbeziehungen (Rosa, 2016) ausgehen, dann ergeben sich im Bereich des Zwischenmenschlichen *doppelt resonante Wechselbeziehungen:* zwei oder mehrere Personen, die sich durch die Art und Weise ihrer subjektiven Weltbeziehung *sowohl* innerlich (gegenseitige Resonanz) *als auch* äußerlich (gemeinsame Kopplungs- und Abstimmungsprozesse) *berühren,* sich also im Sinne »eines genuinen Antwortens« (Rosa, 2016, S. 101) nicht einfach nur verändern, sondern sich gegenseitig *anverwandeln.*

---

184 Die Feldanalogie sollte mit größter Zurückhaltung und ohne Mystifizierung gebraucht werden (vgl. Bleckwedel, 2008, S. 275–277).

In Prozessen gegenseitiger *Anverwandlung* prozessieren und transformieren die beteiligten Personen all das, was sich in ihrer Umgebung ereignet, weiterhin in ihrer personalen Innenwelt (der subjektiven Umwelt), und zwar in autonomen Akten der persönlichen Weltaneignung, *gleichwohl* tauchen, da es sich um einen *gegenseitigen* Prozess der Anverwandlung handelt, Bestandteile der *einen* Innenwelt (Bilder, Episoden, Gedanken, Ideen, Gefühle, Empfindungen) in einer *anderen* Innenwelt auf, und werden dort, als wären es eigene, weiterverarbeitet.

In basalen Beziehungen gilt also: Deine Innenwelt – die Art, wie du Beziehungen gestaltest, zu dir selbst, zu anderen und zur Umgebung – ist nicht (mehr) nur meine *Umgebung*, sie wird durch Akte des genuinen Berührens und Antwortens (Rosa) zu einem Teil meiner eigenen Innenwelt (der subjektiv konstruierten Umwelt in mir), und das Gleiche gilt für dich. Mit dieser Überlegung erklärt sich auch der Schmerz, den Menschen in basalen Beziehungen im Fall von Trennung oder Verlust erleben, aber auch die Freude, die aus der gemeinsamen Erfahrung des wechselseitigen »Antwortens« hervorgehen kann, wenn gegenseitige Resonanz gelingt.[185]

Wenn wir uns nun die beschriebenen Prozesse und Ereignisse in einer kontinuierlichen zeitlichen Abfolge vorstellen, gewinnen wir einen Eindruck von der Dynamik und Komplexität dessen, was zwischen Menschen in basalen Beziehungen geschieht. *Doppelte Kontingenz*,[186] also Zufälle und unvorhersehbare Ereignisse, sorgen in basalen Beziehungssystemen für die nötige Unbestimmtheit und Würze, für Überraschungen, paradoxe Verwicklungen, Abweichungen und Mehrdeutigkeiten, die das Beziehungsleben »verstören«, aber lebendig halten. Gleichzeitig sorgen *doppelt resonante Beziehungen* im Sinne einer *gegenseitigen Anverwandlung* für genügend Erwartungssicherheit, Planbarkeit, Kohäsion, Konstanz und Eindeutigkeit, um das Beziehungsleben zu stabilisieren.

4.8 Geschichtlichkeit in basalen Beziehungssystemen

Eine systemisch-entwicklungsorientierte Perspektive entsteht erst dann, wenn wir die Vorstellung, dass »alles mit allem«, wie auch immer, zusammenhängt, mit der Idee von Geschichtlichkeit verbinden. Auf der pragmatischen Ebene leuchtet die Idee sofort ein, sich die beraterische und therapeutische Praxis als

---

185 Hartmut Rosa (2016) konstatiert als Zeitdiagnose ein »Verstummen der Welt« in der Moderne (S. 515).
186 Vgl. den Begriff der »doppelten Kontingenz« bei Parsons, der besagt, dass sowohl »Ego« als auch »Alter« nicht von vornherein auf bestimmte Handlungsmöglichkeiten festgelegt sind (vgl. dazu auch Luhmann, 1984). In Teil I bin ich ausführlich auf diesen Punkt eingegangen.

Begleitung von individuellen und gemeinsamen Entwicklungsprozessen vorzustellen. Doch was ist mit Geschichtlichkeit genau gemeint?

Ich gehe hier von der These aus, dass sich menschliche Systeme auf allen Organisationsebenen auf jeweils spezifische Art und Weise *geschichtlich* prozessieren und entwickeln – auf der leiblichen und auf der Ebene von Bewusstsein ebenso wie auf der Ebene des Sozialen, des Kulturellen und Gesellschaftlichen. Geschichtlichkeit bestimmt nicht nur Bewusstseinssysteme, Kommunikationssysteme und soziale Systeme, sie verbindet diese. Wie können wir uns das vorstellen? Der Nobelpreisträger Eric Kandel hat Muster und Formen menschlichen Bewusstseins, die auf der Ebene des Bewusstseins Geschichtlichkeit begründen und hervorbringen, auf neurobiologischer Basis entdeckt, erforscht und beschrieben. Beginnen wir also mit der Ebene des persönlichen Bewusstseins.

4.8.1 Schnell verblassende und länger andauernde Musterprozesse

Unsere Gehirne bestehen aus Massen ungeheuer beweglicher und agiler Zellen, die extrem sensible neurobiologische Strukturen und Muster von enormer Plastizität, Elastizität und einer unfassbaren Komplexität hervorbringen, und all das entwickelt sich *permanent,* kompiliert sich, baut sich auf und um und bildet sich *unter dem Einfluss von Erfahrung* in einem ständigen Fluss von Musterbildung neu.

Dabei baut das Gehirn *gleichzeitig* stabile Muster und Prozesse auf, die für Kontinuität und Konstanz sorgen. Erst beides zusammen ermöglicht Leben. Die Pioniertat Eric Kandels besteht ja darin, dass er entdeckte, dass wir über (A) ein *Kurzzeitgedächtnis* und (B) ein *Langzeitgedächtnis* verfügen und dass er zeigen konnte, wie diese unterschiedlichen Systemprozesse auf neurobiologischer Basis arbeiten. Ohne diese neurobiologischen Grundprozesse könnten wir als *geschichtliche Wesen* nicht existieren, oder, aus einer anderen Perspektive betrachtet, diese Grundprozesse begründen unsere *Geschichtlichkeit* als in Zeit und Raum reisende Wesen (siehe Teil I). Wir können uns jetzt, in der Gegenwart, an Vergangenes erinnern oder uns Zukünftiges vorstellen, und unser Gehirn verfügt offenbar *sowohl* über die Fähigkeit des Vergessens *als auch* über die Fähigkeit zum Bewahren von Erinnerungen.[187]

Über diese Fähigkeiten unseres Bewusstseins müssen wir uns nicht wundern, denn genau diese Fähigkeiten brauchen wir als Menschen, um in sozialen Be-

---

[187] Nebenbei bemerkt: Das war Eric Kandels Motivation als Forscher. Als Wiener Jude, der nach seiner Flucht eine neue Heimat in Amerika fand, war es ihm wichtig, die biologischen Grundlagen sowohl des Vergessens als auch des Bewahrens von Erinnerungen genauer zu verstehen.

ziehungen zu leben und diese geschichtlich zu gestalten: *Erinnern* und *Vorstellen*, und der *Austausch* darüber, konstituieren soziale Gemeinschaften und Kulturen.

Besonders bemerkenswert und einleuchtend erscheint der Unterschied zwischen (A) *schnell verblassenden Musterprozessen* (Kurzzeitgedächtnis) einerseits und (B) *andauernden Musterprozessen* (Langzeitgedächtnis) andererseits. Denn genau diese Unterschiede finden wir nicht nur auf der Ebene von Bewusstsein und Denken (Kahneman, 2012),[188] wir finden sie auch auf der Ebene sozialer Systeme und gemeinsamer Beziehungsgestaltung. Dabei geht es auf der Ebene sozialer Beziehungssysteme um das Gleiche wie auf der Bewusstseinsebene: Schnell vorübergehende Muster der Interaktion und Kommunikation sorgen für Flexibilität und Innovation, während länger anhaltende, generalisierte und ritualisierte Muster für Kontinuität und Konstanz sorgen.

Kurzfristige Begegnungen mit Menschen, die wir kaum kennen und vielleicht nicht wieder treffen, können sehr anregend sein, in der Regel *verblassen* sie jedoch recht schnell in unserem Gedächtnis (es sei denn, Situationen sind emotional besonders »aufgeladen«). Sie tragen auch kaum zu einer neuen Musterbildung im Verhalten und in der Gestaltung von Beziehungen bei.

In basalen Beziehungen, also länger andauernden bedeutungsvollen und intensiven menschlichen Beziehungen, ändert sich die Lage. Hier bilden sich in der Regel aus einer *Reihung* von Ereignissen relativ stabile Musterprozesse, und zwar sowohl auf der Bewusstseinsebene als auch auf der Ebene von Abstimmungsprozessen zwischen den Personen.

4.8.2 Situationserleben und generalisierte Episoden

In einer zeitlichen Perspektive folgt in unserer Vorstellung Moment auf Moment. *Gegenwartsmomente* (Stern, 1991, 2010) werden im menschlichen Gedächtnis szenisch und episodisch gespeichert und im menschlichen Bewusstsein ständig dramaturgisch bearbeitet. Schließlich ergeben sich, in der Langzeitbetrachtung, Reihen oder Ketten von Momenten und Episoden, die zu Erzählungen zusammengefügt werden können.

Wiederkehrende Episoden bilden die Basis menschlichen Bewusstseins: Für unser Gedächtnis (Kandel, 2006; Hüther, 2004) sind sie ebenso grundlegend wie für die Entwicklung von Selbstempfinden (Stern, 1993) und Umgebungssensibilität: »Die Grundeinheit des Gedächtnisses ist die Episode, ein kleiner, doch kohärenter ›Block‹ gelebter Erfahrungen [...]. Attribute sind Empfindungen, Wahrnehmungen, Handlungen, Gedanken, Affekte und Ziele, die in

---

[188] Kahneman unterscheidet zwischen *schnellem und langsamem Denken*.

einem zeitlichen, räumlichen und kausalen Verhältnis zueinander stehen [...] ins Gedächtnis scheint die Episode als unteilbare Einheit einzugehen« (Stern, 1993, S. 139 ff.).

Gedächtnis, als Basisfunktion individuellen Bewusstseins, wie es von Neurobiologen (Kandel, 2006, 2012, 2018) beschrieben wird, und die Entwicklung von *Selbstempfinden,* ebenfalls als Basisfunktion individuellen Bewusstseins, wie es von Entwicklungspsychologen (Stern, 1991, 1993, 1998, 2010, 2012) beschrieben wird, entstehen ganz offenbar im sozialen Zusammenleben, im sozialen Bezogensein. Menschliche Bewusstseinssysteme spiegeln also bereits in ihrer grundlegenden Struktur und Prozessorganisation soziale Beziehungserfahrungen. Das leuchtet unmittelbar ein, denn sich wiederholende Situationen (Episoden in der sozialen Umgebung) bilden die Basis sozialer Systeme, während sich wiederholende Bewusstseinszustände (Episoden in der psychischen, selbst konstruierten Innenwelt)[189] die Basis individueller Bewusstseinssysteme bilden.

Wiederholungen, Intensivierungen aber auch *Abweichungen*[190] vom erwarteten Lauf der Dinge sind im Prozess der *Generalisierung* von Episoden[191] besonders bedeutungsvoll. »Im Gehirn wirkt ein entstandenes sensorisches Erregungsmuster umso ›mächtiger‹, je stärker es sich auf andere Bereiche des Gehirns ausbreiten und die dort normalerweise generierten Erregungsmuster überlagern kann« (Hüther, 2004, S. 23).[192]

4.8.3 Vergangenheitsbezug und Zukunftsbezug

Generalisierte Episoden beziehen sich auf die Vergangenheit und bestimmen gleichzeitig, als (bearbeitbare) Schlüsselszenen, die persönlichen Beziehungserwartungen für die Zukunft: »Die generalisierte Episode [...] bezeichnet kein Ereignis, das wirklich einmal geschehen ist [...]. Sie stellt eine Struktur des wahrscheinlichen Ereignisverlaufs dar, die auf unterschiedlichen Erfahrungen beruht. Dementsprechend erweckt sie Erwartungen, [...] die entweder erfüllt oder enttäuscht werden können« (Stern, 1993, S. 142).

Wir *erinnern* uns also einerseits im Drift der Zeit an vorangegangene Momente und Episoden (oder ganze Dramen und Komödien) und andererseits

---

189 Zur Unterscheidung von Umgebung und Umwelt im Ereignisraum siehe weiter unten.
190 Vgl. von Weizsäcker und von Weizsäcker (1984): Fehlerfreundlichkeit, auch bei Bleckwedel (2008, S. 76 f.).
191 Vgl. den Begriff RIGs bei Stern (1993, 141 f.): »Representation of interactions that have been generalized«.
192 Das ist ein ganz normaler Prozess, wird aber bei besonderen Ereignissen, wie Verliebtsein oder Traumafolgestörungen, besonders deutlich.

stellen wir uns, auf dieser Basis, zukünftige Momente und Episoden in der Fantasie vor. Erinnern und Vorstellen sind zwar *Aktivitäten* unseres Bewusstseins in der jeweiligen Gegenwart, dennoch strukturiert und organisiert sich menschliches Bewusstsein offenbar *geschichtlich*. Ohne eine solche Struktur und Organisation zerfällt unser Bewusstsein und löst sich auf. In unserem Denken, Empfinden und Fühlen beziehen wir uns *rekursiv* auf Erlebnisse, Beziehungserfahrungen und Episoden, die in der Vergangenheit liegen, und ebenso *prospektiv* in der Gegenwart auf Erlebnisse, Beziehungserfahrungen und Episoden in der Zukunft, die wir erwarten, befürchten oder uns herbeiwünschen (und entsprechend in unserer Fantasie erschaffen). Soziale Systeme prozessieren und entwickeln sich, ebenso wie Bewusstseinssysteme, in einem Bereich zwischen Vergangenheitsbezug und Zukunftsbezug, und aus dieser Tatsache ergeben sich für beide Systeme sowohl Begrenzungen als auch Möglichkeiten.

4.8.4 Empfinden von Identität und Kohärenz

Die *doppelte Ausrichtung und Verankerung* des geschichtlichen Bewusstseins mit Blick auf die Vergangenheit und in die Zukunft begründet und erklärt die enorme Bedeutung von Identität und Kohärenz nicht nur für das persönliche Empfinden, sondern auch für das gemeinsame Empfinden in sozialen Systemen. Auf was und vor allem *wie* blicken wir zurück? Mit Wohlgefallen oder im Zorn? Was zeigt sich uns am Horizont, und vor allem *wie* blicken wir auf das, was vermutlich hinterm Horizont liegt? Mit Angst, gleichgültig oder mit Hoffnung? Von all dem hängt in einem nicht zu unterschätzenden Maß nicht nur unser aktuelles persönliches und kollektives Wohl- oder Wehbefinden ab, sondern, viel wichtiger, das subjektive und gemeinsame Empfinden von *Identität* (Fukuyama, 2019) und *Kohärenz* (Antonovsky, 1997). Alle diese *Empfindungen* werden von geschichtlichem Bewusstsein erzeugt und getragen. Wer oder wie war ich, wer oder wie bin ich, wer oder wie werde ich sein? Kann ich mich in Vergangenheit, Gegenwart und Zukunft wiedererkennen? Überblicke ich die Situation? Reichen meine Mittel und Möglichkeiten aus, um die Herausforderungen der Zukunft annehmen zu können? Alle diese Fragen sind selbstverständlich auch für Gemeinschaften relevant, für das WIR-Gefühl.

4.8.5 Geschichtliche Bedeutungsrahmung und konkrete Lebensweise

Geschichtliches Bewusstsein (vgl. Kandel, 2012, 2018; Suddendorf, 2014a) entsteht aus Momenten und Episoden, die zu *Erzählungen*[193] werden. Diese Erzählungen enthalten, neben einem Bestand an Wissen und einfachen Handlungsanweisungen, persönlich gefärbte und kulturell geprägte Lebensbezüge und Weltanschauungen. Auf diese geschichtliche Weise erzeugen Bewusstseinssysteme *und* soziale Systeme einen *geschichtlichen Bedeutungsrahmen,* in (oder an) dem sich Personen und Gemeinschaften in ihrer *konkreten Lebensweise* orientieren (können).

Die persönliche Geschichte, die das Bewusstseinssystem erzeugt, hält uns innerlich zusammen und gibt uns ebenso Orientierung wie die Geschichte der Gemeinschaft, in die wir hineingeboren werden, oder die Geschichte der Gemeinschaft, in der wir leben oder in Zukunft leben wollen. Die gemeinschaftliche Geschichte, die wir gemeinsam mit anderen kommunikativ erzeugen und die in das Bewusstsein der Beteiligten eingeht, stellt jenen *gemeinsam geteilten geschichtlichen Hintergrund* (siehe Teil I) zur Verfügung, auf dessen Basis sich Personen in sozialen Systemen in ihrer konkreten Lebensweise – also wie sie in bestimmten Situationen Beziehungen zu sich selbst, zu anderen und zur Umgebung gestalten – *verbinden* können.

4.8.6 Aufbewahrung, Wiederverknüpfung und Wandlung

Alles, was in Beziehungen geschieht, kann vom menschlichen Geist *aufgenommen, mitgenommen* und *umgestaltet* werden. Wie jeder weiß, die psychotherapeutische Literatur ist voll davon, ergeben sich daraus in sozialen Beziehungen sowohl alle möglichen Konfliktsituationen als auch diverse Lösungsmöglichkeiten. Ich beschränke mich hier auf drei eher allgemeine, aber für gemeinsame Beziehungsgestaltung wesentliche Punkte, die sich aus der Tatsache ergeben, dass menschliche Bewusstseinssysteme (a) *innere Szenarien aufbewahren,* (b) *anpassen* und (c) *umwandeln* können.
1. *Lebendige Erhaltung und Fortführung in der Fantasie:*
   Ein inneres Szenario kann »mitgenommen« werden. Damit kann eine Beziehung (die Personen, die Dynamik, das gemeinsam Hergestellte) über weite räumliche oder zeitliche Distanzen hinweg aufrechterhalten und sogar fortgeführt werden, indem das Szenario in der Fantasie lebendig gehalten wird (was natürlich von verschiedenen Faktoren abhängt).

---

193 Komplexe Theorien oder Glaubenssysteme bezeichne ich hier auch als »Erzählung«.

2. *Leichte Wiedereinkopplung und Wiederverknüpfung:*
Begegnen sich die Mitglieder eines basalen Beziehungssystems nach längeren Phasen räumlichen und zeitlichen Getrenntseins erneut, kann die Beziehung durch spontane Wiederbelebung der inneren Szenarien leicht wiederaufgenommen werden. Die Beziehung beginnt nicht »von vorne«, die Personen können sich, auch ohne viele Worte, über die gemeinsam geteilte Erfahrung gemeinsamer Beziehungsgestaltung, die in ihrem Bewusstsein gespeichert sind, in eine Beziehung wieder »einklinken«, wie Puzzleteile, die zusammenpassen. Muster des Erlebens *und* der gemeinsamen Beziehungsgestaltung können leicht aktualisiert werden. Allerdings nur dann, wenn man davon ausgeht, dass die inneren Szenarien nicht verblasst sind, noch (oder wieder) zusammenpassen, und auf beiden Seiten eine innere Bereitschaft besteht, in die alten Muster der Beziehungsgestaltung wieder einzusteigen.
3. *Wandlungsfähigkeit:*
Personen können sowohl in Situationen des sozialen Zusammenseins als auch in Situationen des sozialen Getrenntseins ihre inneren Szenarien bearbeiten und umwandeln. Daraus kann sich sowohl mehr *Differenz* als auch mehr *Passung* zwischen den Personen entwickeln. Im kommunikativen verbalen Austausch (Metakommunikation) ist es möglich, unterschiedliche Bilder der Personen von sich selbst und von Beziehungspartnern sowie Bilder der Beziehung zwischen den Personen zu benennen und zu bearbeiten. Auf diese Weise können sich Beziehungen wandeln und *entwickeln*. Metakommunikation ist allerdings immer mit dem Risiko behaftet, dass Differenzen und Nichtpassungen deutlicher werden und sich nicht wieder (gegebenenfalls auf einem höheren Level) zusammenfügen (lassen). Dieses Risiko besteht allerdings ebenso im Fall von »Nichtsprechen«, nur vollzieht sich hier der Prozess der Entfremdung unter der Oberfläche.

4.8.7 Die Geschichtlichkeit gemeinsamer Beziehungsgestaltungen

Personen in basalen Beziehungssystemen erschaffen sich ihre eigene innere Beziehungswelt und die eigene persönliche Geschichte auf dem Hintergrund gemeinsamer Beziehungserfahrungen. Diese Beziehungserfahrungen werden durch gemeinsame Beziehungsgestaltungen geprägt, die sich über ein zeitliches Kontinuum differenziert entwickeln und eine hohe Komplexität aufweisen. Über einen längeren Zeitraum entsteht, was wir *gemeinsam geteilte Geschichtlichkeit* (vgl. im Folgenden) nennen können. Gemeinsame geteilte Geschichtlichkeit wird zwar stark durch verbalen kommunikativen Austausch bestimmt, sie entsteht und bildet sich in basalen Beziehungssystemen jedoch ebenso auf der

Basis komplexer leiblicher, emotionaler und kooperativer Koordinations- und Abstimmungsprozesse. Die Gesamterfahrung, die *Geschichte gemeinsamer Beziehungsgestaltungen* wird individuell (auf der Ebene der Bewusstseinssysteme) als leibliche, emotionale, kooperative und kommunikative Erfahrung episodisch gespeichert und zeigt sich in Beziehungen in Form generalisierter persönlicher Verhaltensweisen und emotionaler Muster.[194]

Das ist aber noch nicht alles. Die Geschichte gemeinsamer Beziehungsgestaltung zeigt sich in basalen Beziehungssystemen ebenfalls in bestimmten *generalisierten Mustern gemeinsamer Beziehungsgestaltung:* In wiederkehrenden Transaktionsmustern zwischen den Personen, die in *wechselnden* und *unterschiedlichen* Situationen immer wieder auftauchen (können) und im Kontakt leicht (durch bestimmte Auslöser) aktualisiert werden.[195]

Personale Geschichtlichkeit (der persönliche Hintergrund für Beziehungserleben und -handeln) *und* gemeinsam geteilte Geschichtlichkeit (der gemeinsam geteilte Hintergrund für Formen gemeinsamer Beziehungsgestaltung), bedingen und durchdringen sich gegenseitig und bringen sich wechselseitig hervor. Das gilt besonders für basale Beziehungssysteme, in denen sich Menschen über eine gewisse Zeitspanne hinweg immer wieder leiblich und emotional abstimmen, kooperativ zusammenarbeiten und kommunikativ austauschen.

Dieser gemeinsame geschichtliche Prozess wird durch *beziehungsorientierten* verbalen Austausch und *Metakommunikation* (über Beziehung sprechen) auf ein entschieden höheres Level gehoben, und zwar sowohl auf der Ebene des Verstehens als auch auf der Ebene der Gestaltungsmöglichkeiten.

4.9 Dimensionen gemeinsamer Beziehungsgestaltung

In basalen Beziehungssystemen können wir sowohl komplexe Formen und Muster sozialen und kulturellen Miteinanders, der Kooperation und des kommunikativen Austauschs beobachten als auch komplexe Formen und Muster des Selbstempfindens und des Bewusstseins. Alle diese Formen und Muster gehen aus dem Zusammenleben hervor und entwickeln sich im Rahmen gemeinsamer Beziehungsgestaltung.

---

194 Diese können durchaus auf andere Beziehungssysteme mit anderen Personen »übertragen« werden, vgl. die Übertragung von »Bindungsmustern« auf spätere Beziehungen (Bowlby, 1975, 1988).
195 Das gilt sogar nach langen Jahren der Trennung und unabhängigen persönlichen Entwicklung. Ein Phänomen, das sich an familiären Festtagen, wenn Familien nach längerer Zeit wieder zusammenkommen, zwischen Eltern und Kindern oder zwischen Geschwistern zeigt, aber auch bei Paaren nach längeren Trennungsphasen.

Um das komplexe Geschehen in basalen Beziehungssystemen übersichtlich zu ordnen, unterscheide ich vier Dimensionen gemeinsamer Beziehungsgestaltung:

(A) *Die leibliche Dimension gemeinsamer Beziehungsgestaltung,* in der es vor allem um die Synchronisation sinnlichen Erlebens und die Koordination sinnlicher Aufmerksamkeit geht.

(B) *Die emotionale Dimension gemeinsamer Beziehungsgestaltung,* in der es vor allem um die Koordination und Abstimmung individueller Emotionen und Verhaltensweisen geht.

(C) *Die kooperative Dimension gemeinsamer Beziehungsgestaltung,* in der es um die kooperative Zusammenarbeit an gemeinsam geteilten Zielen und gemeinsame interaktive Aufmerksamkeit geht.

(D) *Die kommunikative Dimension gemeinsamer Beziehungsgestaltung:* In dieser Dimension geht es um sprachlichen Austausch, das Empfinden von Gesprächssituationen, gemeinsames Mentalisieren, gemeinsame Sinnerfindung, Metakommunikation, die sprachliche Gestaltung von Lebensweisen, die Verständigung über mentale Ordnungsrahmen und gemeinsam geteilte Hintergründe sowie um gemeinsam geteilte Geschichtlichkeit.

Dabei sollte klar sein, dass im wirklichen Beziehungsleben ab einer bestimmten Stufe der persönlichen Entwicklung immer alle Dimensionen mehr oder weniger beteiligt sind. Im konkreten Beziehungsgeschehen ergänzen, bedingen und durchdringen sich leibliche, emotionale, kooperative und kommunikative Formen der Beziehungsgestaltung auf vielfältige Art und Weise. Alle Dimensionen sind Teil eines umfassenderen Geschehens, das mehr ist als die Summe der Dimensionen und Teilprozesse.

Unterscheidungen mit Bezug auf leibliche Anwesenheit und zeitliche Strukturen

Eine erste Differenzierung der Dimensionen ergibt sich in Bezug auf leibliche Anwesenheit und zeitliche Strukturierung:

(A) Leibliche Koordinations- und Abstimmungsprozesse erfordern einen direkten Kontakt, also die *leibliche Anwesenheit* der Personen an einem Ort und in einem Raum.

(B) Das gilt für emotionale Koordinations- und Abstimmungsprozesse, die sich auf der Basis von (A) bilden, nicht unbedingt, da diese Prozesse sich zwar primär über direkten Kontakt bilden, aber über direkten Kontakt und Gleichzeitigkeit hinausgehen. Wir können diese Prozesse in einem *zeitlichen*

Kontinuum betrachten, in dem sich Situationen des direkten Zusammenseins mit Situationen des Getrenntseins *nacheinander* ereignen.
(C) Für die kooperative Zusammenarbeit an gemeinsam geteilten Zielen ergibt sich mit Bezug auf Anwesenheit und Zeit ein differenziertes Bild. Beim Stillen kooperieren Mutter und Kind *in ein und derselben* Situation im engen leiblichen Kontakt. Ähnliches gilt für ein Konzert: Die Musiker und die Dirigentin sollten möglichst leiblich anwesend sein, denn ein koordiniertes Zusammenspiel, ein guter »Gesamtklang« erfordert neben Notenblättern direkte interaktive Präsenz. Beim Gemeinschaftssport ist es einfach: Ein Fußballspiel findet nicht statt, wenn die Spieler nicht auf dem Platz sind. Die Personen einer Arbeitsgruppe hingegen können sich durchaus, wenn die gemeinsamen Ziele klar sind und die Zusammenarbeit gut orchestriert wird, an unterschiedlichen Orten aufhalten und zu unterschiedlichen Zeiten arbeiten. Ähnliches gilt für Kooperationen in basalen Beziehungssystemen.
(D) Kommunikativer Austausch kann, muss aber nicht unbedingt in Präsenz stattfinden. Rahmungen, Sinn und Geschichtlichkeit können, z. B. durch Verschriftlichung, durchaus auch über weite Strecken und über lange Zeiträume hinweg produziert und entwickelt werden, ohne dass Menschen sich je begegnen. Das geschieht etwa, wenn Autoren andere Autoren zitieren (wenn lebende Philosophen sich mit Plato oder Konfuzius »unterhalten«). Freilich fehlen einer solchen Art der Kommunikation, was die gemeinsame Beziehungsgestaltung angeht, die Dimensionen (A) und (B), und die Dimension (C) bleibt doch recht eingeschränkt (weil Kommunikationspartner nur mehr in der eigenen Fantasie antworten können).

4.10 Die leibliche Dimension gemeinsamer Beziehungsgestaltung

»Jedes kommunikative Ereignis ist gleichzeitig ein Bewusstseinsereignis, ohne Bewusstsein ist Kommunikation unmöglich«, bemerkt Tom Levold treffend (Levold in Levold u. Wirsching, 2014, S. 65). Da aber menschliches Bewusstsein nicht von sinnlicher Aufmerksamkeit (Kandel, 2018) und sinnlichem Erleben getrennt werden kann, ist direkte verbale Kommunikation zwischen Personen ohne Beteiligung der Körper nicht möglich. Ich beginne diese Darstellung daher mit den *leiblichen* Koordinations- und Abstimmungsprozessen *zwischen* Personen, die aus meiner Sicht die Basis menschlicher Beziehungsgestaltung bilden.

Leibliche Formen der Beziehungsgestaltung bestimmen besonders intensiv in frühen Eltern-Kind-Beziehungen unser Beziehungserleben. Später tritt dieses Beziehungserleben[196] in vielen Situationen in den Hintergrund des bewussten Erlebens, was aber keineswegs heißt, dass dieses Erleben verschwindet, durch etwas anderes abgelöst würde oder im Erwachsenenleben keine Rolle mehr spielt.[197] Intuitiv nehmen wir diese Dimension des Beziehungserlebens sehr wohl wahr, und in erotischen Begegnungen oder bei leiblich orientierten Behandlungsmethoden tritt sie wieder in den Vordergrund.

Leiblichkeit, Ausgangspunkt der Freud'schen Theorie und Kernthema der Psychosomatik (R. H. Adler, 2005; R. H. Adler et al., 2011), war immer ein wichtiges Thema der Psychotherapie, wurde aber im Mainstream der Psychotherapie *als Behandlungsform* aus vielerlei Gründen, die hier nicht weiter thematisiert werden sollen, eher randständig behandelt. Seit einiger Zeit findet der *Körper*, unterstützt durch klinische Erfahrung und Erkenntnisse aus Säuglingsforschung und Neurobiologie (Schiepek, 2018) wieder mehr Beachtung.[198]

Aber Körper tauchen im Bereich des Zwischenmenschlichen nicht isoliert auf. Ich hebe daher hier nicht den Körper als solchen oder körperliches Empfinden als solches hervor, sondern die *leibliche Dimension zwischenmenschlichen Geschehens*. Diese Dimension eröffnet sich für Mütter und Kinder (lebensgeschichtlich also für alle Menschen) bereits während der Schwangerschaft und zeigt sich später in leiblichen Koordinations- und Abstimmungsprozessen zwischen Personen: im Berühren, beim Atmen und Lachen, Tönen, Summen, Singen, beim Bewegen und Tanzen – und schließlich im Zusammenspiel von Stimmen, Gesten, Gesichtsausdrücken und Augenbewegungen während der verbalen Kommunikation.

Leibliche Abstimmungs- und Koordinationsprozesse erfüllen im Beziehungserleben und -leben eine zentrale Funktion. Sie bilden nicht nur die Basis menschlicher Beziehungsgestaltung, sondern spielen auch in allen weiteren Formen der Beziehungsgestaltung eine nicht zu unterschätzende Rolle.

---

196 Ähnlich wie die besonderen Empfindungsqualitäten des »auftauchenden Selbstempfindens« (Stern, 1993) im Bewusstsein später in den Hintergrund des Bewusstseins absinken, siehe im Folgenden.
197 Ich gehe hier, ähnlich wie Stern (1993) bei der Herausbildung verschiedener *Bereiche des Selbstempfindens*, nicht von »Stufen« der Beziehungsgestaltung aus, sondern von Dimensionen, die miteinander verbunden sind. Diese Dimensionen treten zu bestimmten Zeiten und in bestimmten Situationen eher hervor oder geraten eher in den Hintergrund.
198 Als kleine Auswahl vgl. unter anderem Storch et al. (2006); Wienands (2014); Schmidt (2005); Harms (2016), Petzold (1985); Pesso und Perquin (2007); Rosa (2016); Beushausen (2002); Bleckwedel (2008), Trautwein-Voigt (2022).

4.10.1 Primäre Co-Existenz

Unsere Welterfahrung beginnt, so formuliert es Winnicott, in einer »psychosomatischen Partnerschaft« (1990, S. 97) zwischen Mutter und Kind. Welterfahrung ist also immer schon zwischenmenschliche Erfahrung. Zwei Subjekte in einem Funktionskreis, »in dem das Verhalten des einen Subjekts unmittelbar in physiologische Vorgänge im Organismus des anderen übersetzt« wird (von Uexküll u. Wesiak, 1988, S. 27): »Körperrhythmen, fließende Gestalten sensomotorischer Korrelationen in engem körperlichem Kontakt zwischen der Mutter und ihrem Kind, sind die Grundlagen des menschlichen Bewusstseins. Zeitmuster, rhythmisch wiederkehrende Formen körperlicher Berührung und Bewegung lebt das Kind im Mutterleib. Geschützt und geborgen in einem pulsierenden, polyrhythmischen Geschehen entwickelt der Embryo seine eigenen Körperrhythmen im Zusammenspiel mit der Mutter: Herzschlag, Atmung, Bewegung und Vibration der mütterlichen Stimme« (Maturana u. Verden-Zöllner, 1993, S. 109).[199]

Auch nach der Geburt geht es zunächst vor allem um die Synchronisation und Koordination leiblicher Rhythmen und wechselnder leiblicher Zustände (Hunger – das Einschießen von Milch). Die interpersonale Erfahrungswelt (Stern, 1991, 1993, 1998, 2010) und die Aufmerksamkeit der Beziehungspartner:innen wird in dieser Zeit besonders von *Vitalitätsempfindungen, amodaler* und *supramodaler* Wahrnehmung bestimmt (Stern, 1993, S. 74–93), in erster Linie bei den Babys, aber eben auch, durch eine *Wiederbelebung* dieser Empfindungs- und Wahrnehmungsformen, bei den Bezugspersonen. »Most of what occurs between parent and infant is body-with-body«, schreibt Downing (2004, S. 443).[200]

4.10.2 Supramodales Beziehungserleben

Als *amodale Wahrnehmung* bezeichnet Daniel Stern (1993, S. 79–82) die angeborene Fähigkeit, Informationen, die in einer bestimmten Sinnesmodalität (Tasten, Schmecken, Sehen) aufgenommen werden, in andere Sinnesmodalitäten (Hören, Riechen) zu übersetzen. Für erwachsene Gehirne klingt es selt-

---

199 Vgl. auch »Pränatale Co-Existenzen«, Franz Stimmer in Bleckwedel (2000a, S. 17–46).
200 Auch leibliche Beziehungsprozesse sind störanfällig. Wenn Bezugspersonen nicht adäquat reagieren (z. B. depressive Bezugspersonen), verändern sich Affektäußerungen und neuromuskuläre Bewegungsmuster von Babys und kleinen Kindern »dahingehend, dass bestimmte natürliche emotionale und körperliche Impulse nicht mehr ausgedrückt werden und sich körperliche Haltungs- und Spannungszustände herausbilden« (Aichinger, 2008, S. 71), die in (späteren) Beziehungen parafunktional sein können. Vgl. auch Harms (2016).

sam, aber wir können hören, was wir sehen, und schmecken, was wir riechen. Wie kann man das erklären? Stern geht davon aus, dass es eine *supramodale Form der Wahrnehmung* gibt, über die wir von Anfang an verfügen und die sich auf abstrakte Eigenschaften der Innenwelt *und* der Umgebung bezieht: Formen, Rhythmen, Frequenzen, Intensitätsgrade, Bewegungsmuster.

Diese Überlegungen führen Stern schließlich zu der Überzeugung, dass Personen oder Teile von Personen in unserem Erleben nicht als *Objekte* (»die gute oder böse Mutterbrust«) auftauchen, sondern als Prozess und Resultat von *Interaktionsereignissen* (der Prozess des Stillens). Unser grundlegendes Erleben in Beziehungen bezieht sich also nicht auf Objekte oder Entitäten, sondern auf das Empfinden von innerer Selbstorganisation, äußerer Umgebungsorganisation und der Beziehung zwischen beidem.

»Als unsere erste Enkeltochter eineinhalb Jahre alt wurde, begann sie, ›Meike‹ oder ›ich‹ zu sagen. Sie grinste dabei verlegen und zeigte auf sich. Lange vorher – und noch lange danach – benutzte sie ein anderes Wort: ›Meiner‹. Begeistert und mit sehr großem M. Nicht nur, wenn sie etwas haben wollte. ›Meiner‹ waren die kleinen Mädchen im Bilderbuch, Babyschaukeln, ein Fahrradkindersitz, die S-Bahn – alles, was sie kannte, benutzte, liebte. Alles, was sie in Beziehung zu sich bringen konnte. Dabei zeigte sie auf den Gegenstand, nicht auf sich selbst. Ich beginne, das ist meine Interpretation, mein Leben als Bündel von Beziehungen zwischen Menschen und Dingen, und eben nicht als Person mit Beziehungen. ›Mein‹ ist nicht, was (zu) mir gehört; ich selbst bin ›Meiner‹. In der Objektsicht, die unsere Kultur auszeichnet, sind Menschen durch ihre Eigenschaften charakterisiert, die wiederum ihre Beziehungen zu Menschen und Dingen bestimmen. Sie entwickeln sich, indem sie die Eigenschaften ändern – und dadurch die Beziehungen und weiterhin vielleicht die Eigenschaften anderer. In einer Prozesssicht hingegen ist Meike nicht einfach eine Person mit Beziehungen, sondern eine Menge von Aktivitäten, die um sie herum geschehen. Während ihres ersten Lebensjahres lernt sie, die Aktivitäten zu gruppieren, zu ordnen und schließlich zu benennen: Mama, Papa, Käse, Hund. Erst später identifiziert sie ein besonders wichtiges Bündel von Aktivitäten: Meiner. Papa und Mama, Hund und Essen und schließlich Meiner tauchen als feste Punkte aus dem Fluss des Geschehens auf, als Inseln zum Ausruhen und zum Aufbrechen zu neuen Unternehmungen. Erst dann lernt sie, dass sie selber ein solcher Punkt ist, der ›Meike‹ oder ›ich‹ heißt. Sie wird selbständig, vergisst ›Meiner‹ und lernt, mit Beziehungen zu jonglieren« (Siefkes, 1997, S. 4).

Im Fluss des Beziehungsgeschehens erleben wir uns als *eine Menge von Aktivitäten, die in uns und um uns herum geschehen.*

4.10.3 Einander berühren: Kontakt, Begrenzung und Austausch

Einander berühren, streicheln, sich aneinanderschmiegen: Der Kontakt über die Haut bestimmt nicht nur die Erfahrung und die Welt von Babys und Eltern. Das gemeinsame Erleben von Berührung spielt auch später im alltäglichen Leben eine zentrale Rolle, besonders sicherlich in erotischen und sexuellen Begegnungen und Allianzen, aber auch beim Trösten oder in diversen medizinischen, leiblich orientierten Behandlungsformen.[201]

Die Haut ist, als unser größtes Organ, *das* Kontaktorgan des Menschen zu seiner Umgebung, mit unendlich vielen sensiblen Verbindungen zum leiblichen Erleben (vgl. Die Macht der sanften Berührung, 2020). Im Kontakt über die Haut synchronisiert sich sinnliches Erleben und wir erleben *Kontakt, Begrenzung und Austausch* unmittelbarer, in körperlicher Form.

Die gemeinsame Organisation und Abstimmung von *Begrenzung* und *Austausch* beobachten wir aber ebenso auf der Ebene emotionaler, kooperativer und kommunikativer Beziehungsgestaltung.[202] Dabei werden Hautmetaphern oft zur Beschreibung von Beziehungserleben benutzt (etwas geht »unter die Haut«).

Hautkontakt kann, je nachdem, als angenehm oder als aversiv erlebt werden. Offenbar hängt das Erleben auch hier von der persönlichen Kontextualisierung einer Beziehung im Bewusstseinssystem ab (spezielle Beziehungserfahrungen, kulturelle Prägungen, die jeweilige Definition einer Situation, persönliche affektive Zuschreibungen).

Im persönlichen Kontakt signalisiert Berührung zunächst einmal *Sicherheit* (Ditzen u. Gaab, 2010). Diese Signale kommen von innen und man kann sie messen (Hautleitfähigkeit, Blutdruck, Herzschlagfrequenz oder Hormonspiegel; vgl. Ditzen u. Heinrichs, 2007).

In *gewollter* gegenseitiger Berührung erleben Menschen Eingebundensein, Geborgenheit und Zugehörigkeit. In Paarbeziehungen wirken Berührungen *stressmindernd*, Ängste lösen sich auf und Gefühle von Sicherheit und Geborgenheit kehren ein (vgl. Ditzen, 2004).[203] Im Fall sexuellen Begehrens (Clement, 2011, 2018) wird Hautkontakt aber auch als *erregend* erlebt.[204]

---

[201] Tut einfach gut und wirkt nach innen: z. B. Massage, Ayurveda, Osteopathie.
[202] Vgl. Bleckwedel (2008, S. 84–91): Begrenzung und Austausch in Familien.
[203] Beate Ditzen, die sich an der Universität Heidelberg besonders mit dem Thema Berührung beschäftigt, hat dies für *Frauen* in Beziehungen nachgewiesen (Ditzen, 2004). Ich nehme allerdings an, dass die Ergebnisse auf *alle* Menschen in (Paar-)Beziehungen übertragbar sind, unabhängig von Genderzugehörigkeit, Weltanschauung oder ethnischer Einordnung.
[204] Eine Widersprüchlichkeit im Erleben, die in Paarbeziehungen, halten sie länger an, keine geringe Rolle spielt (vgl. Clement, 2011, 2018).

In *ungewollter* (einseitiger) Berührung, wenn *Grenzen* überschritten werden, können Menschen allerdings auch, wie die Traumafolgeforschung in Bereichen wie Missbrauch oder Folter eindrücklich zeigt, erheblichen traumatischen Stress erleiden: Dann signalisiert Berührung *Gefahr*, die als Überwältigung unmittelbar und massiv körperlich und auf allen Ebenen des Bewusstseins erlebt wird (und dissoziative Phänomene auslösen kann).

Ganz allgemein gilt: Die Signale des Körpers, die wir in Beziehungen erleben, können auf einer nicht sprachlichen leiblichen Ebene sehr lange gespeichert werden und die persönliche Beziehungsgestaltung nachhaltig beeinflussen.

Wohlbefinden, Missempfindungen und Schmerz, Sicherheit und Gefahr, Lust und Angst, Dominanz, Unterwerfung und Gleichstellung (sowie Mischungen aus alldem): Die verschiedenen Bedeutungen von gegenseitiger Berührung spiegeln sich deutlich in erotischen und sexuellen Begegnungen und Allianzen wieder. Im Bereich von Erotik und Sexualität zeigt sich die ganze Diversität möglicher Beziehungsformen und Beziehungsgestaltungen. Einen ausgezeichneten Ein- und Überblick gibt Volker Sigusch (2013) in seinem Standardwerk über sexuelle Beziehungen.

4.10.4 Tönen, Summen, Singen – stimmliche Abstimmung und stimmlich erzeugte Resonanzbeziehungen

Hörend kam die Welt schon vorher zu uns, doch dann ist es irgendwann so weit, nach unserer Geburt befreit sich unsere Stimme und erklingt im Raum. Vielleicht ist das schockierend, aber wenn alles gut geht, wird eine »Mutter« da sein, deren bereits vertraute Stimme wir hören, die wir riechen, die wir ertasten, deren Brust wir finden und deren Milch wir schmecken können. Die ersten Findungsprozesse verlaufen eher intuitiv, genauer betrachtet handelt es sich um hoch komplexe Kopplungs- und Abstimmungsprozesse, in denen sich allmählich, wenn die Beziehungsaufnahme gelingt, durch viele Wiederholungen, eine *tragende Beziehung* herausbilden kann (Stern, 1991), in der sich bei beiden Personen (auf unterschiedlichem Niveau) jenes Urvertrauen bestätigt und erneuert, das wir alle aus dem Leib der Mutter mitbringen.

In diesem Prozess spielt, mit dem Fortschreiten der Zeit, stimmliche Abstimmung – gemeinsam tönen, lautieren, summen und singen – eine wichtige Rolle (auch als frühe Vorbereitung des Stimmorgans auf das Sprechen). Das Hören einer Stimme beginnt, wie Bernhard Waldenfels schreibt, »als schweigendes Mittönenlassen der gehörten Stimme. Diese Verdopplung, die den bloßen Rollenwechsel von Sprechen und Hören unterläuft, kann man geradezu in die Definition der Stimme aufnehmen« (Waldenfels, 2007, zit. nach Rosa, 2016, S. 111).

Die von »Stimme[n] gestifteten Resonanzbeziehungen erweisen sich wiederum als doppelseitig zwischen Leib und Seele einerseits und zwischen Subjekt und Welt andererseits aufgespannt«, schreibt Hartmut Rosa (2016, S. 111) in einer schönen Formulierung. In dem hier favorisierten erweiterten Kontext können wir also sagen, dass stimmliche Abstimmungen zwischen Personen, in der die jeweiligen Stimmen im anderen leiblich mittönen,[205] *mehrfach doppelseitige Resonanzen* erzeugen.

Wir erleben das ganz unmittelbar beim gemeinsamen Singen und Musizieren. Dazu schreibt Rosa: »Wer sich daran beteiligt, erfährt in den gelingenden Momenten eine ›Tiefenresonanz‹ zwischen seinem Körper und seiner mentalen Befindlichkeit zum Ersten, zwischen sich und den Mitsingenden zum Zweiten sowie die Ausbildung eines kollektiv geteilten physischen Resonanzraumes [...] zum Dritten« (Rosa, 2016, S. 111 f.). Dieser leiblich-physische Resonanzraum kann auch ein Publikum erfassen und in seinen Bann ziehen.

Ein Resonanzzusammenhang ergibt sich aber auch für Sprechende und Hörende. Jeder kennt das, in dem einen Fall sind wir gelangweilt und nicht berührt, in einem anderen Fall folgen wir gebannt und innerlich beteiligt der Rede eines Menschen, und zwar relativ unabhängig vom Inhalt. »Diese Differenz ist ganz offensichtlich die Differenz zwischen einer Situation, in der sich ein Resonanzverhältnis zwischen den beiden Parteien eingestellt hat, und einer resonanzfreien Interaktion, bei der die wechselseitige Berührung und Synchronisation nicht gelingt« (Rosa, 2016, S. 113).

Neben der inhaltlichen Seite der Kommunikation erweist sich die klangliche Abstimmung, die prosodische Vokalisation (Porges, 2012), in Gesprächen offenbar als ein wichtiger Faktor (der Ton macht die Musik). In der Stimme drücken sich persönliche Gestimmtheiten (innere Zustände) aus, die, von Situation zu Situation, von Beziehung zu Beziehung, wechseln können. Sprechenden, deren Stimme und Gestimmtheit uns, attraktiv oder aversiv, berühren, hören wir anders zu als Sprechenden, deren Stimme und Gestimmtheit uns weniger berühren. Vielleicht hängt ein *gutes Gespräch* mehr vom Zusammenklang der Stimmen ab, als uns gemeinhin bewusst wird.

4.10.5 Raumempfinden, Bewegungskonturen und habituelle Beziehungsgestaltung

Raumempfinden und räumliche Erlebnisqualitäten basieren, ebenso wie szenisches Verstehen und Erleben, auf einem Phänomen, das Leibniz *coup d'oeil*

---

205 Rosa bezeichnet den Körper treffend als *Resonanzorgan* (2016, S. 129).

nennt. Damit ist unsere Fähigkeit gemeint, intuitiv eine Totalität, einen Gesamtzusammenhang zu erfassen. Wir betreten einen Raum mit Menschen und spüren, hier ist es gut oder hier lauert Gefahr, obwohl wir weder den Ort noch die Menschen kennen, also »rational« gar nicht wissen können, ob es so sein könnte, wie wir intuitiv annehmen.

Natürlich ist eine solche Art der intuitiven Wahrnehmung ungenau und störanfällig, und doch bestätigen die Ergebnisse der Säuglingsforschung und Neurobiologie die Idee von Leibniz. Menschen erleben nicht nur körperliche Bewegung im Raum, sondern erfassen und empfinden, neben dem räumlichen Ambiente, intuitiv auch Anordnungen und Konfiguration von Personen im Raum.

Diese Art von Empfinden und Erleben ist eng verknüpft mit prägenden Beziehungserfahrungen und dem gemeinsamen Gestalten von Beziehungen. Nicht umsonst spielt die Metaphorik des Raumes (König, 2004) in vielen sozialen und psychologischen Beschreibungen (Nähe und Distanz, am Rand oder in der Mitte, oben oder unten, eng oder weit) und in allen bildlichen und dramatischen Formen der Darstellung menschlicher Beziehungen eine überragende Rolle. Im Raum erfahren wir uns als eine Menge von Aktivitäten, die in uns und um uns herum geschehen. Das ist keineswegs esoterische Einbildung, denn es gibt eine Psychophysiologie des Raumempfindens, die zu unserer leiblichen Grundausstattung gehört und eng mit unserem Beziehungserleben verbunden ist.

4.10.6 Erleben und Beobachten von Aktivierungskonturen

Während wir uns im Raum bewegen, z. B. beim Tanzen, erleben wir Verschiebungen und Veränderungen von *Ablaufmustern* in uns selbst und in unserer Umgebung. Diese Verschiebungen und zeitlichen Veränderungen von Ablaufmustern bezeichnet Stern (1993, S. 84 ff.) als *Aktivierungskonturen*. Sie werden erlebt und zeigen sich gleichzeitig nach außen als typische oder charakteristische Bewegungsmuster von Personen. Eine Person bewegt sich lethargisch, eine andere bewegt sich dynamisch und kraftvoll, eine andere heiter und gelassen durch den Raum. Offenbar sind wir in der Lage, solche Aktivierungskonturen nicht nur bei uns selbst zu empfinden, sondern auch bei anderen (a) *wahrzunehmen*, (b) (unterbewusst oder bewusst) innerlich *nachzuahmen* (Spiegelneuronen) und (c) im Erleben *nachzuempfinden* sowie (d) Personen (an ihrem Gang) oder Gestimmtheiten (an bestimmten Aktivierungskonturen) bei unterschiedlichen Personen *wiederzuerkennen*.

Das Konzept der Aktivierungskonturen ist vor allem deshalb interessant, weil Aktivierungskonturen als abstrakte Empfindungseinheiten auf völlig unterschiedliche Ereignisse und Ebenen bezogen werden können. Zum Beispiel kann sich die Aktivierungskontur *Woge* auf ein inneres Ereignis, den Ansturm von Gefühlen und Gedanken oder ein äußeres Ereignis, z. B. den Ansturm einer Menschenmenge, beziehen. Dabei können diese Ereignisse psychologisch unterschiedlich erfahren und interpretiert werden. Eine Woge kann Euphorie bedeuten (Surfen) oder Panik auslösen (Tsunami). Ein *Bad in der Menge* kann erfrischen oder beängstigen. In jedem Fall bilden Aktivierungskonturen die Grundlage für metaphorisches Raumerleben in sozialen Situationen, und damit auch für gemeinsame Beziehungsgestaltungen.[206]

4.10.7 Soziale Räume als Beziehungsräume

Wer sich mit anderen in einem Raum bewegt – auf der Tanzfläche, in einer Küche, im Büro, auf einer Party, auf einer Bühne, in einem Therapieraum oder auf dem Sportplatz – stellt schnell fest: *Neutralität im sozialen Raum ist eine Illusion.* Zwangsläufig, schon durch die Art, wie wir uns leiblich verorten und im sozialen Raum positionieren, beziehen wir im Geflecht der Konstellationen und Konfigurationen von Personen im Raum irgendeine Position, und diese Positionierung definiert Beziehungen zu anderen Personen. Ob wir wollen oder nicht, wir beeinflussen das Geflecht von Beziehungen, in dem wir uns bewegen. Am Rand oder mittendrin: Soziale Räume sind *Beziehungsräume* und *Gehirne sind Beziehungsorgane* (Fuchs, 2008), weil wir beziehungskalkulierende Wesen sind (Humphrey, 1997; siehe Teil I).

Das wird noch deutlicher, wenn wir nicht nur Position und Stellung berücksichtigen, sondern auch Haltungen und Bewegungen von Personen im Raum (vgl. auch Fuchs, 2000). Wer einmal das Glück hatte, um fünf Uhr nachmittags einen Platz in einem Café am Rand einer italienischen Piazza zu ergattern, und, wenn alle auf den Platz strömen, in Ruhe das nun folgende Treiben zu beobachten,[207] der wird der *Habituskonzeption* Pierre Bourdieus (1982, 1987) mit Sicherheit sofort zustimmen.

---

206 In der Arbeit mit szenischen, psychodramatischen Methoden (vgl. unter anderem Bleckwedel, 2008; von Ameln et al., 2004; Moreno, 1988) spielen diese Zusammenhänge eine wichtige Rolle. Phänomene und Effekte szenischen Arbeitens (die zunächst verblüffend und »unerklärlich« erscheinen) lassen sich mit Erkenntnissen aus der Säuglingsforschung und Entwicklungspsychologie (Stern, 1993) gut erklären. Die Arbeit mit Aufstellungen beispielsweise aktiviert supramodale Wahrnehmung und das bewusste Erleben von Vitalitätsaffekten (die eher vage und unbestimmt sind und sonst weitgehend unterbewusst bleiben). Hilfs-Ichs oder Stellvertreter erleben im szenischen Spiel, ganz besonders aber in Aufstellungen, eine besondere Metaphorik des Raumes über Aktivierungskonturen, die sich auf die Konfiguration der Personen im aufgebauten Beziehungsraum beziehen.
207 Es könnte aber genauso ein anderer Ort sein, an dem Leute auf- und abgehen.

Die Art zu stehen, die körperliche *Haltung* (die Körperspannung, die Art, den Kopf zu halten und zu bewegen, Blickrichtung und Augenbewegungen), die Art, sich *durch den Raum zu bewegen* (raumgreifend, schüchtern zurückhaltend, kühn, bedächtig), all das drückt nicht nur aus, wie eine Person gerade da ist, in welcher Stimmung, mit welcher Haltung, Einstellung und Erwartung gegenüber der Welt. Es zeigen sich auch biografische Erfahrungen sowie *gendercharakteristische,*[208] *kulturelle* und *statusbezogene*[209] Eigenheiten, die sich in körperlicher Haltung und Bewegung ausdrücken und in den sozialen Raum hineinwirken.

4.10.8 Habituelle analoge Beziehungsgestaltung

Körperausdruck, Haltung, Bewegungsmuster, Mimik, Gesten, Stimme, Blick und Ausstrahlung – aus all dem schließen wir intuitiv auf Status, Befindlichkeit und Absicht von Interaktionspartnern und reagieren auf eben dieser Ebene. Beobachten wir zwei oder mehrere Personen in einer gemeinsamen Szene, dann wird schnell klar, dass die Personen durch ihren jeweiligen Habitus, den sie, in einer *sozialen Situation aufeinander bezogen,* einnehmen, ihre Beziehung zueinander definieren und damit gestalten. Dabei kann der Habitus einer Person sich durchaus situationsbezogen und kontextabhängig verändern. Das kann in passender oder in unpassender Form geschehen, was wiederum dramatisch, aber auch sehr komisch wirken kann.

In jedem Fall bestimmt die habituelle, analoge Form der sozialen Abstimmung und Beziehungsgestaltung unser Erleben und unser Verhalten in Beziehungen weit mehr, als uns in der Regel bewusst wird, obwohl wir diesen Umstand aus einer gewissen Distanz heraus, indem wir uns in die Position des aufmerksamen Zuschauers begeben (im Theater, im Kino), sofort erkennen.

4.10.9 Gegenseitiges soziales Engagement und vegetative Regulation (Polyvagal-Theorie)

Der Neurowissenschaftler Stephen Porges (Porges, 2001, 2012; Porges et al., 2021) beschäftigt sich im Rahmen seiner Polyvagal-Theorie detailliert mit der Evolution, dem Aufbau und der Funktion des vegetativen (autonomen) Nervensystems bei Säugetieren und Menschen. Porges' Theorie erweitert und vertieft

---

208 Unbedingt lesenswert: Iris Marion Young (1993).
209 Herrinnen und Herren bewegen sich im öffentlichen sozialen Raum anders als Knechte und Mägde, was sich allerdings in bestimmten Situationen (Rebellion, Aufruhr) schnell ändern kann. Es kommt eben auf den Kontext und die Situation an: Fürsten verhalten sich gegenüber Königen untertänig, und Könige können bei proletarischen Kurtisanen zu Dienern werden.

vor allem das Verständnis des Zusammenhangs von vegetativem Nervensystem und sozialem Engagement; sie ist damit nicht nur für die Praxis der modernen Traumatherapie (Porges u. van der Kolk, 2010) bedeutungsvoll, sondern für *jede* Form professioneller und alltäglicher Beziehungsgestaltung.

Porges unterscheidet drei phylogenetisch nacheinander entstandene, eng aufeinander abgestimmte und miteinander gekoppelte *neurale Regulationssysteme,*[210] die als Ganzes dafür sorgen, dass Säugetiere ihre Anpassung an (a) sichere, (b) gefährliche oder (c) lebensbedrohliche Umgebungsbedingungen (Porges, 2012) situationsangemessen *regulieren*[211] können.

Theoretisch erweitert Porges die Sichtweise in zwei wesentlichen Punkten: (1) Das vegetative Nervensystem von Säugetieren *reguliert* sich sowohl (a) *leibbezogen,* indem es sich auf sich selbst bezieht, als auch (b) *umgebungsbezogen,* indem es die Umgebung ständig bewusst und unterbewusst erforscht (auf Chancen und Risiken hin untersucht). Diese Art der (empirisch gut nachweisbaren) doppelt ausgerichteten Regulation bezeichnet Porges als »Neurozeption«. Und diese Neurozeption ist immer schon eingebettet in soziale Beziehungen. (2) Denn wenn wir zwei Individuen in Interaktion beobachten, die gegenseitig füreinander Umgebungen bilden – zwei Säugetiere im Spiel, zwei Menschen im Gespräch – dann wird deutlich erkennbar, dass die vegetativen Regulationsmechanismen der Beteiligten und ihre sozialen Regulationen in einem engen wechselseitigen Zusammenhang stehen. Soziale Beziehungsgestaltungen und leibliche Neurozeptionen bedingen und beeinflussen sich gegenseitig.

Porges lenkt die Aufmerksamkeit nun darauf, dass Säugetiere und Menschen (als speziell entwickelte Säugetiere) in vielen Situationen gemeinsam untereinander Sicherheit[212] herstellen, indem sie sich (wiederholt) von *Angesicht zu Angesicht* mimisch und gestisch Sicherheit signalisieren. Diese Art der Beziehungsgestaltung (der sichernden affektiven Rahmung, vgl. Welter-Enderlin u. Hildenbrand, 1998) geht, Porges kann das differenziert zeigen, phylogenetisch aus der Evolution der Säugetiere hervor und etabliert schließlich (als neurobiologisch angelegtes Beziehungsmuster), was Stephen Porges *Social*

---

210 Porges (2001) unterscheidet ein (a) ventrales und (b) dorsales Vagussystem als Teil des parasympathischen Nervensystems sowie (c) das symphytische Nervensystem. Gekoppelt und verschaltet sind, neben allen Sinnen, unter anderem Gesichts-, Atem- und Herzmuskulatur, Muskeltonus, Pulsschlag, Herzfrequenz, Hormonspiegel.
211 Im Sinne einer »phylogenetisch geordneten Antwort-Hierarchie« (»phylogenetically-ordered response hierarchy«; Porges, 2012). Vereinfacht formuliert: (A) Sicherheit triggert *Beruhigung/ Öffnungs-Hinwendungs-Zuwendungs-Bewegungen/kooperatives Verhalten,* (B) Gefahr triggert *Erregung/Schutz-Abwehr-Flucht-Reaktionen/Kampfverhalten,* (C) lebensbedrohliche Situationen triggern *Dissoziation/Todstellreflexe/Erstarren/Einfrieren.*
212 Sichere Umgebungsbedingungen, die körperlich erlebt und sozial erfahren werden.

Engagement System[213] nennt: ein komplexes System gegenseitiger leiblicher und sozialer Regulation, das es den Beteiligten erlaubt, leibliche *Mobilisierung* und *Immobilisierung*[214] angenehm intensiv, doch weitgehend angstfrei und unverletzt zu erleben.[215] Das System sozialen Engagements setzt allerdings voraus, dass (a) Hin- und Zuwendungen sozial positiv gedeutet werden und dass (b) Offenheit und Verletzlichkeit nicht ausgenutzt werden (etwa durch einen unvorhergesehenen grenzüberschreitenden Angriff). Das System ist also selbst störbar und umso verletzlicher, je abhängiger Beteiligte sind und je vertrauensvoller sich eine Beziehung entwickelt.[216]

In jedem Fall zeigen die Beobachtungen von Porges eindrücklich, dass und wie Säugetiere soziale Beziehungen nutzen können, um Aggression *(Erregung/Schutz-Abwehr-Flucht-Reaktionen/Kampfverhalten)* zu dämpfen und Zugewandtheit zu intensivieren *(Beruhigung/Öffnungs-Hinwendungs-Zuwendungs-Bewegungen/kooperatives Verhalten)*.[217] Die Evolution stellt demnach *ein sich selbst organisierendes Prinzip zur Verfügung* (Porges 2012, Vortragsmitschnitt und PPT-Slide):[218] Während neurale Regulation soziales Verhalten ermöglicht, ermöglicht soziales Verhalten eine sich ausdifferenzierende neurale Regulation.

Das *Social Engagement System* erweist sich als ein komplexes System höherer Ordnung, in dem sich leibliche Regulationen (von Individuen, die sich in einer Beziehung koppeln) und soziale Regulationen zwischen den Individuen *gegenseitig regulieren*. Dieses komplexe System leiblicher und sozialer Regulation ermöglicht positives soziales Engagement, es stärkt das Gemeinschaftsgefühl, erzeugt Freude und begünstigt die Entfaltung kreativer Potenziale. Gelingende Regulationen fördern Gesundheit, Entwicklung, Resilienz und soziales

---

213 Dieses System funktioniert sogar zwischen Menschen und Hunden, Menschen und Delfinen oder Eisbären und Hunden.
214 Damit sind sowohl körperliche Zustände als auch Verhaltensweisen gemeint.
215 Und zwar sowohl im Selbsterleben als auch in der Beobachtung anderer!
216 Die Resilienz des Systems gegenseitigen sozialen Engagements zeigt sich eindrücklich in Eltern-Kind-Interaktionen: z. B. das *Face-to-Face Still-Face Procedure* (mit den Phasen zwei Minuten soziales Spiel, zwei Minuten erstarrtes Gesicht, zwei Minuten Spiel), siehe Video: https://www.youtube.com/watch?v=apzXGEbZht0.
217 In Akten gemeinsamen Spiels lernen und üben Säugetiere (und Menschen), sich im Wechsel einerseits vegetativ zu *mobilisieren*, ohne andere zu verletzen, und andererseits vegetativ zur Ruhe zu kommen, sich also *immobilisiert* in Beziehungen wohlzufühlen. Wir können das bei vielen unterschiedlichen gemeinsamen Aktivitäten beobachten. Nach dem Spiel gehen Leute gemeinsam duschen. Nach »scharfer« Debatte begegnen sich die Beteiligten weiterhin respektvoll, ohne in Gekränktheit zu verfallen.
218 »Evolution provides an organizing principle to understand neural regulation of the human autonomic nervous system as an enabler of sozial behavior« (Porges, 2012, Vortragsmitschnitt und PPT-Slide).

Verhalten, und unter günstigen Bedingungen entsteht Sicherheit, Nähe, Kontakt und Bindung.

Selbstverständlich sind Systeme gegenseitigen sozialen Engagements störanfällig.[219] Probleme und Störungen zeigen sich, wenn Personen (warum auch immer) *unter günstigen Bedingungen* Schwierigkeiten haben, sich im Kontakt mit anderen sicher zu fühlen, mit anderen Nähe zu teilen, andere zu berühren oder von anderen berührt zu werden oder vertrauensvolle soziale Beziehungen aufzubauen und zu halten. Und es gilt auch: Gut eingespielte und funktionierende Systeme gegenseitigen sozialen Engagements können, werden sie empfindlich gestört, heftig reagieren, sie erstarren, zerfallen oder verkehren sich in ihr Gegenteil.[220]

In jedem Fall bestehen produktive menschliche Beziehungen (ebenso wie das Spiel der Säugetiere) aus *dynamischen reziproken Interaktionen* (Porges, 2012), in denen sich die neuralen Regulationskreisläufe der beteiligten Individuen entfalten und in ihrer Flexibilität und Intensität entwickeln können. Das *System gegenseitigen sozialen Engagements* als übergeordnetes Regulationssystem ist selbst ein dynamisches System, das fundamental auf Gegenseitigkeit beruht und sich evolutionär und lebensgeschichtlich weiterentwickelt, wobei die Prinzipien des Beziehungsaufbaus und die grundlegenden Muster einer sichernden Beziehungsgestaltung gleich bleiben: (A) Kontaktaufnahme und wiederkehrende Sicherung durch *Zuwendung* von Angesicht zu Angesicht (soweit akzeptabel), (B) dynamische reziproke Interaktion und gemeinsame Abstimmung zwischen *Hin- und Abwendungen* (Autonomie und Bindung), (C) flexibler Wechsel zwischen *Mobilisation* und *Immobilisation* sowie (D) prosodische Vokalisationen und (auf einem entwickelten Niveau) wertschätzende Kommunikation, um mögliche Abwehrreaktionen gegen Zuwendung, Nähe und Berührung weitgehend zu dämpfen oder zu beruhigen und gegenseitiges soziales Engagement zu ermöglichen.

---

219 Mit dem Grad der Komplexität steigt die Störanfälligkeit dynamischer Systeme.
220 Im Extremfall wandeln sie sich zu »hochstrittigen« Systemen gegenseitiger Zerstörung. Die zentrale therapeutische Überlegung lautet daher: In beiden Fällen wird eine umsichtige und behutsame therapeutische Beziehungsgestaltung besonders wichtig: Zunächst muss ein sichernder, haltender Beziehungsrahmen etabliert werden, erst dann kann soziale Unterstützung und »Entstörung« auf körperlicher, mentaler oder kommunikativer Ebene effektiv wirksam werden.

4.10.10 Synchronisation von Aufmerksamkeit: das Zusammenspiel von Blicken, Gesichtsausdrücken und Augenbewegungen

4.10.10.1 Individuelle Aufmerksamkeit – die Verbindung von Innenwelt und Umgebung

Mit Aufmerksamkeit beginnt alles.[221] Unsere sinnliche Aufmerksamkeit verbindet innere Welten mit äußeren Umgebungen, sie bewegt sich tastend durch innere und äußere Räume, schwenkt mal hierhin mal dorthin und pendelt zwischen Innenwahrnehmung und Außenwahrnehmung hin und her.

Die Richtung unserer Aufmerksamkeit bestimmt, ob sich unser Bewusstsein zur Umgebung hin eher schließt oder öffnet. Im Zustand des Schlafens (oder ähnlicher Bewusstseinszustände)[222] richtet sich unsere sinnliche Aufmerksamkeit vor allem nach innen, das Bewusstsein ist vorwiegend auf innere Vorgänge bezogen. Die aktive Unterscheidung zwischen ICH und Umgebung (was ich nicht bin) ist weitgehend aufgehoben. Diese Form der Aufmerksamkeit entspricht, so können wir sagen, einer Schließung des Bewusstseins zur Umgebung.

Im Zustand des Wachseins hingegen oszilliert oder pendelt die sinnliche Aufmerksamkeit permanent zwischen einer nach innen gerichteten selbstbezogenen Aufmerksamkeit und einer nach außen gerichteten *umgebungsbezogenen Aufmerksamkeit*. In diesen, zur Umgebung hin mehr oder weniger offenen, Bewusstseinszuständen unterscheiden wir aktiv zwischen uns selbst (was ich bin) und der Umgebung (was ich nicht bin). Achtsamkeit nach innen korrespondiert, wenn es gut geht, mit Achtsamkeit gegenüber der Umgebung.[223] Eine solche Form der Aufmerksamkeitssteuerung muss allerdings erst im engen Kontakt mit Bezugspersonen erlernt und eingeübt werden.[224]

4.10.10.2 Synchronisation sinnlicher Aufmerksamkeit in Beziehungen

Die Fähigkeit zur Synchronisation sinnlicher Aufmerksamkeit ist eng verknüpft mit der Regulation und Abstimmung von Affekten in Beziehungen (siehe im Folgenden). Sehr früh versuchen Babys, Mütter und Väter sich gegenseitig *in den Blick zu bringen und zu nehmen*. Gegenseitige Gesichtswahrnehmung und

---

221 Über die Neurobiologie der Aufmerksamkeit wissen wir, bis jetzt, noch zu wenig, siehe Eric Kandel, (2006, S. 451).
222 Absencen, Trancezustände, meditative Versenkung, Räusche.
223 Im buddhistischen Verständnis der Achtsamkeit spielt diese Dialektik der Aufmerksamkeit eine zentrale Rolle.
224 Achtsamkeitsübungen (Langer, 1990; Kabat-Zinn, 2004) werden allerdings zunehmend auch bei Erwachsenen in Psychosomatik (von Uexküll, Adler, Herrmann u. Köhle, 1990) und Psychotherapie eingesetzt.

die gemeinsame Suche nach Blickkontakten bestimmt etwa ab dem zweiten bis dritten Monat die gemeinsame Beziehungsgestaltung. Ein höchst aktiver und interaktiver Vorgang, in dem sich die Aufmerksamkeiten von Kindern und Eltern synchronisieren und immer intensiver miteinander koppeln. In dieser Zeit geht es vorwiegend um den Austausch von Blicken, die sich ineinander spiegeln, und von Gesichtsausdrücken, die sich gegenseitig widerspiegeln (Bauer, 2005). Die Augen als Fenster zur Seele öffnen sich, und schon bald lernen Babys, von Angesicht zu Angesicht für längere Zeit Blickkontakt zu halten. Dabei spielen Sehfunktionen und ästhetische Präferenzen, die sich evolutionär entwickelt haben, eine wichtige Rolle (Stern, 1991, S. 52).

Schließlich zeigt sich das erste *soziale Lächeln* (Stern, 1991, S. 51), das sich, zur Freude aller, verstärkt, wenn das Lächeln des Kindes mit einem Lächeln der Bezugspersonen beantwortet wird. Für etwa sechs bis acht Monate bestimmt diese Form intensiver, leiblich-interaktiver Beziehungsgestaltung, in der alle möglichen Arten und Formen von Augenkontakt und Gesichtsmimik, kombiniert mit Lauten, ausprobiert werden, das Zusammenleben. Später werden sie von anderer, komplexerer Form der Beziehungsgestaltung überlagert, aber nicht abgelöst, denn das Ausdrücken von Gefühlen über Mimik und Augen und das *Lesen* von Gesichtern hört nie auf.

Wichtig ist aber noch etwas anderes: Der wechselseitige Augenkontakt gibt den frühen Interaktionen eine *Ordnungsstruktur* und unterstützt Babys dabei, ihre Aufmerksamkeit zunehmend kontrolliert zu steuern: »Weil enger Kontakt sich stets nur über ein sich Anblicken entfaltet, kann er [Joey] ihn [den Kontakt] nun eigenständig herstellen oder auch abbrechen. Er stellt den Kontakt zu seiner Mutter her, indem er sie ansieht, denn sie wird seinen Blick erwidern. Er kann den Kontakt vertiefen, indem er zu strahlen beginnt, und er beendet ihn, indem er seinen Kopf wegdreht und die Augen von ihr abwendet« (Stern, 1991, S. 53).

4.10.10.3 Blickkontakt und gegenseitige Aufmerksamkeit

Auch später vollzieht sich ein nicht zu unterschätzender Teil gemeinsamer Beziehungsgestaltung über das Wechselspiel und das Zusammenspiel von Blicken und Mimik. Zwei oder mehr Aufmerksamkeiten, die sich synchronisieren und koppeln.

Angeblickt zu werden, bedeutet in jedem Fall *angefragt,* zu einer Beziehung eingeladen zu werden, und wir können einer nonverbalen Antwort, die die Beziehung definiert und gestaltet, nicht ausweichen. Nehmen wir den Blick auf, gehen wir, wie kurz auch immer, auf ein Beziehungsangebot ein, weichen wir dem Blick aus, verweigern wir das Beziehungsangebot – aber auch das ist ja bereits eine Form der Beziehungsgestaltung.

Zwei Blicke, zwei Aufmerksamkeiten können sich, wenn sie sich begegnen, *einseitig* oder *gegenseitig* anziehen oder abstoßen.[225] Allein aus dieser Tatsache ergeben sich vier mögliche Variationen gemeinsamer Beziehungsgestaltung. Nehmen wir andere Beziehungscodierungen, wie Gesichtsausdrücke, habituelle Formen des Körperausdrucks und verbale Botschaften hinzu, landen wir schnell bei einer unendlichen Vielfalt.

Ein Blick kann, kontextualisiert vom Gesichtsausdruck, leer oder voll von etwas sein. Ein Blick, ein Gesichtsausdruck kann Gefühle, Gedanken und Motive offenbaren und in anderen Personen etwas berühren und bewegen: Egal ob die Reaktion in *Abwendung* und sich verschließen, oder in *Hinwendung* und sich öffnen besteht. Leid,[226] Freude, Hass, Neugier, Ekel oder Mitgefühl in den Augen oder im Gesicht[227] eines anderen lösen *in jedem Fall* etwas in uns aus (und wenn es nur steinharte Abwehr ist).

Es gibt Momente, da gleiten Blicke ineinander, und es fühlt sich an wie Verschmelzen,[228] und es gibt Momente, da stechen Blicke ineinander, und es fühlt sich an wie töten. Wir gestalten Beziehungen gemeinsam durch den Austausch von Blicken und Mimik.

4.10.11 Lachen und Weinen – soziale Synchronisation

Lachen und Weinen liegen, obwohl es unendlich viele Formen und Arten des einen und des anderen gibt,[229] rein physiologisch nah beieinander. Die Körper beben, rütteln und schütteln sich. Deshalb nutzen Schauspieler ähnliche körperliche Techniken, um Weinen und Lachen »künstlich« zu erzeugen (auch wenn sie dabei vielleicht unterschiedliche Situationen in sich wachrufen).

Lachen und Weinen sind *typisch menschliche,* sich über den Körper nach außen vermittelnde soziale und kommunikative Äußerungen, die mit seelischer

---

225 J. L. Moreno (1954) wählte, angelehnt an die atomare Physik (soziales Atom), das Prinzip von Anziehung und Abstoßung als Grundlage seiner netzwerkorientierten *Soziometrie*.
226 Emmanuel Lévinas (1983) hat darauf hingewiesen, dass Wehrlosigkeit und Verletzlichkeit im Blick und im Gesicht eines anderen Menschen Mitgefühl und Verpflichtung in uns auslösen können, eine anthropologische Grundlage für Altruismus und Ethik. Sie kann aber ebenso, wie jeder, der einmal auf einem Schulhof war, bezeugen kann, aggressive Gewalt und Vernichtungswut auslösen. Situative Beziehungsgestaltung verweist immer auf einen Kontext.
227 Wer sich für Gesichter genauer interessiert: Jonathan Cole (1999) hat ein informatives Buch darüber geschrieben: »Über das Gesicht«.
228 Weshalb es in vielen Kulturen nicht schicklich ist, Blicke zu erwidern, bevor eine Beziehung offiziell ist, und genau aus diesem Grund dennoch heimlich geschieht.
229 Diese sollen und können hier nicht alle benannt werden. Für das Lachen gibt es, wie bereits Darwin feststellte eine »gleitende Stufenfolge vom sanftesten Lächeln bis zum wiehernden *horse-laugh*« (Schröter, 2002, S. 860).

und mentaler Berührung einhergehen. Ganz unabhängig davon, wie diese Äußerungen im Einzelnen zustande kommen, in sozialen Beziehungen und innerhalb von Gruppen stiftet gemeinsames Lachen und gemeinsames Weinen besonders intensiven Kontakt und nachhaltige Gemeinschaft.[230]

Beim Weinen wie beim Lachen handelt es sich um besondere Phänomene im Bereich des Zwischenmenschlichen, bei denen (a) leiblich ausgedrückte Emotionen und (b) kommunikative, emotionale Resonanzen auf jeweils besondere Art und Weise zusammenspielen.[231] Sowohl die (A) besonderen Ausdrucksformen als auch (B) die besonderen Formen der Resonanzen als auch (C) die besonderen Formen und Möglichkeiten der Beziehungsgestaltungen (die sich aus [A] und [B] ergeben) charakterisieren die menschliche Spezies signifikant. Beide Phänomene, die Entwicklung des menschlichen Weinens und die Entwicklung des menschlichen Lachens, illustrieren das enge Zusammenspiel biologischer, psychischer, kommunikativer, sozialer und kultureller Entwicklungsprozesse in der menschlichen Evolution.[232]

In seinem posthum als Fragment veröffentlichten »Essay on Laughter« formulierte Norbert Elias kurz und bündig: »Wer lacht, kann nicht beißen« (zit. nach Schröter, 2002, S. 870). Rein physiologisch gilt das für das Weinen vielleicht weniger, und doch, wer *gemeinsam* lacht oder weint, geht nicht unbedingt aufeinander los. Wenn allerdings jemand nicht mit, sondern *über* den anderen lacht, oder nur einer von beiden, vielleicht aus Zorn, weint, kann es schon wieder kompliziert oder gefährlich werden.

Lachen (oder Weinen) kann sozial auch als »Waffe« oder zur Kontrolle eingesetzt werden. Wenn Kinder der Inuit brüchigem Eis zu nah kommen, stellt sich die Gruppe in sicherer Entfernung auf und lacht bewusst hämisch. Der Effekt: Die Kinder schämen sich und kommen, ohne dass ein Erwachsener sich aufs brüchige Eis begeben müsste, zur Gruppe zurück. Beschämung wirkt stark und auch über Distanzen. Wer einmal *ausgelacht* wurde, versinkt im Boden,

---

230 Auf die Binnenfunktion beziehe ich mich hier. Gegenüber anderen Gruppen kann, darauf hat Elias in seinem Fragment »Essay on Laughter« hingewiesen, der gleiche Vorgang (Lachen) durchaus zu einer »aggressiven Gruppensolidarisierung gegenüber Außenstehenden« (zit. nach Schröter, 2002, S. 872) führen. Ich denke, das kann beim Weinen, z. B. nach einem Trauerakt für einen gefallenen Märtyrer, ebenfalls geschehen. Aus diesem Grund versammelten sich in früheren Zeiten Stämme oder Völker vor Schlachten zum gemeinsamen Weinen (Vingerhoets, 2013).

231 Ausbleibende Resonanz – jemand erzählt einen Witz und keiner lacht, jemand weint und niemand tröstet – ist auch eine Form der (negativen, oft verstörenden oder peinlichen) Resonanz.

232 Beide Phänomene haben sich offenbar evolutionär bewährt und markieren einen deutlichen Unterschied zu anderen Spezies. Allerdings wann, warum, mit wem oder wie wir weinen oder lachen (wollen, können oder dürfen) hängt stark von historischen und kulturellen Kontexten und gesellschaftlichen Regeln ab. In Bezug auf das Weinen siehe Ad Vingerhoets (2013).

»kratzt« den anderen die Augen aus oder passt sich in Zukunft an. Auch Weinen kann sozial einiges bewirken, je nachdem, welche Bedeutung dem Weinen beigemessen wird.

In der Regel jedoch *entspannt* gemeinsames Lachen oder Weinen. Psychische und soziale Spannungen lösen sich im gemeinsamen Lachen und Weinen auf. Die Inuit setz(t)en stundenlanges gemeinsames Lachen, durch Atemtechnik unterstützt, gegen die Finsternis langer Polarnächte ein, um sich heiter, frohgemut und gelassen zu stimmen.[233] Wer heute im Park gemeinsam mit anderen lacht,[234] kann lernen, wie Lachen gemeinsam hergestellt werden kann, ohne Witze zu erzählen. Die Gesundheit stiftende und Resilienz fördernde Wirkung von Comedyshows und Sitcoms ist ebenfalls nachgewiesen. Die erlösende und lösende Kraft gemeinsamen Weinens und Trauerns ist, seitdem Geschichte geschrieben wird, weltweit unumstritten.

In der gemeinsam Beziehungsgestaltung führt gemeinsames Lachen und Weinen nicht nur zur Synchronisation der Aufmerksamkeit, zu Entspannung und Gemeinschaft, es werden auch Muster unterbrochen, pausiert oder beendet. Ein Reset-Prozess, der neues Beginnen ermöglicht. Wenn Familien oder Paare über ihre seltsamen gemeinsamen Eigenheiten Tränen lachen können, ist es noch nicht zu spät. Ähnliches gilt für echtes gemeinsames Trauern, wenn es um gemeinsames Abschiednehmen von Menschen, Hoffnungen oder Illusionen geht, die nicht oder nicht mehr erreichbar sind. Interessant wäre es, über das passende Verhältnis von *gemeinsam lachen* und *gemeinsam weinen* in sozialen Systemen nachzudenken.

Ironie und Trauer begründen Kultur. Gemeinsames Lachen und Weinen stiftet Beziehung und schafft Gemeinschaft.[235] Erst wenn das Lachen aufhört und es keine gemeinsamen Tränen mehr gibt, wird es in Beziehungen ungemütlich (dann geht man auseinander oder das große Schlachten beginnt). Eine Welt ohne Lachen und Weinen möchte man sich nicht wirklich vorstellen.

Norbert Elias trifft eine Unterscheidung zwischen Lächeln und Lachen, die für menschliche Beziehungsgestaltungen interessant ist. Das Lächeln, schreibt er, »repräsentiert den explorativen Teil des Verhaltens bei einer Begegnung […], es ist zugleich ein Versuch den anderen zu beeinflussen [man fühlt] sich veranlasst, zurück zu lächeln, und es erfordert einen gewissen Widerstand, einen

---

233 In langer Nacht, im engen Iglu, eingepfercht mit vielen Menschen, wirst du vielleicht sonst wahnsinnig oder gewalttätig. Alkohol ist nicht unbedingt eine gute Alternative.
234 Öffentliche Lachtreffs gibt es in vielen Städten, als Teil einer weltweiten Lachyoga-Bewegung.
235 Hartmut Rosa hat daher ganz recht, wenn er Helmuth Plessner nicht folgt, der Weinen und Lachen als Abwehrformen interpretiert, durch die »keine Beziehungen in der Welt und zur Welt mehr möglich« seien (Plessner, 1941/2003, S. 377, zit. nach Rosa, 2016, S. 134).

mehr oder weniger bewussten Gegenimpuls, das nicht zu tun« (Elias, zit. nach Schröter, 2002, S. 870). Das Lachen hingegen sei komplexer und variabler, es »entfaltet [seine Funktion] nicht nur in einer Zweiergruppe. Es hilft, größere Gruppen in Einklang zu bringen und zu integrieren«.

Von besonderem Interesse für die hier eingenommene theoretische Perspektive erscheint mir jedoch eine Bemerkung, die Elias in seinem unvollendeten Essay unter *Finis* notiert: Lächeln und Lachen seien soziale Auslöser, schreibt er, die bereits »im Gruppenleben unserer tiernäheren Vorfahren zur Synchronisierung und Koordinierung der Tätigkeiten von Individuen in einer Gruppe dienten« (S. 869). Ich denke, das trifft den Punkt, auch im Bereich des Zwischenmenschlichen.

4.11 Die emotionale Dimension gemeinsamer Beziehungsgestaltung

Alle leiblichen Aktivitäten werden von Emotionen begleitet, die im Kontakt mit dem eigenen Inneren und mit der unbelebten und belebten Umgebung auftauchen. In basalen Beziehungssystemen bilden die Emotionen der beteiligten Personen wechselseitig füreinander bedeutungsvolle Umgebungen und beeinflussen sich daher gegenseitig tiefgehend.[236]

Die beziehungsstiftende Bedeutung emotionaler Abstimmung kann kaum überschätzt werden: »Unter Affektabstimmung verstehe ich Prozesse der Synchronisation, Koordination und wechselseitigen Modulation von Affektausdruck und Empfindung, welche auf intrapsychischer Ebene das Gefühl vermitteln, mit dem anderen in Beziehung zu sein«, schreibt Tom Levold (1997, S. 126). Emotionale Abstimmungsprozesse und Musterbildungen zeigen sich sowohl auf der Ebene von Bewusstseinssystemen als auch auf der Ebene sozialer Systeme.

---

236 Ich gehe hier bewusst *nicht* näher auf mögliche *Störungen* (der Impulskontrolle, der Affektregulation, der Emotionsregulation und der Mentalisierungsfähigkeit) und entsprechende Behandlungsverfahren und -formen (Strukturbezogene Therapie [Rudolf], MBT [Fonagy], DBT [Linehan], Schematherapie [Young])ein. Sie alle bestätigen aus meiner Sicht die hier verfolgte allgemeine Darstellung. Einen guten Überblick über relevante Verfahren sowie einen eigenständigen systemischen Ansatz zur Behandlung von Struktur- und Persönlichkeitsstörungen geben Wagner et al. (2016).

4.11.1 Gemeinsame Regulation und Abstimmung von Affekten

Seit Darwin unterscheiden Wissenschaftler zwischen sieben oder acht diskreten Affektäußerungen, die man in drei Kategorien einteilen kann (siehe Tabelle 3):

Tabelle 3: Diskrete Affekte

Kategorie der diskreten Affekte	Affektäußerung
Positive Affekte	Interesse, Freude
Neutrale Affekte	Überraschung, Schreck
Negative Affekte	Furcht, Panik, Kummer, Qual, Wut, Scham, Ekel, Verachtung

Diskrete Affekte sind mit neurophysiologischen und neuromuskulären Zustandsveränderungen verbunden, sie erfassen also die ganze Person (Motorik, Herz/Kreislauf, Atmung, Hautreaktionen, Aktivierung bestimmter Hirnareale). Affektereignisse zeigen und unterscheiden sich in *Intensität, Dauer, Gestalt* (vgl. Stern, 1993, S. 209) und *Qualität* (Lust- und Unlustempfindungen) und sie zeigen typische Ablaufmuster: Anstieg der Erregung – Hemmung und Spannung – Auflösung der Erregung. Persönliche Affektregulation (affektive Selbstregulation) und später Emotionsregulation wird im Wesentlichen im Bezogensein zu anderen Menschen erlernt, lebenslang in Beziehungen entwickelt und spezifisch gestaltet.[237] Auf der Basis gemeinsamer Beziehungsgestaltung differenzieren und formen sich Affekte und können im Kontakt zunehmend reguliert, kontrolliert und ausbalanciert werden (Bleckwedel, 2000a). Für die hier eingenommene Perspektive ist besonders wichtig, dass diskrete Affekte sich in Körperhaltungen und Gesichtsausdrücken zeigen, die für Menschen typisch sind[238] und über alle Kulturen hinweg *erkannt, gespiegelt* und *beantwortet* werden.

Besonders in den ersten Lebensmonaten werden affektive Prozesse im Kontakt mit bedeutungsvollen Gegenübern durch *gegenseitige Spiegelungsprozesse* aktiviert und reguliert, und daran anschließend differenziert und geformt. Dieser gegenseitige Prozess gemeinsamer Beziehungsgestaltung wird erst möglich durch eine offenbar angeborene emotionale Spiegelungsfähigkeit. Die damit

---

237 Affektregulation und Emotionsregulation spielen in der Psychotherapie eine zunehmend wichtige Rolle (vgl. Wagner, 2020, S. 254–269).
238 Gesichtsausdrucksmuster, die durch visuelles Feedback bei Säuglingen aktiviert werden können, zeigen sich im interkulturellen Vergleich erstaunlich stabil. Man kann also davon ausgehen, dass sich die genannten diskreten Affekte in der Evolution des *Homo sapiens* stabil entwickelt haben und genetisch vorprogrammiert werden.

verbundene emotionale Resonanz bildet die Grundlage für emotionale Einfühlung und später Empathie,[239] und sie begründet *gegenseitige Einfühlung* und *Zweifühlung* (vgl. Moreno, 1988)[240] als Grundlage einer differenzierten emotionalen Beziehungsgestaltung.

Das Lächeln des Säuglings ist also keineswegs ein reiner Reflex, wie fälschlich angenommen wurde. Schon als Säuglinge können wir das Lächeln anderer spiegeln, und bereits als Säuglinge »wissen« wir, so unglaublich es klingt, dass wir lächeln, wenn wir lächeln. Wir verfügen also bereits über ein Bewusstsein der eigenen Affektivität als Aktivität. Wenn etwa einjährige Kinder bei ihren Erkundungen unsicher werden, schauen sie zu Mutter oder Vater: Am Gesichtsausdruck können sie Empfindungen ablesen, sie vergewissern sich also (»social referencing«), ob alles in Ordnung ist, und je nachdem, welche Empfindung die Eltern signalisieren, bewegen sie sich weiter oder nicht (Stern, 1993, S. 189).

Es besteht also bereits früh in den Kontakten zwischen Eltern und Kindern eine Art *Inter-Affektivität* (Stern, 1993, S. 190). Inter-Affektivität bedeutet aber auch, dass bereits auf der Ebene der frühen gegenseitigen affektiven Abstimmung *interpersonale Bedeutungsgebungen* in die Beziehungsgestaltung mit eingehen. Denn ziemlich sicher können wir davon ausgehen, darauf weisen zahlreiche Untersuchungen hin (Stern, 1993, S. 192), dass sich in den Gesichtern von Bezugspersonen Bedeutungen und Fantasien widerspiegeln, die auf die Kinder bezogen sind, und dass Kinder auf irgendeine vorsprachliche Art etwas von diesen Fantasien und Bedeutungen spüren.[241]

Die neurobiologische Basis dieser Spiegelfähigkeit bilden Spiegelneuronen, die in den 1990er Jahren von Gallese und Rizzolatti entdeckt wurden. Spiegelneuronen sind Zellen mit einer Doppelfunktion: Einerseits sind sie an sensomotorischen Funktionen des Gehirns beteiligt, andererseits spielen sie Vorgänge, die wir in unserer Umgebung wahrnehmen, in einer Art *neuronaler Simulation* durch. Dieses Spiegelsystem ermöglicht Modelllernen, die Einfühlung in andere Personen und bildet die Grundlage für die Entwicklung von Beziehungs-

---

239 Affektabstimmung ist noch nicht Empathie, diese »setzt eine Vermittlung durch kognitive Vorgänge voraus […], sie besteht aus mindestens vier unterschiedlichen und wahrscheinlich aufeinanderfolgenden Prozessen: (1) Resonanz des Gefühlszustandes; (2) Abstrahieren des empathischen Wissens aus dem Erleben der emotionalen Resonanz; (3) Integration des abstrahierten empathischen Wissens in eine empathische Reaktion; und (4) vorübergehende Rollenidentifizierung« (Stern, 1993, S. 207 f.).

240 Moreno (1988) verwendet diesen Begriff für das Phänomen, dass sich Menschen in einer Begegnung in jemand anderen einfühlen (Rollenwechsel) und *gleichzeitig* sich selbst fühlen (also zwischen dem anderen und sich selbst unterscheiden) können. Wenn beide Personen Zweifühlung erleben beziehungsweise praktizieren, gelingt Begegnung.

241 Der Glanz, der Zorn, die Gleichgültigkeit in den Augen von Eltern.

fähigkeit (vgl. unter anderem Bauer, 2005). Wir können Schmerz oder Freude anderer Menschen nachfühlen, und wir lernen Tätigkeiten (Kochen, Tennisspielen, Zärtlichsein, Schlagen), indem wir anderen bei diesen Tätigkeiten zuschauen. Ein komplexes Netzwerk aus Spiegelneuronen und höheren Gehirnfunktionen bildet die neurobiologische Grundlage für die Fähigkeit, sich in die Umgebung hineinzuversetzen. Die gemeinsame emotionale Gestaltung von Beziehungen wird bestimmt durch die Qualität und Intensität der gemeinsamen Regulation und Abstimmung von Affekten, Empfindungen und Gefühlen, und zwar nicht nur in Beziehungen zwischen Eltern und Kindern, sondern auch in Beziehungen zwischen Erwachsenen.

Die Differenzierung, Klärung, Formung und Entwicklung individueller affektiver Flexibilität kann durch andere Personen in Beziehungen eher unterstützt und entwickelt oder eher gestört und verwirrt werden. Das gilt ebenso für die Ausbildung von Empfindsamkeit, die Entwicklung des Selbstempfindens (Stern, 1993) sowie für die Entwicklung lebendiger Gefühle und passender Affektlogiken (Ciompi, 1982). Für die persönliche Weiterentwicklung günstig sind verlässliche Beziehungen, die sich kontinuierlich weiterentwickeln und als Beziehungsraum einen angemessenen Entwicklungsraum zur Regulation, Differenzierung und Entwicklung von Affekten und Emotionen zur Verfügung stellen.

4.11.2 Gemeinsame Koordination und Abstimmung von Emotionen

»Sprache entstand als eine Form des Zusammenlebens in einem verflochtenen Prozess von Koordinationen von Koordinationen von Emotionen und Verhalten«, schreiben Maturana und Verden-Zöller (1993, S. 10) und weiter: »Sprache als eine Form des Zusammenlebens in Koordinationen von Koordinationen von Handlungen ereignet sich immer vor einem emotionalen Hintergrund, der die Handlungen definiert, die im Sprachprozess koordiniert werden.«[242]

Was wir Fühlen nennen, ist ein ziemlich komplexer Vorgang, der zwischen Innenwelt und Außenwelt vermittelt und den wir erst ansatzweise verstehen. In jedem Fall baut menschliches Gefühlsleben auf vitalen Empfindungen und diskreten Affekten auf, es wird von hormonellen, mikrobiomischen und neurophysiologischen Prozessen[243] gesteuert, und es wird von sozialen und kommunikativen Erfahrungen beeinflusst und geformt.

---

[242] Dieser Satz beschreibt die Verwobenheit von gemeinsamem Handeln, gemeinsamem »emotioning« und »languaging« recht gut (Maturana u. Verden-Zöller, 1993).
[243] Prozesse, in denen sowohl der Cortex als auch das sogenannte »Bauchhirn« eine Rolle spielen.

Während Vitalitätsaffekte (Stern, 1993) *vor dem Spracherwerb* erfahren und diskrete Affekte *unmittelbar* als Impuls erlebt und körperlich ausgedrückt werden, entwickeln Menschen typisch menschliche, differenzierte Gefühle erst allmählich in einem selbstreflexiven Prozess, der eng mit dem kommunikativen Vorgang des Sprechens, mit Sprechakten, verbunden ist. Wir spüren im Leib ein Gemisch aus vitalen und diskreten Affekten, beobachten uns und andere in sozialen Situationen, z. B. während des Sprechens, stellen Unterschiede fest, und das Erleben unterschiedlicher Zustände wird schließlich – von Bezugspersonen und zunehmend von uns selbst – in Worte gefasst. *Differenziertes menschliches Fühlen* ist eng verbunden mit dem Erwerb jener besonderen Sprache (siehe Teil I), in der *Erleben im Kontext von Beziehungen und Bedeutungen mentalisiert* (Fonagy et al., 2004; Asen u. Fonagy, 2021) wird, also mit Worten verbunden und in Sätzen gefasst und erfasst wird, die schließlich einen mentalen Ordnungsrahmen bilden.

Differenziertes Fühlen entfaltet sich etwa ab dem 18. Monat im Bereich *verbalen Selbstempfindens* (Stern, 1993) und entwickelt sich im *sprachlichen Bezogensein*, im Medium der Sprache und des Sprechens, lebenslang weiter.

4.11.3 Denken und Fühlen, Bauch und Hirn

Was Luc Compi (1982) Affektlogik nennt, entsteht im sozialen Zusammenleben, wird also, auf der Basis komplexer leiblicher Prozesse,[244] durch sprachliche Beziehungserfahrungen und Beziehungsgestaltungen geprägt und geformt. Das bedeutet auch, dass Gefühle, beziehungsweise Affektlogiken sowohl durch individuelles Bearbeiten (auf der Bewusstseinsebene) als auch durch gemeinsames Sprechen (auf der Kommunikationsebene) differenziert, bearbeitet und gestaltet werden können.

Über das Verhältnis von Gefühl und Idee wurde in Philosophie und Psychologie immer wieder nachgedacht. Heute können wir sagen: Gefühle kontextualisieren Ideen und Ideen kontextualisieren Gefühle. Offenbar können Gefühle und Ideen einander wechselseitig hervorbringen und kontextualisieren. Einerseits steuern Ideen und Gedanken Gefühle oder bringen diese hervor (die Idee eines »heiligen« Kreuzzugs erfüllt das Herz des Kriegers mit Zuversicht, Freude und Stolz), andererseits spielen Gefühle bei der Hervorbringung und Formung von Ideen eine prominente Rolle (das Gefühl der Demütigung führt zur Idee einer »gerechten« Rache).

---

244 In einem komplexen Zusammenspiel aus hormonellen, mikrobiotischen, physiologischen und neurobiologischen Vorgängen, das wir erst ansatzweise verstehen.

Ein weiterer interessanter Zusammenhang ergibt sich durch die Entdeckung des Mikrobioms[245] und einer weiteren *hirnähnlichen* Struktur im Bauch- und Darmbereich (Gershon, 2001; siehe auch »Der kluge Bauch, unser zweites Gehirn«, 2019). Diese zweite autonome Gehirnstruktur liegt im Zentrum des Körpers, dort, wo *in Beziehungen* bekanntlich *Schmetterlinge fliegen* oder wo es drückt, zieht oder sich *mulmig* anfühlt. Unsere Eingeweide sind laut Gershon (2001) umhüllt von hundert Millionen Nervenzellen, und diese Struktur führt ein Eigenleben. Wie es aussieht, fühlt und »denkt« das Bauchhirn selbstständig und kommuniziert mit dem Cortex, und das Bemerkenswerte daran ist, wie *Little Brain* und *Big Brain* miteinander vernetzt sind: 90 % der Verbindungen laufen von *unten nach oben!* Tag und Nacht – in der Nacht, wenn wir träumen – wird unser Kopfhirn umspült von Informationen, die aus den Eingeweiden strömen. Informationen über Spannungs- und Entspannungszustände in den Eingeweiden (z. B. bei anhaltender Angst oder Freude) fließen also vom Bauchhirn zum Kopfhirn, werden dort verarbeitet und fließen auf irgendeine Art und Weise wieder zurück zur Mitte.

4.11.4 Emotionale Gestimmtheiten und emotionale Resonanzen

Emotionen selektieren und verdichten komplexe Beziehungserfahrungen,[246] sie ermöglichen und bestimmen unser Denken, Empfinden, Handeln und Wünschen in Beziehungen. Affektlogik (Ciompi, 1982) ist Beziehungslogik (Ciompi, 1988; Porges, 2012). Als »Begleiter« unterstützen Gefühle in komplexen sozialen Situationen die individuelle Handlungsfähigkeit, indem sie, mal mehr mal weniger gut, Komplexität reduzieren. Auf der sozialen Ebene bilden wechselnde Gefühle und persönliche Gestimmtheiten von Personen wechselseitig füreinander bedeutungsvolle Umgebungen, die sich gegenseitig bedingen und durchdringen (meine Gestimmtheit ist deine Umgebung, deine Gestimmtheit ist meine Umgebung).

Auf diese Weise entwickeln sich im typischen Wechselspiel von Emotionen in basalen Beziehungen allmählich einfache oder sehr komplexe, genera-

---

245 Dessen Wirkung im Zusammenhang noch kaum erforscht ist.
246 »Geht man vom Sinnbegriff aus«, schreibt Luhmann, »ist als erstes klar, dass Kommunikation immer selektives Geschehen ist. Sinn lässt keine andere Wahl als zu wählen. Kommunikation greift aus dem je aktuellen Verweisungshorizont, den sie selbst erst konstituiert, etwas heraus und lässt anderes beiseite« (Luhmann, 1984, S. 194). Das gilt meiner Ansicht nach ebenso für Bewusstseinssysteme.

lisierte Muster *gegenseitiger emotionaler Resonanz,*[247] die eine eigene Dynamik entfalten können. In jedem Fall wirken diese Muster auf die Personen und ihre Gefühle zurück und zeigen sich in der (atmosphärischen) Gestimmtheit eines sozialen Systems.

4.11.5 Habituelle emotionale Grundmuster

Auf der Basis vieler ähnlicher (manchmal auch weniger, aber intensiv durchlebter) Beziehungserfahrungen[248] bilden sich mit der Zeit auf der individuellen Ebene *habituelle emotionale Grundmuster* als relativ stabile, integrierte Einheiten[249] heraus, in denen sich unser Erleben der Welt und unsere Ideen über die Welt miteinander verbinden und ausdrücken. Diese habituellen emotionalen Grundmuster *tragen* unsere Selbstorganisation weit mehr als einzelne Affekte oder Gefühle. Wir *nehmen sie deshalb mit,* auch in andere Beziehungen. Als zentrale *personale Ordner* (vgl. Haken, 1987; Haken u. Schiepek, 2006) organisieren habituelle emotionale Grundmuster unsere Erwartungen[250] und unsere Sicht auf kommende Ereignisse, und sie bestimmen die Art, wie wir mit Situationen umgehen. Diese Grundmuster und Grundstimmungen sind beharrlich, bleiben jedoch veränderbar.

---

247 Ulrike Meyer (2019) spricht mit Bezug auf Momente gegenseitigen Zuhörens und Verstehens in Sprechsituationen von einer »intersubjektiven Resonanz« (S. 58), die »immer auch Prozesse ästhetischen Erlebens« (S. 59) miteinschließen. Bezogen auf bestimmte *Gegenwartsmomente,* wie sie Stern (2010) beschreibt, mag das durchaus zutreffen. Ich verwende den Begriff »emotionale Resonanz« hier aber in einem erweiterten Sinn und Kontext.
248 In den frühen Jahren ist diese Erfahrung vorwiegend durch affektive und motorische Interaktionen geprägt (vgl. Schacht, 2003, S. 43 ff.). »Die Kommunikation […] findet also im Medium nicht-sprachlicher Affektsignale (Körperhaltung, Vokalisierung, Bewegungstempo, Gesichtsausdruck) statt« (Dornes, 1997, S. 69).
249 Zusammengesetzt aus Empfindungen und Gefühlen (»Wie befinde ich mich und was fühle ich?«), Gedanken und Ideen (»Was denke ich und was erwarte ich?«), Motiven und Wünschen (»Was will ich und was wünsche ich mir?«) und sensomotorischen Grundmustern (meine Haltung zur Welt). Die Grundcharaktere der Commedia dell'arte (Pantalone, Arlecchino, Capitano) werden, um ein Beispiel zu machen, von Schauspieler:innen im Spiel genau auf diese Weise »hergestellt«.
250 Das bezieht sich sowohl darauf, was wir von uns selbst in Beziehungen erwarten, als auch darauf, was wir von anderen in Beziehungen erwarten, und sogar darauf, was wir erwarten, was andere von uns in Beziehungen erwarten. (Für diesen Erwartungs-Loop hat Luhmann, 1984, den Begriff »Erwartungs-Erwartungen« geprägt.)

4.11.6 Gemeinsam hergestellte Systemstimmungen

Emotionale Gestimmtheiten bestimmen nicht nur das innere Befinden Einzelner. In Beziehungen strahlen personale Gestimmtheiten über leiblichen Ausdruck in den sozialen Raum hinein und lösen emotionale Resonanzen in anderen Personen aus (die Kollegin, die immer freudestrahlend und energievoll den Raum betritt; der Kollege, der immer gedrückt und etwas schlaff daherkommt).

Persönliche Gestimmtheiten strahlen also in den sozialen Raum hinein und über intersubjektive Resonanzen zurück auf die Personen und damit auf ein soziales System als Ganzes. Wir können dann tatsächlich von *gemeinsam* hergestellten *Systemstimmungen* sprechen. Auch das kennt jeder: Wir treffen ein Paar, eine Familie oder gehen in eine Gruppe und spüren intuitiv, hier herrscht eine zufriedene, zuversichtliche, offene Systemstimmung oder hier herrscht eine unzufriedene, ängstliche und verschlossene Systemstimmung. Systemstimmungen können ebenso vielfältig und mannigfaltig sein wie die Gestimmtheiten von Personen, und beides ist eng verbunden mit der gemeinsamen Beziehungsgestaltung.

4.11.7 Vitales Empfinden in und intuitives Erleben von Beziehungen

Unter dem Begriff »Vitalitätsaffekte« (Stern, 1993, S. 83–92) beschreibt Daniel Stern ein *vitales Empfinden und Erleben von Organisation* im Inneren und in der äußeren Umgebung, das sich am besten mit dynamischen, kinetischen Begriffen umschreiben lässt: aufwallen, abklingen, aufleuchten, verblassen, überfluten, verebben, anschwellen, abschwellen, zucken, fließen, aufblitzen, pulsieren.

Vitale Empfindungen bestimmen das *auftauchende Selbstempfinden* (Stern, 1993, S. 61 ff.) von Säuglingen in der Zeit frühen Bezogenseins, begleiten aber auch im späteren Erleben alle *Veränderungen* leiblicher und psychischer *Zustände*: Motivations-, Bedürfnis- und Spannungszustände wie z. B. Hunger, Durst, Müdigkeit, aber auch das Kommen und Gehen von Gedanken und Emotionen (die Sehnsucht, die aufschäumt und wieder abebbt). Vitale Empfindungen bilden gewissermaßen die *Grundierung* emotionalen Erlebens, »während die ›regulären‹ Affekte kommen und gehen« (Stern, 1993, S. 84).

Eindrücklich ist, wie diese Art von vitalem Empfinden im intuitiven Erleben und Beschreiben von Beziehungen (und zwar explizit bezogen auf die *Beziehung selbst* und nicht auf einzelne Personen) wieder auftaucht: Wir erleben Beziehungen als eng, weit, gespannt, entspannt, drückend, erhebend, aufblühend, verblassend, starr, flexibel, flüchtig, bleibend, langweilig, erregend, pulsierend, überflutend oder explosiv. Wenn Personen in sozialen Systemen verstehen, wie sie gemeinsam Systemstimmungen herstellen, können sie gegebenenfalls Systemstimmungen transformieren und anders gestalten.

4.12 Die kooperative Dimension gemeinsamer Beziehungsgestaltung

Das Zusammenleben der Menschen wird durch zahlreiche gemeinsame Tätigkeiten bestimmt. Menschen in basalen Beziehungssystemen können alles Mögliche miteinander tun, und gemeinsames Tun verbindet: gemeinsam lieben, arbeiten, kochen, essen, reisen, musizieren, spielen, eine Wohnung einrichten, tanzen, Windeln wechseln, Sport machen, ein Geschäft aufbauen, beten, einen Hof bewirtschaften, ein Kunstprojekt verwirklichen, sich sozial engagieren – es gibt sehr viele Möglichkeiten, gemeinsam etwas zu tun, und all das trägt und prägt die gemeinsame Beziehungsgestaltung. (Natürlich kann all das auch misslingen und zur Trennung beitragen.)

Im Kleinen wie im Großen, letztlich geht es bei der Kooperation in sozialen Systemen um die gemeinsame Gestaltung von Lebensweisen und Lebenswelten. Kooperation beginnt mit der Planung und verwirklicht sich im Tun. Wer plant mit wem wann und wie? Wie wollen wir im Alltag zusammenleben, lieben und zusammenarbeiten? Wie stellen wir uns unser Zusammenleben als Mann, Frau, LGBTQ, Kind vor? Wie richten wir uns miteinander ein, in einem ganz konkreten materiellen und in einem umfassenderen, psychologischen und sozialen Sinn? Die »Wahrheit« der Kooperation liegt allerdings in ihrer Verwirklichung, oder, wie ein berühmter Fußballtrainer es formulierte, »auf dem Platz«.

Einige gemeinsame Unternehmungen dienen dem Vergnügen oder der Erbauung, andere bringen etwas Nützliches und Sinnvolles hervor, wieder andere sind vielleicht schöpferisch oder generativ. Generativ nennt Erikson (1966) ein gemeinsames Tun, das über sich selbst hinausweist, indem es der Gemeinschaft oder zukünftigen Generationen dient.

4.12.1 Tatsachen

Bei aller Diversität des gemeinsamen Tuns erscheinen mir für die hier gewählte Perspektive zwei Tatsachen bedeutungsvoll:
(1) Ob und wie in bestimmten Bereichen kooperiert wird oder eher nicht,[251]

---

[251] Wie z. B. in traditionellen Familienformen, in denen Haushalt, Kinder, Arbeit oder Außenrepräsentation mehr oder weniger strikt getrennt werden.

allein diese Tatsache definiert und gestaltet basale Beziehungssysteme nachhaltig: Die Art der Arbeitsteilung (Aufgaben, Rollen und Verantwortungen) bestimmt und modelliert leibliche, emotionale, kooperative und kommunikative Abstimmungsprozesse und damit das Denken und Fühlen (Identitätsempfinden) der beteiligten Personen, ihr soziales Rollenverständnis und Rollenhandeln.

(2) Ebenso unübersehbar ist die Tatsache, dass, wenn etwas zusammen getan wird, die Art und Weise, also die Qualität der jeweiligen Kooperation Beziehungen ebenfalls nachhaltig definiert und gestaltet, und auch das spiegelt sich selbstverständlich im Verhalten und den Emotionen der Beteiligten wider.

4.12.2 Gemeinsame Urheberschaft

Beobachtet man Szenenverläufe (Mütter und Kinder beim Stillen, ein Paar beim Küssen, eine Familie beim Spielen) etwas genauer, so wird schnell deutlich, dass, neben leiblichen, emotionalen und mentalen, *interaktive* Abstimmungsprozesse zwischen den Personen eine wichtige Rolle spielen. Die Koordination gemeinsamen Handelns gelingt dann am besten, wenn es (a) ein *gemeinsam geteiltes Ziel* und (b) eine *gemeinsam geteilte Aufmerksamkeit* gibt, und wenn alle Akteure in der Situation (c) *interaktiv präsent* bleiben. Bezogen auf das *Stillen* oder *Küssen* hieße das: a) Beide wollen es, b) beide sind aufmerksam dabei, c) beide reagieren interaktiv achtsam und flexibel.

Die Fähigkeit zur Unterscheidung von *Selbst* und *Umgebung* (siehe auch weiter oben) entwickelt sich etwa im Alter zwischen sechs und 24 Monaten. In dieser Zeit *bildet* sich, im Rahmen der Differenzierung des Selbstempfindens, ein *Kernselbstempfinden* (Stern, 1993) heraus, und Kinder entdecken dabei ihre eigene *Urheberschaft*, in Bezug auf sich selbst *und* in Bezug auf bestimmte Reaktionen (Echos, Resonanzen) von Personen in ihrer Umgebung. Gleichzeitig erkennen sie, dass es *andere* Urheber/-innen in ihrer Umgebung gibt, die getrennt von ihnen agieren und *nicht* sie selbst sind – und doch etwas zum Gemeinsamen beitragen.

Diese Entdeckungen spielen im menschlichen Beziehungserleben und -leben, bleiben sie im Bewusstsein, eine überragende Rolle. Helm Stierlin schreibt in seinem Buch »Das Tun des Einen ist das Tun des Anderen«: »Jede anhaltende menschliche Beziehung verlangt von uns zweierlei: Wir müssen uns einmal dem Partner öffnen, uns auf ihn einstellen, seine Bedürfnisse befriedigen und seine Weltsicht anerkennen; zum anderen müssen wir unsere Autonomie und Individualität bewahren« (Stierlin, 1971, S. 11).

Wenn es um die Gestaltung von Beziehungen geht, kann diese Aufgabe allerdings nur gemeinsam, *kooperativ* und in *gegenseitigem Bezogensein* gelingen.

Das gilt sowohl für einzelne, vorübergehende Situationen direkter Kooperation (Stillen, Küssen) als auch in einem übergreifenden sozialen und psychologischen Zusammenhang.[252]

Der Akt des Küssens ist, vorausgesetzt beide wollen es, das *gemeinsame Werk* zweier Akteure, die sich gegenseitig beim Küssen (mehr oder weniger) mit allen Sinnen wahrnehmen, aufeinander reagieren und das Küssen gemeinsam gestalten. Aus der Perspektive der Kooperation gehen menschliche Beziehungen aus gemeinsamen Akten dieser Art, in denen Akteure ihre Aufmerksamkeit intentional gemeinsam auf etwas Gemeinsames ausrichten, hervor und werden von ihnen getragen. Im Beziehungsleben und -erleben hilft die Bewusstheit gemeinsamer Urheberschaften, also das beiderseitige Erkennen und Anerkennen der Tatsache, dass Beziehungen immer gemeinsam hervorgebracht und gestaltet werden, ungemein.[253]

4.12.3 Interaktive Präsenz und kooperative Kopplung

Direkte Kooperation (gemeinsames Handeln in Präsenz) erfordert von *allen* beteiligten Subjekten *interaktive Präsenz* (vgl. Bleckwedel, 2008, S. 194–201).[254] Als interaktive Präsenz bezeichne ich eine Form der situativen Aufmerksamkeit, die (a) *Leibachtsamkeit* (vgl. Kabat-Zinn, 2004), (b) *szenische Aufmerksamkeit* und (c) *Aufmerksamkeit für andere Akteure* miteinander verbindet. Akteure, die sozial kooperieren, nehmen sich gegenseitig in den Blick und richten ihre Aufmerksamkeit gemeinsam auf etwas Drittes, und zwar das *Interaktionsgeschehen*. Das geschieht weitgehend intuitiv, in Wirklichkeit handelt es sich jedoch um einen hoch komplexen Vorgang, in dem sich die Aufmerksamkeiten von Akteuren interaktiv koppeln. Im Schauspielunterricht wird diese Fähigkeit daher aktiv und intensiv trainiert (Kontaktimprovisation), ebenso in Gemeinschaftssportarten oder in interaktiven Formen der Psychotherapie (Moreno, 1988; Krüger, 1997; von Ameln, Gerstmann u. Kramer, 2004).

---

252 Zum Beispiel um das *Aushandeln von Gegenseitigkeit* (Bleckwedel, 2014, S. 87–103) auf der psychologischen Ebene von Paarbeziehungen.
253 Natürlich spielen hier auch Machtverhältnisse eine Rolle. Die Erkenntnis gemeinsamer Urheberschaft und gemeinsamer Verantwortung setzt Täterschaft und persönliche Verantwortung nicht außer Kraft. Eine Person, die geschlagen oder missbraucht wird, ist an einer Situation beteiligt, aber nicht schuldig.
254 Beispiele sind therapeutische Situationen, aber auch theatralische und musikalische Improvisation, die ein Höchstmaß an interaktiver Präsenz erfordern.

Momente *kooperativer Kopplung*,[255] und damit gemeinsam geteilter interaktiver Aufmerksamkeit, tauchen zuallererst in basalen Beziehungen und in vielen familiären Alltagssituationen auf.

Zum einen wirkt die Art der kooperativen Kopplung über die Koordination und Abstimmung von Verhaltensweisen und Emotionen auf die Personen ein. Zum anderen bildet sich in basalen Beziehungssystemen allmählich eine spezifische *sozio-motivationale Infrastruktur* (vgl. Tomasello, 2009, S. 13; Mead, 1978; Blumer, 1969) heraus, die als Basis für kooperatives Handeln die Muster der Kooperation, und damit die Möglichkeiten und Grenzen gemeinsamer Beziehungsgestaltungen in diesem Bereich, bestimmt.

4.13 Die kommunikative Dimension gemeinsamer Beziehungsgestaltung

Über kaum etwas wurde so viel nachgedacht und geschrieben wie über Sprache, Sprechen und Zuhören. Die fantastischen Möglichkeiten, die ein *offenes und fiktionales Sprachsystem* bietet, habe ich bereits in Teil I genauer beschrieben. Ich konzentriere mich hier auf jene Aspekte des gemeinsamen verbalen Kommunikationsgeschehens, die mir für die gemeinsame Gestaltung von Beziehungen im sprachlichen Austausch wesentlich erscheinen.

Phylogenetisch und ontogenetisch geht die besondere Art und Weise, in der Menschen sprachlich kommunizieren, aus sozialen Kooperationen hervor (Tomasello, 2011, 2020), beide Bereiche sind im menschlichen Zusammenleben eng miteinander verknüpft und verwoben (Stern, 1993). Konstituiert und getragen wird menschliche Beziehungsgestaltung durch leibliche, emotionale und kooperative Abstimmungsprozesse, die bereits, wie beschrieben, im erweiterten Sinn kommunikativ sind. Typisch menschliche Beziehungsgestaltung ist daher ein grundlegend kooperatives *und* zugleich sprachlich tief geprägtes Geschehen.

Bereits als Säuglinge sind wir eingehüllt in die Klänge der Muttersprache. Doch das Sprechen muss erst erlernt werden. Ein hoch komplexer Prozess, in dem die Bewusstseinssysteme der Kinder das *offene und fiktionale Sprachsystem* (die sprachliche Infrastruktur, auf der sowohl menschliche Bewusstseinssysteme als auch menschliche Kommunikationssysteme operieren) im engen Bezogensein mit *sprechenden* Bezugspersonen strukturell adaptieren und assimilieren

---

255 Als *strukturelle Kopplung* bezeichnen Maturana und Varela (1987) »eine Form der Wechselwirkung zwischen Systemen [...], deren Bestandteile sich aufeinander einstellen, ohne ihre Eigenständigkeit aufzugeben« (Ludewig, 2005, S. 22).

(Piaget, 1976) und für die eigene Prozessorganisation nutzen, während sie sich immer flüssiger und gewandter in die ablaufenden Kommunikationsprozesse einkoppeln und einschalten.

Gelingt dieser Prozess, öffnet sich eine völlig neue Dimension der gemeinsamen Beziehungsgestaltung und des individuellen Selbstempfindens. Etwa ab dem 24. Monat bestimmen Sprechen, die Sprache, die wir benutzen, *und verbales Selbstempfinden* (Stern, 1993, S. 231–261), das Sprechen ermöglicht und trägt, das menschliche Beziehungserleben und Zusammenleben.

Das offene und fiktionale Sprachsystem, das Menschen nutzen, eröffnet (1) nicht nur völlig neue Möglichkeiten der *kommunikativen Kopplung* von Bewusstseinssystemen, sondern ebenso (2) völlig neue und andere *Formen des Zusammenseins* (Stern, 1993, S. 241 ff.) und damit (3) schier unerschöpfliche Möglichkeiten gemeinsamer Beziehungsgestaltung.

4.13.1 Grundlagen menschlicher Kommunikation

Die allgemeinen Grundlagen, Formen und Regeln menschlicher Kommunikation wurden bereits 1969 von Watzlawick, Beavin und Jackson in ihrem Standardwerk über menschliche Kommunikation ausführlich beschrieben.[256] Jedes individuelle Verhalten ist Kommunikation. Symbolisches Handeln, z. B. das Überreichen von Blumen, kann mehr sagen als viele Worte. Menschen in Beziehungen kommunizieren miteinander schon dadurch, indem sie *etwas tun* oder *nicht tun*. Schweigen ist Kommunikation.

Bewegung, Stimme, Mimik, Gestik und Körperhaltung begleiten und rahmen, wie wir gesehen haben, die Worte und Sätze, die gesprochen werden: Als nonverbale Kommunikation bilden sie einen Subtext, der manchmal bedeutungsvoller werden kann als der Text. Text und Subtext müssen nicht übereinstimmen.[257]

Allein diese Tatsachen tragen zur Komplexität und Diversität menschlicher Beziehungsgestaltung einiges bei. Doch die Erweiterungen von Vielfalt und Komplexität in der *interpersonalen Welt der sprachlichen Kommunikation* gehen weit darüber hinaus.

---

[256] Die berühmten Axiome lauten: (1) Man kann nicht nicht kommunizieren; (2) Jede Kommunikation hat einen Inhalts- und einen Beziehungsaspekt, wobei Letzterer den Ersteren bestimmt und daher eine Metakommunikation ist; (3) die Natur einer Beziehung ist wird die Interpunktionen der Kommunikationsabläufe seitens der Partner bestimmt; (4) Menschliche Kommunikation bedient sich digitaler und analoger Modalitäten; (5) Zwischenmenschliche Kommunikationsabläufe sind entweder symmetrisch oder komplementär, je nachdem, ob die Beziehungen zwischen den Partnern auf Gleichheit oder Unterschiedlichkeit basieren.

[257] Können sich sogar gegenseitig konterkarieren: Auf dieser Beobachtung basierte die »Double-Bind«-Theorie (Bateson et al., 1969).

4.13.2 Miteinander Sprechen als mehrdeutiges Ereignis

Wenn wir Kommunikation als Ereignis zwischen Personen auffassen, dann sind Tanzen, Liebe machen oder miteinander Kochen bereits gemeinsame kommunikative Akte. Zum *Akt des Miteinander-Sprechens* gehören jedoch (mindestens) zwei *sprechende* und einander *zuhörende* Personen. Betrachten wir die gemeinsame Beziehungsgestaltung zweier Personen, können wir, genau beobachtet, *zwei Arten von Subtexten* unterscheiden: (a) die Art, wie etwas *gesagt* wird, und (b) die Art, wie *zugehört* wird (Haltung, Körperausdruck, Augenbewegungen).

Ob und wie zugehört wird, berührt aber, wie jeder weiß (der Frauen zuhört), einen sensiblen Bereich menschlicher Kommunikation. Gelegentlich geht es ja dem oder der Sprechenden weniger um den Ausdruck von etwas, sondern eher um das Gefühl, dass jemand aufmerksam und mitfühlend zuhört. Da wir es bei zwei Personen aber immer schon mit zwei Versionen dessen, (a) wie etwas gesagt und (b) wie dabei zugehört wurde, zu tun haben, ergibt sich in Gesprächen darüber, wer wann etwas wie gesagt und wer wann wie zugehört hat (oder eben nicht!), jene Komplexität und Vielfalt menschlicher Kommunikation, die wir bewundern und zugleich, wegen all der möglichen Missverständnisse und Kompliziertheiten, fürchten.

4.13.3 Mentale Kalkulation – miteinander sprechen im Modus des gegenseitigen Mentalisierens

Als Mentalisieren bezeichnet Peter Fonagy (Fonagy et al., 2004) die Fähigkeit, das eigene Verhalten oder das Verhalten anderer Menschen durch Zuschreibung mentaler Zustände zu interpretieren und im Kontext mentaler Vorstellungswelten zu verstehen. Diese Fähigkeit entwickelt sich auf der Basis leiblicher und emotionaler Abstimmungsprozesse in der frühen Kindheit, geht aber über rein affektive oder emotionale Einfühlung weit hinaus. Denn mit dem Eintreten in die interpersonale Welt des Sprechens (Stern, 1993, S. 231–247) lernen Kinder im sprachlichen Austausch nicht nur, eigene Gefühle zu differenzieren und die Gefühle anderer zu »lesen«, sie lernen auch zunehmend, Gefühle und Handlungsweisen von sich selbst und anderen *im Rahmen* mentaler Vorstellungswelten (»Theory of Mind«: Überzeugungen, Weltsichten, Weltbezüge, Weltdeutungen)[258] zu verstehen und zu deuten. Ein Beispiel aus dem kindlichen Alltag: Der Vater

---

258 Hartmut Rosa beschreibt in seinem Buch »Resonanz, eine Soziologie der Weltbeziehung« (2016) sehr differenziert die *allgemeinen Züge* eines subjektiven, affektlogischen Weltbezugs, der für Menschen in der Moderne typisch ist. Eine solche Art des Weltbezugs fällt nicht vom Himmel. Glänzend beschreibt Rosa, wie diese besondere Art des Weltbezugs aus der Art

nimmt mir jetzt das Nutellaglas weg, *weil er* (in seiner Welt) glaubt, Schokolade sei ungesund, deshalb schaut er streng, da lächle ich doch einfach, werde aber, wenn er nicht hinschaut, weiter naschen, *weil ich* (in meiner Welt) überzeugt davon bin, dass Schokolade stark macht.

Kinder verstehen also ab einem bestimmten Alter, dass es *unterschiedliche* mentale Hintergründe oder Landkarten gibt, die sie mit anderen Personen (eher) teilen, oder (eher) nicht teilen (wollen oder können), und dass Gefühle, Wünsche und Handlungen von diesen mentalen Hintergründen abhängen und bestimmt werden. Und natürlich verstehen sie auch, dass Eltern sich von ihren Kindern wünschen, dass die Kinder *ihre* Landkarten benutzen, und wie man sich dagegen wehren kann.

In der kindlichen Entwicklung bestätigt sich ontogenetisch, was in Teil I mit Bezug auf die Evolution menschlicher Beziehungsgestaltung ausführlich dargestellt wurde: Wir sind *sozial kalkulierende Wesen* (Humphrey, 1997), die auf einem *mentalen Hintergrund* (Clark u. Brennan, 1991; Clark, 1996) operieren, den wir mit anderen, mehr oder weniger, teilen, oder eben nicht.

Es ist nicht übertrieben zu sagen, dass die individuelle Fähigkeit, mentale Zustände als mögliche Ursache eines Verhaltens zu verstehen, um eigene oder fremde Handlungen erklären und vorhersagen zu können, gewisse Vorteile im Leben und im Zusammenleben mit sich bringt. Dazu ist es allerdings notwendig, *genau zu beobachten,* was im Raum des Zwischenmenschlichen passiert, und diese Beobachtungen im Austausch mit anderen *sprachlich zu reflektieren,* um Gefühle, Gedanken, Absichten, Erwartungen und Beweggründe von sich selbst und anderen im Kontakt einigermaßen korrekt zu erkennen und zu verstehen. Genau das tun Menschen in der Regel, wenn sie miteinander sprechen. Gemeinsam zu mentalisieren bezeichnet daher einen transmentalen, gegenseitigen Erkundungsprozess, durch den Personen im Gespräch Gefühle, Gedanken, Motive und Handlungen von sich selbst und anderen im Rahmen mentaler Landkarten, die sie sich selbst und anderen zuweisen, interpretieren.

Der Prozess gemeinsamen Mentalisierens kann, einseitig oder zweiseitig, gelingen oder misslingen. Im echten Beziehungsleben, auf dem Tummelplatz des Zwischenmenschlichen, erweist sich der Prozess als ebenso wunderbar und nützlich wie situativ störanfällig (und dann weniger hilfreich). Besonders in Stresssituationen und emotional hoch aufgeladenen Konfliktsituationen kann der Prozess des Mentalisierens mehr oder weniger stark eingeschränkt werden, oder, unter bestimmten Umständen, ins Destruktive kippen. Eia Asen und Uri

---

hervorgeht, wie Menschen in der Moderne Beziehungen gestalten, zu sich selbst, zu anderen und zur Umgebung.

Weinblatt (2018) unterscheiden daher im therapeutischen Bereich zwischen effektivem und nicht effektivem Mentalisieren.[259] Nicht effektives Mentalisieren kann zu massiven Missverständnissen führen und destruktive, selbst- und fremdverletzende Formen sprachlicher und nicht sprachlicher Beziehungsgestaltung auslösen.[260]

4.13.4 Mentalisierungsmodus

Gelingendes Miteinander-Sprechen kann als ein *transmentaler sozialer Prozess*[261] verstanden werden, der durch einen interpersonalen Modus (in Haltung und Einstellung) begünstigt wird. Asen (2021) nennt folgende Merkmale:

a) »*Offenheit für Neues:* Wohlwollende Neugierde für mentale Zustände entwickeln,
b) *Bewusstsein für Konsequenzen:* Verstehen, wie unsere Gedanken, Gefühle und Handlungen sich auf andere auswirken – und wie wir selbst von den Gedanken, Gefühlen und Handlungen anderer betroffen sind.
c) *Undurchsichtigkeit mentaler Zustände:* Wissen, dass man sich der mentalen Zustände anderer nie ganz gewiss sein kann.
d) *Perspektivenübernahme:* Sich selbst durch die Augen von anderen sehen können und würdigen, dass andere die Welt anders wahrnehmen als man selbst.
e) *Reflexive Erwägungen:* Flexibel, entspannt und offen für die Gedanken und Gefühle anderer sein, anstatt sie kontrolliert oder gar zwanghaft zu jagen.
f) *Versöhnlichkeit:* Verstehen, dass Handlungen anderer, selbst wenn sie verletzend sind, aus einem legitimen mentalen Zustand resultieren können.
g) *Fähigkeit des »Gebens und Nehmens«:* Sich abwechseln können.
h) *Autobiografische Kontinuität:* Vergangenes und aktuelles Erleben verbinden können.
i) *Glaube an Veränderbarkeit:* Zuversicht, dass sich Menschen und Dinge ändern können.
j) *Verantwortungsübernahme:* Zurechnungsfähigkeit bei sich selbst und anderen unterstellen.

---

259 Omer, Alon und von Schlippe (2014) zeigen eindrücklich, wie *Dämonisierung* zu festgefügten und vereinfachenden *Feindbildern* führen kann.
260 Mentalisierungsbasierte Therapieformen mit Erwachsenen (MBT-E), Kindern (MBT-K) und Familien (MBT-F) sind inzwischen weitverbreitet (vgl. unter anderem Asen, 2017, 2021; Rottländer, 2020; Asen u. Fonagy, 2021; Bateman u. Fonagy, 2013).
261 Asen verwendet den Begriff »transaktional« (Asen, 2021, S. 8), bezogen auf Gespräche erscheint mir der Begriff transmental jedoch durchaus angemessen.

k) *Vertrauen:* Annahme einer positiven und wohlwollenden Haltung als Ausgangspunkt bei sich selbst und anderen.
l) *Verspieltheit und Selbstironie:* sich selbst nicht (zu) ernst nehmen,
m) *Demut:* sich der Grenzen eigene Fähigkeiten und eigenen Wissens bewusst sein« (Asen, 2021, S. 9).

Mit Abstand und im Licht sozialer Erfahrung betrachtet zeigt diese wertvolle Liste sowohl die Möglichkeiten verbaler Verständigung und Heilung als auch die Möglichkeiten verbaler Verstörung und Verletzung in Gesprächen.

4.13.5 Sprache als zweischneidiges Schwert

Mit dem Auftauchen verbalen Selbstempfindens und dem Eintauchen in die Welt der Sprache und des Sprechens verfügen wir über ein neues *Medium des Austausches,* das uns eine Vielzahl neuer Möglichkeiten eröffnet. Wir können unser bewusstes Erleben mit anderen teilen, wir können soziale und kulturelle Formen und Muster gemeinsamer Beziehungsgestaltungen erfinden, die es bisher nicht gab, und wir können persönliche und kollektive Narrative erfinden und weiterspinnen, die uns als geschichtliche Wesen auf ein höheres Niveau des Bewusstseins und des bewussten Zusammenseins heben.

Und doch ist, wie Stern zu Recht bemerkt, »die Sprache ein zweischneidiges Schwert. Es gibt auch Bereiche unseres Erlebens, die wir mit anderen Menschen weniger leicht teilen können und die uns selbst nicht unmittelbar zugänglich sind, weil die Sprache sich dem entgegen stellt. Sie treibt einen Keil zwischen zwei simultane Formen interpersonalen Erlebens: die Form, wie Interpersonalität gelebt, und die Form, wie sie verbal dargestellt wird« (Stern, 1993, S. 231).

Leibliche, emotionale und kooperative Bereiche des Beziehungserlebens und der Beziehungsgestaltung, die im Bereich der Sprache nur unvollständig und *partiell* abgebildet werden, können durch Sprache und Sprechen in den Untergrund des Erlebens gedrängt werden, und »in dem Maße, in dem das Geschehen im verbalen Bereich als wirkliches Geschehen betrachtet wird, unterliegt das Erleben in den anderen Bereichen einer Entfremdung« (Stern, 1993, S. 233).

Die Sprache, oder die Art, wie wir sprachlich miteinander kommunizieren, eröffnet also durchaus neue Möglichkeiten, bringt aber, wie jede Innovation, auch Probleme hervor. Wie eine Situation oder eine Beziehung als Ganzes *empfunden* wird, kann sich stark von dem unterscheiden, was inhaltlich *gesprochen* wird. Diese Differenz zeigt sich oft erst in Krisensituationen, wenn Konflikte in Beziehungen aufbrechen. Die Differenz wird dann nicht selten (zumindest von einer Person, manchmal aber auch von allen Beteiligten) als überraschend erlebt (nicht »verstanden« oder »geglaubt«), obwohl die Differenz, bei genauer Betrachtung, bereits vorher vorhanden war.

Die Problematik der Sprache zeigt sich aber auch im Bereich der Vorstellung und Theorie. In unserem Empfinden spüren wir intuitiv, aber sehr deutlich, dass wir uns *als Prozess leiblich eingebettet und zugleich gemeinsam mit anderen in einem Raum des Zwischenmenschlichen ereignen,* aber die Sprache, die wir benutzen, sperrt sich, sie entfernt uns von dieser Tatsache, und wird zum Problem, weil sie die »*Integration* der Selbsterfahrung, sowie die Erfahrung des ›Selbst in Gemeinschaft mit dem Anderen‹« (Stern, 1993, S. 232, Hervorhebung J. B.) behindert und erschwert.

4.13.6 Gemeinsame Sinnerfindung und Wir-Bedeutungen

Sobald wir über einen eigenen Weltbezug und eine eigene Weltdeutung verfügen und uns sprachlich austauschen können, sind wir in der Lage, für uns selbst und gemeinsam mit anderen Bedeutungen, Sinn hervorzubringen. Eine interessante Frage, die sich stellt, wenn man über Bedeutung(sgebung) nachdenkt, ist die Frage, wem (oder zu wem) Bedeutung »gehört« (Holquist, 1982, zit. nach Stern, 1993, S. 240). Was also denken wir, wie Bedeutungen entstehen und wo sie angesiedelt sind? Aus Sicht der personenzentrierten Tradition ist die Sache klar, Bedeutung entsteht im Individuum und bleibt dort angesiedelt,[262] sie gehört mir oder dir. Eine weitere Auffassung besagt, dass Bedeutung niemandem gehöre, da sie unabhängig von Menschen und Dingen existiere. Platon vertrat diese Idee, sie findet sich oft in den Künsten und sie begründet Weltanschauungen, die sich auf etwas Drittes, eine höhere »Wahrheit« oder ein höheres Wesen berufen. Holquist (1982) bringt aber noch eine dritte Auffassung ins Spiel, nämlich die, dass Bedeutung *uns* gehört. WIR sind die Besitzer von Bedeutung, und »wenn sie uns schon nicht gehört, so können wir sie doch wenigstens *pachten*« (Holquist, 1982, S. 3, zit. nach Stern, 1993, S. 241; Hervorhebung i. O.).

Nehmen wir an, dass Bedeutungen, ebenso wie Empfindungen, im Bereich des Zwischenmenschlichen entstehen und eben dort angesiedelt bleiben, weil wir Bedeutungen in Gesprächen miteinander erfinden, verhandeln und aushandeln: Dann können Bedeutungen dir *und* mir *und* uns (wer immer das sein mag) »gehören«. Diese Auffassung verträgt sich gut mit der Feststellung Luhmanns (1984), dass sich in sozialen Systemen die Bewusstseinssysteme der beteiligten Personen durch Kommunikationen über SINN strukturell koppeln, weil sowohl Bewusstseinssysteme als auch Kommunikationssysteme sprachlich

---

[262] Die Neurobiologie liefert nur eine neue Version dieser tradierten Auffassung.

Sinn erzeugen und auf der Basis von Bedeutungen und Bedeutungszuweisungen operieren.

»Bedeutung resultiert aus Verhandlungen zwischen Personen, die vereinbaren, was sie als gemeinsam anerkennen wollen«, schreibt Stern (1993, S. 242). In der verbalen Kommunikation und Metakommunikation geht es demnach grundsätzlich darum, in einem transmentalen, intersubjektiven Prozess subjektive Bedeutungszuweisung auszuhandeln oder zu verhandeln, um gemeinsam geteilte Bedeutungen zu generieren und zu differenzieren.

Diese Art der »interpersonalen Bedeutungsschöpfung« (Stern, 1993, S. 192) beginnt mit dem verbalen Austausch in der Kindheit. Dort tauchen die ersten systemspezifischen *Wir-Bedeutungen*[263] auf, sehr spezielle, private, aber auch kulturell geprägte, Bedeutungshintergründe, die wir mit anderen Systemmitgliedern teilen.

Später setzt sich dieser Prozess in Peergroups und diversen weiteren Gemeinschaften fort. *Systemspezifische* Wir-Bedeutungen, die im Austausch mit relevanten Personen entstehen (Eltern, Geschwistern, Freunden, Personen, die wir lieben, zu denen wir aufblicken, die wir bewundern oder verehren), bleiben häufig (dann) *bedeutungsvoll*, wenn sie in Umbruch- oder Übergangszeiten, »in denen Weltkenntnis und Sprache sich verbinden« (Stern, 1993, S. 242), das Erleben intensiv prägen.

4.13.7 Das Empfinden einer Gesprächssituation

Das oben entwickelte Verständnis der Entstehung von Bedeutungen verweist auf eine weitere wichtige Tatsache. In Gesprächen, im Miteinander-Sprechen, geht es keineswegs nur um das rein kognitive Aushandeln oder Zuweisen von Bedeutungen. Der Sprechakt, der Klang der Stimmen, die Fantasien und Motive hinter den Worten, die Beteiligung, der Rhythmus, die Tonart eines Gesprächs, all das wird emotional gelebt und erlebt. Kurz: Die *Gesprächssituation* selbst wird *empfunden* und *emotional bewertet*.

Bedeutungen sind im menschlichen Bewusstsein *immer* mit Empfindungen und Emotionen, mit Bewertungen verbunden (Humphrey, 1997). Das macht Gespräche attraktiv, vielleicht sogar lustvoll, gelegentlich aber auch kompliziert.

Daniel Stern weist zu Recht darauf hin, dass die Auffassung, der Spracherwerb diene vor allem der *Autonomieentwicklung*, einseitig und irreführend

---

263 Es können durchaus verschiedene Wir-Bedeutungen *nebeneinander* existieren, was zu Schwierigkeiten in der Identitätsbildung und zu Schwierigkeiten zwischen Personen führen kann.

ist. Im Gespräch erleben wir Autonomie und Autorenschaft, aber eben auch besondere Gefühle von Zugehörigkeit und Nähe, von Gemeinschaft und Zusammensein. In einem »tieferen Sinn«, schreibt Stern, »stellt die Sprache ein Vereinigungserlebnis dar, das auf Grund gemeinsam geschaffener Bedeutungen eine neue Ebene innerer Bezogenheit ermöglicht« (Stern, 1993, S. 245).

Genau daraus ergibt sich jedoch ein Grundkonflikt, der sich in vielen Gesprächssituationen zeigt: Einerseits möchten wir unsere individuelle Autonomie behaupten, andererseits sehnen wir uns nach dem Verbundenheitsgefühl, das wir in frühen Tagen im Medium der Sprache erlebten (und das an keine Bedingungen, Voraussetzungen oder Anforderungen gebunden war).

Gespräche können inspirieren oder langweilen, Gespräche können Herzen erwärmen, aber auch das Blut in den Adern gefrieren lassen. Sprechen kann sich anfühlen wie das gemeinsame Knüpfen eines Netzes, aber auch wie das Zerreißen eines Gewebes. Gespräche können berühren oder verletzen, sie können Fenster öffnen, aber auch Türen schließen.

Die Erfahrung zeigt, dass das *Empfinden von Gesprächssituationen* sich oft nachhaltiger auf das Beziehungserleben und -leben auswirkt als die Inhalte von Gesprächen (»Wer so mit mir spricht, mit dem spreche ich nicht«). Eben deshalb können Probleme, die auf dieser Ebene in Beziehungen auftauchen, nicht auf der Inhaltsebene gelöst werden, und dann erscheint es sinnvoll, genau darüber auf einer Metaebene ins Gespräch zu kommen.

4.13.8 Metakommunikation

Metakommunikation kann und soll andere Formen des Miteinander-Sprechens in menschlichen Beziehungen nicht ersetzen. Alle Arten des Sprechens – Alltagsgespräche, Informieren, Instruieren, zärtliches Geflüster, einfach mal erzählen, tröstendes Sprechen, entlastendes Zuhören, thematische Erörterungen, klärende Gespräche, Streitgespräche – haben ihre Zeit und ihre Berechtigung. Sie tragen Beziehungen und tragen zur Gestaltung von Beziehungen bei. Metakommunikation kann jedoch, in der jeweils passenden, situationsangemessenen Weise und in altersangemessener Form, die Entwicklungs- und Gestaltungsmöglichkeiten auf ein höheres Niveau heben.

4.13.8.1 Gemeinsames Mentalisieren

Beim *gemeinsamen Mentalisieren* im *Mentalisierungsmodus* (siehe oben) geht es um den bewussten, geordneten und gezielten Austausch über mentale Zustände (gegenseitige Wahrnehmungen, Empfindungen, Gefühle, Gedanken und Wünsche) in einer Beziehung im Kontext der jeweiligen mentalen Vorstellungswelten. Mögliche Leitfragen: Wie geht es mir/dir in unserer Beziehung? Im Rahmen welcher Vorstellungswelt? Was glaube ich, wie es dir mit mir in unserer Beziehung geht? Wie geht es unserer Beziehung? In der Regel möchten Menschen gern wahrgenommen und wertgeschätzt werden, Vertrauen und Resonanz spüren, ein existenzielles Echo finden und in einem psychologischen Sinne verstanden und *beantwortet* werden (Willi, 1996).

4.13.8.2 Sprechen über Sprechen

Nicht selten reagieren Menschen auf Gesprächsangebote (»Wir sollten mal wieder miteinander sprechen«) zögerlich, abwehrend bis aversiv. Manchmal ist Nichtsprechen besser als Sprechen (finden nicht nur Kinder, wenn Eltern fragen). Das *Empfinden von Gesprächssituationen,* die *Atmosphäre* beim Sprechen bestimmt das persönliche Beziehungserleben und damit den Rahmen der Möglichkeiten, Beziehungen gemeinsam zu gestalten. Wie also wurden und werden Gesprächssituationen erlebt? Typische Leitfragen: Wie reden wir in bestimmten Situationen miteinander? Reden wir überhaupt? Wer spricht in welchem Ton? Wie lange, zu viel, zu wenig? Worüber sprechen wir? Worüber nicht? Wie fühlt es sich an, wenn wir miteinander sprechen? Wie fühlt es sich an, wenn wir gut im Gespräch sind, und wie machen wir das? Wie wollen wir miteinander sprechen, um gemeinsame Ziele zu erreichen? Stimmt die Rahmung der Gespräche (Zeit, Ort, subjektive Befindlichkeit, Regeln)?

4.13.8.3 Über eine Beziehung ins Gespräch kommen

In der Metakommunikation kann es auch um einen Austausch darüber gehen, wie die *Beziehung selbst* gesehen wird. Das geht am besten über Bilder, Metaphern oder kleine Geschichten. Ein Rollenwechsel mit *der Beziehung* kann hilfreich sein. Wie sieht die Beziehung uns? Wie fühlt sie sich an? Wie wird sie behandelt? Wie sollte, könnte sie wunschgemäß sein? Könnte sich die Beziehung wandeln, und wenn ja, wie?

4.13.9 Gemeinsame geteilte Geschichtlichkeit

Menschen in basalen Beziehungssystemen erleben und teilen über Jahre hinweg eine Vielzahl von gemeinsamen Momenten, Episoden und Situationen. Wenn sie beginnen, sich darüber (wie sich die Beziehung entwickelt hat, gerade entwickelt und vielleicht weiterentwickeln könnte), gezielt und in Ruhe *sprachlich* auszutauschen, entsteht mit der Zeit, was wir *gemeinsame geteilte Geschichtlichkeit* nennen können. Gemeinsame geteilte Geschichtlichkeit wird sowohl in den Bewusstseinssystemen der Personen als auch in den wiederkehrenden Mustern und Formen gemeinsamer Beziehungsgestaltungen bewahrt und *aufgehoben*.[264]

Der Grad gemeinsamer Geschichtlichkeit bestimmt die Entwicklungsmöglichkeiten von Beziehungssystemen. Gut durchgearbeitete gemeinsame Geschichte trägt, federt und öffnet den Möglichkeitsraum für Veränderungen und Entwicklungen. Verdrängte gemeinsame Geschichte drängt zur Wiederkehr und Wiederholung derselben Muster; die Möglichkeiten, Beziehungen anders zu gestalten, werden begrenzt. Das betrifft basale Beziehungssysteme ebenso wie größere Gemeinschaften, Kulturen oder gesellschaftliche Systeme.

4.13.9.1 Wandel erster Ordnung: Kontinuität, Konstanz und moderater geschichtlicher Wandel

Kommunikativer Austausch bestätigt und stabilisiert auf der sozialen und psychischen Ebene (A) eine bestimmte *gemeinsame Lebensweise* (in Form generalisierter Transaktionsmuster und ritualisierter gemeinsamer Handlungen). Auf dieser Basis entsteht (B) ein *Fundus* an gemeinsam geteilten Bildern (Musiken), Geschichten, Erzählungen, Mythen[265] und Legenden, der die einmal entstandene Lebensweise (Kultur) bestätigt und schließlich einen *gemeinsamen Ordnungsrahmen*[266] bildet, in dem sich eine einmal etablierte Lebensweise moderat verändern und entwickeln kann.

Betrachten wir die *gemeinsame Lebensweise* und die Produktion eines entsprechenden *gemeinsamen Ordnungsrahmens* als aufeinander bezogene Prozesse, dann wird klar, dass *Kohäsion und Stabilität* (und letztlich die Existenz) sozialer Systeme unter sich wandelnden Bedingungen zum einen von der relativen Kontinuität kooperativer Beziehungsgestaltungen und zum anderen vom kommunikativen Austausch abhängig sind. Erst beides zusammen ermöglicht basalen Beziehungssystemen ein Überleben durch moderate Entwicklung.

Personen, ihre Beziehungen zueinander und die Umgebungsbedingungen wandeln sich permanent. Ein soziales System, das sich darüber nicht (mehr) metakommunikativ austauscht, läuft Gefahr, notwendige Anpassungen und Veränderungen der Lebensweise, der gemeinsam geteilten geschichtlichen Hintergründe und des gemeinsamen Ordnungsrahmens nicht (mehr) oder zu spät vorzunehmen.

---

264 »Aufgehoben« im dialektischen Sinne Hegels, indem etwas, das »aufgehoben« wird, in etwas transformiert wird, das in der Veränderung Vorangegangenes bewahrt.
265 Mit Bezug auf Familienmythen vgl. Stierlin (2001, S. 169–185; vgl. auch Bleckwedel, 1992).
266 Jonathan Lear (2020) zeigt in seiner Studie »Radikale Hoffnung, Ethik im Angesicht kultureller Zerstörung« eindrücklich, was passiert, wenn die gewohnte Lebensweise wegbricht und gleichzeitig der gemeinsame kulturelle Ordnungsrahmen zerbricht.

4.13.9.2 Wandel zweiter Ordnung: Irritation, radikale Abweichung und experimenteller Wandel

Kommunikation kann auch verstören. Unter bestimmten Bedingungen kann ein offener metakommunikativer Austausch in sozialen Systemen für starke Irritationen und radikale Abweichungen sorgen. Lebensweisen und gemeinsam geteilte »Erzählungen« aller Art (Überzeugungen, Glaubenssysteme, Wissenssysteme, Theorien) werden infrage gestellt, kommen auf den Prüfstand und können, wo es notwendig erscheint und sinnvoll ist, grundlegend verändert werden.

Bewusstseinssysteme und soziale Systeme entwickeln, wie alle lebenden Systeme, nicht nur Kompensationsmöglichkeiten, um die üblichen Muster ihrer Organisation über moderate Veränderungen erster Ordnung stabil aufrechtzuerhalten, sondern sie führen *Irritationen* und *Abweichungen*, wenn nicht gewollt, so doch zumindest kontingent[267], aktiv herbei. Auf diese Weise werden Veränderungen zweiter Ordnung möglich und die sich daraus ergebenden Möglichkeiten können erforscht werden. Spontane (Moreno, 1954; Schacht, 2003), nicht planbare, unvorhergesehene Aktivitäten, die eingefahrene Muster unterbrechen, tauchen auf allen Ebenen der Entwicklung von Leben auf. Sie wirken auf der Ebene von Bewusstseinssystemen und sozialen Systemen (ebenso wie auf der biologischen Ebene) einer »fehlerlosen Stagnation« (von Weizsäcker u. von Weizsäcker, 1984) entgegen. Mit anderen Worten: Bewusstseinssysteme und soziale Systeme produzieren Abweichungen, um neue Muster und Formen von Bewusstsein und Zusammenleben zu bahnen und Vielfalt zu erhalten.

4.13.9.3 Neuordnung und alternative Rahmung

Irritationen und Abweichungen *allein* führen allerdings, sowohl auf der Ebene des Bewusstseins als auch auf der Ebene sozialer Systeme, bestenfalls zu Verwirrung.[268] Im Prozess der Neuordnung des sozialen Zusammenlebens sollten Verstörungen und Fluktuationen (irgendwann) zu neuen stabilen Ordnungen führen (vgl. Nicolis u. Prigogine, 1987). Daher organisieren und strukturieren sich Bewusstseinssysteme und Beziehungssysteme, wenn es gut geht, nach einer Zeit der »Verstörung«, erneut und neu. Soziale und psychische Systeme erfinden sich neu, und entwickeln neue Ordnungsrahmen, in denen sie sich sozial und psychologisch orientieren und mental und kommunikativ entsprechend organisieren können.

---

267 Siehe Teil I.
268 Im unguten Fall zu Chaos, Wahn und Gewalt.

4.13.9.4 Die Macht sprachlicher Rahmungen

Im Kontext moderater und experimenteller Veränderungen entwickelt Metakommunikation eine besondere Kraft und Wirkung. Wir können weder etwas, was gewesen ist, ändern, noch können wir mit Gewissheit voraussehen, was in der Zukunft geschehen wird. Doch Menschen haben die Möglichkeit, durch veränderte sprachliche *Rahmungen* in ihrem Bewusstsein und in ihren Kommunikationen sowohl ihre Sichtweisen auf Vergangenes zu verändern und zu formen als auch in der Gegenwart die Art und Weise, wie sie Beziehungen gestalten – zu sich selbst, untereinander und zur natürlichen Umgebung – zu verändern.[269]

Im kommunikativen Austausch können Menschen ihre Lebensweise und die Geschichten, die sie über sich, ihr Zusammenleben und ihren Umgang mit den natürlichen Umgebungen erzählen, verändern und Erzählungen erfinden, die den Lauf der Geschichte und die Zukunft bestimmen können.

4.14 Trialogisches Geschehen – Beziehungsgestaltung in Triaden

Stellen wir uns folgende Situation vor, »wie sie sich am Sonntagmorgen in der Küche einer Familie ergibt: die Mutter hat ihre kleine Tochter gerade gefüttert, und nun verwickelt das zufriedene Kind unter den wohlwollenden Augen seines Vaters die Mutter in eine Reihe dialogischer Spiele. Dann schaut es den Vater einladend an, und nun ist er an der Reihe zu spielen. Die Mutter ist von der Verbundenheit der beiden tief bewegt und beobachtet sie voller Vergnügen. Dann treten alle drei in den Dialog miteinander ein. Da gibt es Momente höchster Freude, wenn sie alle gemeinsam lachen, und auch Momente der Zärtlichkeit und des Mitgefühls, wenn das Baby müde ist und quengelig wird. Das Kind zieht sich schließlich zurück, und die Eltern sprechen begeistert darüber, wie hübsch ihr Kind sei und wie aufgeweckt. Dann gewinnt das Kind allmählich Interesse daran, die Unterhaltung seiner Eltern zu beobachten« (Fivaz-Depeursinge u. Corboz-Warnery, 2001, S. 14).

Mit dieser Situationsbeschreibung führen Elisabeth Fivaz-Depeursinge und Antoinette Corboz-Warnery (2001) die Leser direkt in die Welt des »primären Dreiecks« ein. Den Autorinnen ist ein spannender, wegweisender Forschungs-

---

269 Sprachliche Macht kann von allen Menschen und Gemeinschaften im Sinne der jeweils herrschenden Überzeugungen, Ideologien und Werte genutzt werden. Sie ist daher leider keine Garantie für Vernunft oder Fortschritt, was immer das auch sein mag.

bericht gelungen, der über Dyaden und das Geschehen in Zwei-Personen-Systemen hinausweist und ein neues, viel versprechendes Forschungsfeld eröffnet. Dabei geht es um die genaue und differenzierte Beobachtung gemeinsamer Beziehungsgestaltung in basalen familiären Beziehungen. Nur sehr wenige Forscher, schreibt Daniel Stern in seinem Vorwort zum Buch der Autorinnen Fivaz-Depeursinge und Corboz-Warnery (2011), hätten sich bisher intensiv mit den Anfängen familiärer Dynamiken und Muster im primären familiären Beziehungsdreieck beschäftigt. In der konventionellen Psychoanalyse kommt die Dynamik des Dreiecks erst in den Blick, wenn die Kinder in die »ödipale« Entwicklungsphase (etwa mit drei oder vier Jahren) eintreten. Die Bindungsforschung beschränkt sich weitgehend auf die Beobachtung der Dynamiken und Muster von Mutter-Kind-Interaktionen, also, wie so viele Forscher und Therapeuten, auf Zwei-Personen-Systeme.[270] Die Pioniere der Familientherapie und systemischen Therapie haben sich zwar früh intensiv mit *Triaden*[271] theoretisch beschäftigt, doch eine detaillierte Erforschung des Beziehungsgeschehens in primären Triaden unterblieb weitgehend.

Die auch als Familientherapeutinnen tätigen Forscherinnen stoßen also in ein bisher unentdecktes Gebiet, ein »kaum ausreichend untersuchtes Forschungsfeld« (Fivaz-Depeursinge u. Corboz-Warnery, 2001, S. 13) vor. Geleitet von der Überzeugung, dass eine »Rekonstruktion der Familie aus ihren dialogischen Komponenten nicht ausreicht« (Fivaz-Depeursinge u. Corboz-Warnery, 2001, S. 15) entwickelten sie mit der *Lausanner triadischen Spielsituation* (Lausane Trialog Play) ein Forschungssetting, das es erlaubt, die *ablaufenden Interaktionen* zwischen *mehr als zwei Personen* in den Blick zu nehmen: in diesem Fall im *primären Dreieck,* der Grundeinheit, mit der alles beginnt und in der sich gemeinsame Beziehungsgestaltungen (als trianguläres Geschehen) entwickeln. Familiendynamiken und -muster sollen durch das komplexe (jedoch handhabbare) Forschungssetting explizit als *einheitliches Geschehen,* »weniger als Serie von Dyaden« (Fivaz-Depeursinge u. Corboz-Warnery, 2001, S. 19) sichtbar gemacht und *im Entstehungsprozess* untersucht werden (die Kinder sind drei bis neun Monate alt).

Die triadische Spielsituation, in der die Interaktionen zwischen Vater-Mutter-Kind-im-Spiel beobachtet werden können, folgt einer narrativen Linie, die in der anfangs zitierten Situationsbeschreibung skizziert wurde: Es beginnt mit »(1) eine[r] Konfiguration Zwei-plus-eins, bei der Vater und Kind miteinander

---

[270] Fokussiert durch das von Mary Ainsworth genial, aber auch beschränkend entworfene Untersuchungssetting Mutter–Kind (Ainsworth et al., 1978).
[271] Allein Lynn Hoffman (1984) behandelt in ihrem Grundlagenbuch das Thema Triaden in drei Kapiteln (6, 7, 8).

spielen und die Mutter an der Peripherie ist«, es folgt »(2) eine Verlagerung auf die andere Konfiguration Zwei-plus-eins, bei der Mutter und Kind miteinander spielen und der Vater an der Peripherie ist«, gefolgt von einer »(3) Konfiguration Drei-gemeinsam, bei der Vater, Mutter und Kind miteinander spielen«, und schließlich dem »(4) Zurückgehen auf die Konfiguration Zwei-plus-eins, bei der das Kind an der Peripherie ist und Vater und Mutter sich unterhalten« (Fivaz-Depeursinge u. Corboz-Warnery, 2001, S. 15). Im Verlauf ihrer Beobachtungen wurde für die Forscherinnen besonders interessant: der Umgang der Familien mit *kritischen Situationen* (in denen Verbindungen gestört werden oder drohen abzureißen) und mit *Übergängen* zwischen den einzelnen Szenarien. Kritische Situationen und Übergänge erfordern eine besonders aufmerksame und exakte Koordination und gute Kooperation zwischen den Beteiligten, bieten aber auch die besten Möglichkeiten zur qualitativen Weiterentwicklung familiärer Allianzen.

4.14.1 Die Entwicklung von Familienallianzen – Beziehungsgestaltung in primären Dreiecken

Wie gut arbeiten Familien in der gemeinsamen Beziehungsgestaltung zusammen? Dafür prägen die Autorinnen den treffenden Begriff »Familienallianz«.[272] »Die Familienallianz […] beschreibt den Grad der Koordination der Partner beim trialogischen spielen« (Fivaz-Depeursinge u. Corboz-Warnery, 2001, S. 269). Dabei *rahmen* (!) und leiten die Eltern (in gemeinsamer Anstrengung) die kommunikativen Bemühungen des Kindes, während das Kind seinerseits die Eltern motiviert, das Kind in seiner Entwicklung voranzubringen.[273]

Die systematischen Beobachtungen und Analysen der Forscherinnen folgen einer hoch differenzierten multiplen Lesart, die mehrere Ebenen der Wahrnehmung umfasst und verschiedene Sichtweisen miteinander verbindet: (A) Wie erleben wir als Beobachterinnen die Zusammenarbeit der Familien (auf einer intuitiven gefühlsmäßigen Ebene)? (B) Arbeitet eine Familie als Team zusammen? Helfen die Beteiligten sich gegenseitig im trialogischen Geschehen? (C) Fördert die beziehungsgestalterische Rahmung, die die Beteiligten miteinander

---

272 In Anlehnung an den Begriff der therapeutischen Allianz.
273 Dabei ist den Autorinnen klar, dass dieser Prozess durch die (direkte oder indirekte) Beobachtung Dritter (z. B. Großeltern), in diesem Fall aber durch die Beobachtung der Forscherinnen spezifisch kontextualisiert und damit beeinflusst wird. Die beobachteten Familienallianzen stehen also in einem engen Zusammenhang mit den Arbeitsallianzen, die sich zwischen den Familien und dem Forscherteam herausbilden (Fivaz-Depeursinge u. Corboz-Warnery, 2001, S. 198 ff.).

und füreinander erzeugen, die spielerische Bezogenheit (oder behindert sie diese)? (D) Korrigiert die Familie fehlerhafte Formen der Koordination effizient? (E) Bewältigen das Kind und die Eltern emotional aufgeladene Situationen, um ihr Bezogensein zu dritt zu erhalten?

Im Ergebnis konnten unterschiedliche Formen von Familienallianzen beobachtet werden, sie reichen von gut koordinierten funktionalen bis zu ungeordnet parafunktionalen Formen der gemeinsamen Beziehungsgestaltung. Ausführlich beschreiben die Autorinnen vier unterschiedliche Typen von Familienallianzen: (A) kooperativ, (B) angespannt, (C) kollusiv und (D) gestört. Bei der Unterscheidung und Beurteilung der Allianzen ging es (a) um die Leichtigkeit und Eleganz von Koordination und Kooperation (insbesondere in Konfliktsituationen und bei Übergängen), (b) um das Gelingen der *kreativen Interaktion* (Krüger, 1997) sowie (c) um die affektive Färbung der Stimmung im System.

Interessant ist, wie die unterschiedlichen Typen von Familienallianzen von den Beobachterinnen erlebt wurden: (A) Kooperative Allianzen waren in der Beobachtung mit den Gefühlen *Vergnügen und Ästhetik* assoziiert, (B) angespannte Allianzen waren in der Beobachtung mit den Gefühlen *Anspannung versus Erleichterung* (wenn sich die Anspannung auflöste) assoziiert, (C) kollusive Allianzen waren in der Beobachtung mit den Gefühlen *Irritation und Enttäuschung* assoziiert und (D) gestörte Allianzen waren in der Beobachtung mit den Gefühlen *Verwirrung und Leiden* assoziiert. Diese Gefühle der Beobachterinnen hingen offenbar eng mit den Transaktionsmustern und Stimmungen zusammen, die die Familien zeigten; sie waren für die Forscherinnen leicht und deutlich wahrnehmbar, stellten sich schnell in der Beobachtung ein und hielten sich meist über die gesamte Zeit des trialogischen Spiels. Diese intuitive und gefühlsmäßige Wahrnehmung von Beziehungsmustern und -stimmungen entspricht der Alltagserfahrung. Intuitiv nehmen wir »gestaltähnliche Formationen« wahr, die mehrere Beziehungspartner »durch die Koordination ihrer Aktivitäten generieren« (Fivaz-Depeursinge u. Corboz-Warnery, 2001, S. 144), schreiben die Autorinnen.

Schwieriger ist es, Beziehungsmuster explizit zu erfassen: »Die Entdeckung von Mustern in Interaktionen ist vergleichbar mit dem Anfertigen einer musikalischen Analyse, um Struktur und Hauptthema der zahlreichen Variationen eines Musikstücks herauszufinden« (Fivaz-Depeursinge u. Corboz-Warnery, 2001, S. 115). Die Forschungsgruppe entwickelte auf dieser Basis ein wohlstrukturiertes Beurteilungsschema (Fivaz-Depeursinge u. Corboz-Warnery, 2001, S. 117) mit vier Beobachtungskategorien: (A) Beteiligung (ist jeder einbezogen?), (B) Organisation (ist jeder in seiner Rolle?), (C) Aufmerksamkeitsfokus (nimmt jeder am Spiel teil?) und (D) affektiver Kontakt (ist jeder mit jedem in Kontakt?).

Diese Beobachtungskategorien können sehr gut auf alle Face-to-Face-Interaktionen mit mehreren Personen[274] übertragen werden. Eine differenzierte, ganzheitliche Betrachtung des Beziehungsgeschehens ermöglicht es, die Ressourcen und Schwierigkeiten von Familien oder Gruppen genauer zu verstehen und Hilfen anzubieten, um andere, effizientere Muster der Beziehungsgestaltung zu entwickeln.

4.14.2 Kritische Situationen und Übergänge

Eine prozessorientierte Sicht zeigt zudem, dass die Gestaltung von Übergängen und Fehlerkorrekturen eine Schlüsselfunktion[275] in der Entwicklung von Beziehungsfähigkeit[276] und gemeinsamer Beziehungsgestaltung einnimmt. »Unser soziales Leben ist gepflastert mit Übergängen, und jeder einzelne Übergang ist – vom Standpunkt unseres inneren Erlebens aus betrachtet – potenziell ein Moment der Verwundbarkeit. Wenn aber die Eltern die Übergänge zeitlich unangemessen platzieren und diese dann noch in einer konflikthaften Atmosphäre durchführen, erlebt das Kind zwangsläufig mehr Unsicherheit und Spannung als Interesse« (Fivaz-Depeursinge u. Corboz-Warnery, 2001, S. 170). Anders formuliert, es kommt in der Entwicklung der Fähigkeit, Beziehungen angemessen zu gestalten, insbesondere in kritischen Situationen und bei Übergängen, auf die Rahmung, das Timing und die Atmosphäre an, eine Idee, die sich sowohl im alltäglichen Leben als auch in psychotherapeutischen Prozessen immer wieder bestätigt.

4.14.3 Intersubjektive Verbundenheit

Das Ziel gemeinsamer Beziehungsgestaltungen im primären Dreieck besteht darin, eine *Verbundenheit-zu-dritt* herzustellen. Eine solche Verbundenheit zeigt sich in drei Aspekten: (1) Alle Beteiligten beziehen sich in der Art einer Dreier-

---

[274] Mehrpersonensysteme (vgl. Bleckwedel, 2008), z. B. Therapiesettings für Gruppen, Familien oder Paare.

[275] »Von einer klinischen Perspektive aus stellt die Korrektur folglich den Schlüsselprozess dar, der die Familienallianzen voneinander unterscheidet« (Fivaz-Depeursinge u. Corboz-Warnery, 2001, S. 170).

[276] Zur Beobachtung und Beurteilung von Beziehungsfähigkeit(en) haben Karin Schumacher, Claudine Calvet und Silke Reimer ein hervorragendes Instrument entwickelt (siehe Schumacher, Calvet u. Reimer, 2011; vgl. auch Esterbauer, 2020, 2021).

beziehung (triangulär) aufeinander, (2) alle Beteiligten beziehen sich *sowohl* in positiven (freudvollen) *als auch* in negativen (schwierigen) emotionalen Kontexten aufeinander, (3) alle Beteiligten beziehen sich in einer Art aufeinander, die an das Entwicklungsniveau der am wenigsten weit entwickelten Person (hier das Kind) anknüpft. Die Beteiligten »können das spielerische Vergnügen in der Gemeinschaft zu dritt teilen, sie können Konflikte in der Gemeinschaft zu dritt aushandeln, und sie können Unsicherheiten in der Gemeinschaft zu dritt klären« (Fivaz-Depeursinge u. Corboz-Warnery, 2001, S. 170). Wie gut dies jeweils gelingt, hängt von der Qualität der familiären Allianzen ab, also von der Leichtigkeit, Flüssigkeit, Geschmeidigkeit und Eleganz der jeweiligen intersubjektiven Transaktionen in einem Beziehungssystem – wenn es gut geht, gleicht das Geschehen einem mit Leichtigkeit und Freude ausgeführten Tanz, in dem sich alle Beteiligten wohlkoordiniert aufeinander beziehen.

In jedem Fall prägen »Momente intersubjektiver Verbundenheit zu dritt« (Fivaz-Depeursinge u. Corboz-Warnery, 2001, S. 197) das Erleben und die Aufmerksamkeitsentwicklung[277] von Menschen weit mehr, als dies in der Entwicklungspsychologie, die sich bisher weitgehend auf Zwei-Personen-Beziehungen konzentriert hat, angenommen wird. Dabei weist die Erfahrung intersubjektiver Verbundenheit zu dritt eine hohe Varianz auf, die Bandbreite reicht »von höchst positiven und entwicklungsfördernden bis zu höchst eingeschränkten, negativen und verwirrenden Erfahrungen« (Fivaz-Depeursinge u. Corboz-Warnery, 2001, S. 197). In jedem Fall sind es Momente intersubjektiver Verbundenheit zu dritt, die Menschen in die Lage versetzen (oder nicht), Beziehungen gemeinsam mit anderen Menschen trialogisch – also gemeinsam und mit mehrfach fokussierter Aufmerksamkeit – zu gestalten, um sich kommunikativ weiterzuentwickeln.

4.14.4 Gemeinsame Rahmung

Insgesamt beeindruckten die beteiligten Familien die Forscherinnen durch »die unglaubliche Fähigkeit einer Gruppe, ihre Interaktionen zu rahmen« (Fivaz-Depeursinge u. Corboz-Warnery, 2001, S. 245). Auf diese kommunikative Rahmung kommt es besonders an, wenn die Beteiligten ihre Beziehung untereinander gemeinsam gestalten wollen: »Alle Partner müssen einbezogen sein, sie müssen sich an ihre Rollen halten, sie müssen einen gemeinsamen Fokus herstellen und effektive Abstimmung aufrechterhalten« (Fivaz-Depeursinge u. Corboz-Warnery, 2001, S. 245).

---

277 Es wäre interessant, die Modediagnosen ADS oder ADHS unter dem Aspekt der beschriebenen Allianzen im primären Dreieck zu untersuchen.

Indem sie dies tun, bringen die Beteiligten gemeinsam »Formationen der Beteiligung, der Organisation, des Aufmerksamkeitsfokus und des effektiven Kontakts« (Fivaz-Depeursinge u. Corboz-Warnery, 2001, S. 245) hervor. Zwar leiten die Eltern das Kind, doch »das Kind erhöht seine Beitragsleistung und ermöglicht es den Eltern, durch seine Beitragsleistung in der *Zone seiner nächsten Entwicklung* zu agieren« (Fivaz-Depeursinge u. Corboz-Warnery, 2001, S. 245; Hervorbebung i. O.).

Entscheidend ist wahrscheinlich die Frage, wie und unter welchen Umgebungsbedingungen komplexe Systeme wie Familien oder Gruppen den Übergang von einem einmal in der Entwicklung erreichten Systemzustand in einen anderen, komplexeren Systemzustand gut gestalten können, um sich weiterzuentwickeln.

4.15 Die Entfaltung transaktionaler Muster und die Epigenese von Beziehungssystemen

Die Entwicklung von Babys und Kindern in ihren Beziehungen zu relevanten Gegenübern ist gut erforscht und oft beschrieben worden (vgl. unter anderem Grossmann u. Grossmann, 2009). Um darüber hinaus die Entwicklung basaler Beziehungssysteme in den Blick zu nehmen und zu verstehen, ist es notwendig, die theoretische Sichtweise auf den Bereich des Zwischenmenschlichen auszudehnen. Dabei sind folgende Überlegungen (die bereits allgemein oder implizit formuliert wurden) von besonderer Bedeutung:

1. In basalen Mehr-Personen-Systemen bilden *alle Personen gegenseitig* füreinander eben jene *lebendigen* Umgebungen und damit Entwicklungsbedingungen, die mal mehr, mal weniger optimal sein können.
2. In diesem Zusammenhang kommt es bereits auf einer grundlegenden Ebene zu kategorialen Irrtümern, wenn lebendige Subjekte mit unbelebten Objekten gleichgesetzt werden (Objektbeziehungstheorien). Aus Meltzoffs (Meltzoff u. Moore, 1995) Untersuchungen wissen wir hingegen, »dass die Imitation das Mittel des Kindes ist, um Menschen zu explorieren und zu identifizieren, und dass die Manipulation das Mittel ist, um Objekte zu explorieren« (Fivaz-Depeursinge u. Corboz-Warnery, 2001, S. 189). Beziehungsgestaltungen (a) *zwischen Subjekten* und Beziehungsgestaltungen (b) *zwischen Subjekten und Objekten* unterscheiden sich also kategorial, es handelt sich um völlig andere Bezugnahmen und Beziehungsvorgänge.[278] Sie sollten

---

278 Zur Theorie von Subjektbeziehungen vgl. auch Bleckwedel (2000a).

daher nicht gleichgesetzt und miteinander verwechselt werden. Bemerkenswert erscheint in diesem Zusammenhang auch Trevarthens (1984) These, dass Kinder von Geburt an mit drei unterschiedlichen Arten der Beziehungsgestaltung operieren: mit »dem selbstgerichteten, dem objektgerichteten und dem personengerichteten Motiv« (Fivaz-Depeursinge u. Corboz-Warnery, 2001, S. 190).

3. In basalen Mehr-Personen-Systemen bilden auch die Beziehungen in Subsystemen für Personen und für andere Subsysteme *gegenseitig* füreinander eben jene *lebendigen* Umgebungen und damit Entwicklungsbedingungen, die mal mehr, mal weniger optimal sein können.
4. Elternbeziehungen wirken sich auf Kinder aus, Geschwisterbeziehungen auf Eltern, Koalitionen zwischen Eltern und Kindern auf Partner etc. Der Einfluss von Beziehungen (zwischen anderen Personen) auf einzelne Personen kann sogar größer sein als der Einfluss einzelner Personen, z. B. bei Kindern hochstrittiger Elternpaare. In basalen Beziehungssystemen ist dieser wechselseitige Zusammenhang besonders evident. Nicht nur Elternbeziehungen beeinflussen das Leben von Kindern, auch Geschwisterbeziehungen oder partnerschaftliche Beziehungen beeinflussen das Leben der Eltern.
5. Der Einfluss von Beziehungen auf Personen bezieht sich sowohl auf gegenwärtige Beziehungen als auch auf vergangene und zukünftige. Eine transgenerationale Perspektive (vgl. unter anderem Boszormenyi-Nagy u. Krasner, 1986, Boszormenyi-Nagy u. Spark, 1973; Sperling, Massing, Reich, Georgi u. Wöbbe-Mönks, 1982; König, 2004; Beushausen, 2012; Hildenbrand, 2018; Ritscher, 2017) zeigt, dass nicht nur lebende, sondern auch gestorbene Vorfahren (deren Beziehungen und Beziehungsgestaltungen) das Leben von Familien und Familienmitgliedern nachhaltig beeinflussen können. Auch Beziehungen zu ungeborenen oder verstorbenen Kindern können eine Rolle spielen. Das gilt ebenso für eine in die Zukunft gerichtete Perspektive, in der es um die (erwartbaren, befürchteten, erhofften) Beziehungen von Kindern und Enkeln geht.
6. Damit nicht genug, nicht nur die Personen und ihre Beziehungen untereinander bilden wechselseitig füreinander entwicklungsrelevante Umgebungen. Die besonderen *Muster gemeinsamer Beziehungsgestaltungen*, die sich in basalen Beziehungssystemen als *generalisierte transaktionale Muster* allmählich herausbilden, stellen für alle Beteiligten ebenso eine entwicklungsrelevante Umgebungsbedingung dar. Typen von Familienallianzen[279] *rahmen* das Beziehungsgeschehen in Familien auf *spezifische* Art und Weise.

---

279 Wie von Fivaz-Depeursinge und Corboz-Warnery (2001) beschrieben, siehe vorheriges Kapitel.

7. Der *familiale Beziehungsraum* (Stimmer, 2000), der sich als »flexible und dennoch stabile Manifestation« (Capra, 1986, S. 295, zit. nach Stimmer, 2000, S. 147) allmählich herausbildet, ist (als selbst erzeugter Entwicklungsraum) mal mehr mal weniger eine Quelle von Freude und Entwicklung oder eine Quelle von Erschöpfung und Leiden.[280] Diese Umgebungsbedingung wird von den beziehungsgestaltenden Akteuren im gemeinsamen Tun selbst hergestellt, sie kann also auch gemeinsam verändert und als ressourcenspendende und ressourcenfördernde Umgebung entwickelt werden.[281]

4.15.1 Transaktionale Muster

Der Begriff »Transaktionsmuster« betont die Interdependenz[282] von Personen in sozialen Beziehungen ebenso wie die persönliche Einflussnahme der beteiligten Personen auf das Beziehungsgeschehen.[283] Damit wird zum einen deutlich, dass die Mitglieder eines sozialen Systems als beziehungsgestaltende Akteure spezifische Transaktionsmuster hervorbringen. Darüber hinaus gerät in den Blick, dass basale Beziehungssysteme in Form generalisierter transaktionaler Muster eine eigene Dynamik entfalten und sich geschichtlich weiterentwickeln.

Dieser Aspekt, dass sich transaktionale Muster entfalten und soziale Systeme sich *als Beziehungssysteme* weiterentwickeln können, wurde bisher in der Psychologie kaum thematisiert, geschweige denn genau erforscht. Kaum strittig ist, dass gemeinsame Beziehungsgestaltungen den transaktionalen Rahmen bilden, in dem sich die Mitglieder einer Familie entwickeln.[284] Die Frage ist nur, wie diese transaktionale Rahmung sich durch gemeinsame Beziehungsgestaltungen selbst weiterentwickelt.

---

280 Vertiefend zu diesem Thema vgl. Bleckwedel (2008, S. 84–91).
281 Diese Überzeugung leitete die frühen und gegenwärtigen Pioniere der Familientherapie, unter anderem Moreno (vgl. Compernolle, 1982), Satir (Satir, 1990; Satir u. Baldwin, 1988), Minuchin (1988), Minuchin und Fishman (1983), Richter (1972), Whitaker (1982), Gammer (2007), Welter-Enderlin und Hildenbrand (1996, 1998, 2006), Asen und Fonagy (2014, 2021), um nur einige zu nennen.
282 Unter Interdependenz versteht Capra »die gleichzeitigen und voneinander abhängigen Wechselwirkungen multipler Komponenten« (Capra, 1986, S. 295, zit nach Stimmer, 2000, S. 147).
283 Auf dieser theoretischen Grundlage kann in sozialen Systemen sowohl (A) eine *individuelle* als auch (B) eine *gemeinsame* Verantwortung festgestellt werden (vgl. Bleckwedel, 2008, S. 153). Vgl. auch Stimmer (2000, S. 146): »Menschen bedingen ihre Welt und werden zugleich von ihr bedingt, sie sind Schöpfer und Geschöpfe zugleich.«
284 Vgl. Franz Stimmer (2000, S. 147): »Im Rahmen der transaktionalen Gestaltung dieser das Familiengeschehen prägenden Prinzipien entwickeln und verändern sich die Familienmitglieder, wobei Kinder schon in den frühen nachgeburtlichen Phasen aktive Mitglieder sind.«

4.15.2 Die Entwicklung basaler Beziehungssysteme

Die Idee der Entwicklung von Beziehungssystemen wurde zuerst von Lyman C. Wynne in dem Artikel »Die Epigenese von Beziehungssystemen« (1985) formuliert. Der einflussreiche Pionier der Familientherapie[285] und Familienforscher konnte diese Idee nicht mehr weiterverfolgen. »Mir selbst«, schreibt Wynne am Ende eines Forscherlebens, »wurde erst vor relativ kurzer Zeit richtig bewusst, dass positive, integrative Kommunikationsmuster mehr sind als das *Fehlen* von Deviation« (Wynne, 1985, S. 128; Hervorhebung i. O.). Der Artikel kann aber als Vermächtnis gelesen werden. Wenn wir besser verstehen wollen, wie Beziehungen gelingen können, müssen wir deren Entwicklung besser verstehen. Wynn geht es darum, eine bisher vernachlässigte Sichtweise einzuführen, »nämlich ein auf dem Grundsatz der Entwicklung beruhendes epigenetisches Verständnis der sich innerhalb von Beziehungssystemen abspielenden Prozesse« (Wynne, 1985, S. 116–117). Ich denke, genau darum geht es in einem entwicklungsorientierten systemischen Ansatz, und es lohnt sich, sich mit dem Phänomen epigenetische Entwicklung lebender Systeme, die wir auf allen Organisationsebenen beobachten können, etwas näher zu beschäftigen.

4.15.3 Die Epigenese biologischer, psychischer und sozialer Systeme

Wynnes Vorstellung von Entwicklung ist eng mit dem Begriff der Epigenese verbunden, den er auf soziale Systeme überträgt. Der Begriff wurde 1942 von Conrad Hal Waddington in die Biologie eingeführt, um bestimmte Zelleigenschaften zu beschreiben. Waddington definiert Epigenetik als: »The branch of biology which studies the causal interactions between genes and their products which bring the phenotype into being« (Waddington, 1942, S. 19), und als epigenetisch bezeichnet er Entwicklungsprozesse in Zellen oder Organismen, die nicht auf einen *vorgegebenen* genetischen Bauplan zurückgeführt werden können.

Eine solche Unterscheidung wurde notwendig, weil bei der biologischen Evolution phänotypischer Vielfalt (Formen, Strukturen, Muster) Veränderungen beobachtet werden können, die *nicht* auf Mutationen im Prozess der Vererbung (Weitergabe von DNA-Sequenzen an nächste Generationen) zurückgeführt werden können. Das aber lässt sich nur erklären, wenn man von einer direkten *Wechselwirkung* zwischen Genen und Erscheinungsformen (Phänotypen) ausgeht und annimmt, dass die Baupläne des Lebens (also die Prinzipien der

---

[285] Wynne gehörte mit Bateson, Jackson, Haley, Weakland, Rykoff, Searles, Bowen, Laing und anderen zur einflussreichen Palo-Alto-Gruppe (vgl. Bateson et al., 1970).

Konstruktion von Leben) mitten im Leben entstehen und sich durch das Leben verändern und weiterentwickeln. Das Leben schreibt sich im Prozess seiner Entwicklung seine Baupläne beständig selbst.

Die Definition von Waddington war insofern weitblickend, als neuere Forschungen zeigen (Spork, 2016, 2017), dass bestimmte Erfahrungen oder Veränderungen im Lebensstil, also Umgebungseinflüsse, die Genetik der Menschen sowohl (a) indirekt (über Vererbung) als auch (b) direkt[286] beeinflussen und verändern.[287] »Die moderne Molekular- und Zellbiologie erkundet Botschaften in den Zellen, die diesen ein Gedächtnis schenken und über ihre Widerstandsfähigkeit mitbestimmen. Gemeinsam mit biochemischen Informationen über die Lebensweise der Eltern und Großeltern entscheiden diese Botschaften zeitlebens mit darüber, wie unsere Zellen, Organe und Stoffwechselsysteme auf kritische Belastungen reagieren« (Spork, 2017, S. 12). Während wir also leiblich sensibel auf Umgebungseinflüsse reagieren, verändern unsere Zellen *regulatorische DNA-Abschnitte* (und deren Umgebungen), lesen Teile davon gezielt ab oder schalten Teile davon gezielt aus. Unsere Lebensweise bestimmt also, zusammen mit Kontextbedingungen und Zufällen (Kontingenz), mit darüber, welche Erbgutinformationen wann und wie intensiv genutzt werden sollen und welche eher nicht, und die Informationen, die dabei auf genetischer Ebene entstehen, werden weitergegeben. Der untrennbare Zusammenhang zwischen Genetik, Genregulation und Epigenetik (oder Epigenomik)[288] ist inzwischen in den einschlägigen Wissenschaften unbestritten. »Die Masse der DNA ist zuständig für das Zusammenspiel zwischen Erbe und Umwelt oder – im Sinne Goethes und Fischers – für die Genese des Organismus, nicht für seine Bauteile« (Pork, 2017, S. 83).

Das Leben ist also auf der biologischen Ebene beständig mit der RAHMUNG oder Neu-Rahmung seiner Entwicklungsmöglichkeiten beschäftigt, und wir können davon ausgehen, dass dies ebenso für *alle Organisationsebenen* (siehe Abbildung 1) des Lebens gilt: also für Personensysteme, basale Beziehungssysteme, Gemeinschaften und Gesellschaften.

---

286 Also nicht über den Umweg der Vererbung über Generationen.
287 Damit kann auch die leidige Debatte »Umwelt *oder* Vererbung« aus wissenschaftlicher Sicht für beendet erklärt werden (Spork, 2017, S. 81 ff.). Innere und äußere Bedingungen wirken zusammen.
288 Auf der internationalen Ebene hat sich das Internationale Humane Epigenomik-Konsortium (IHEC) gebildet, aus Deutschland sind zahlreiche Forschungsteams im Rahmen des deutschen Epigenomik-Programms (DEEP) daran beteiligt.

4.15.4 Zwei-Ebenen-Modell der Transformation – Wandel erster und zweiter Ordnung

Die Forschungsergebnisse der Molekularbiologie bestätigen eine Beobachtung des Systemtheoretikers Ross Ashby (1952), der feststellte, »dass lebende Systeme nicht nur in der Lage sind, ihre Verhaltensweisen auf kleine Veränderungen in ihrem Umkreis abzustimmen (wie der Körper zum Beispiel eine optimale Temperaturspielbreite einhält, indem er schwitzt, wenn es heiß ist, und zittert, wenn es kalt ist), sondern sie sind oft auch in der Lage, den ›Rahmen‹ für Verhaltensweisen zu verändern, wenn die Umgebung eine ungewöhnlich ernsthafte Veränderung aufweist (wie zum Beispiel Tierarten die Möglichkeit entwickelt haben, einen dickeren Pelz zu bekommen, wenn der Winter kälter wird, oder ein Muster ausgearbeitet haben, bei dem sie bis zum Frühjahr in ein wärmeres Gebiet ziehen« (Hoffman, 1984, S. 47).[289]

Ashby nennt nun »die korrektiven Reaktionen auf geringfügige Abweichungen ›Veränderung erster Ordnung‹ und die Reaktionen auf drastische Unterschiede in der Umgebung ›Veränderung zweiter Ordnung‹« (Hoffman, 1984, S. 47).

Lebende Systeme haben nach diesem Zwei-Ebenen-Modell der Transformation drei Möglichkeiten, sich an veränderte innere oder äußere Bedingungen anzupassen beziehungsweise sich zu entwickeln: (a) Sie können sich durch Regulationen im bestehenden Rahmen selbst stabilisieren, (b) sie können sich durch symmetrische Eskalationen im bestehenden Rahmen selbst zerstören, oder (c) sie können sich durch den *Sprung*[290] in einen anderen Rahmen als System neu (um)formatieren. Das gilt für biologische, psychische, soziale oder kulturelle Systeme.[291] Was als Sprung imponiert, erweist sich beim genaueren Hinsehen als Teil eines Transformationsprozesses, der sowohl kontinuierlich als auch diskontinuierlich verläuft.

---

289 Diese Art des »bimodalen« Feedbacks ist nach Ashby nützlich, da sie der Einheit oder dem Organismus die Möglichkeit gibt, sowohl alltägliche Abweichung als auch drastische Veränderungen zu überleben.

290 Thomas Suddendorf (2014a) beschreibt einen solchen Sprung am Beispiel des Übergangs vom Affen zum Menschen (siehe Teil I).

291 Gregory Bateson (1958) hat den hier skizzierten systemtheoretischen Zusammenhang in seinem Buch »Naven« am Beispiel der Jatmul-Gesellschaft konkret beschrieben. Auch seine Analyse der Katastrophen des 20. Jahrhunderts bezieht sich auf diese grundlegende Idee (Bateson, 1983).

4.15.5 Transformationsprozesse – Neuordnung durch Fluktuation

Wandel zeigt sich in Sprüngen. Übergangssituationen werden oft als schwierig und belastend erlebt, weil die damit verbundenen Ungewissheiten und verstörenden Zustände von psychischer und sozialer Erregung und Unruhe begleitet werden. Andererseits bilden eben diese Übergangssituationen ein notwendiges Durchgangsstadium in Transformationsprozessen, ohne sie käme es nicht zu mehr oder weniger kreativen Lösungen zweiter Ordnung.[292]

Übergänge von einem Ordnungsrahmen zu einem anderen Ordnungsrahmen sind für biologische (Prigogine, 1979), psychische (Erikson, 1966), soziale (Wynne, 1985), kulturelle (Elias, 1976) oder gesellschaftliche Systeme (Luhmann, 1984) ebenso typisch wie »kritisch«. Prozesshaft betrachtet entwickeln sich lebende Systeme nach einem überall in der belebten Natur anzutreffenden Prinzip, das von dem Nobelpreisträger Ilya Prigogine (1979; Nicolis u. Prigogine, 1987) unter der Überschrift »Ordnung durch Fluktuation« beschrieben wurde.

Entwicklungsprozesse lebender Systeme zeigen demnach ein wiederkehrendes Ablaufmuster: (A) Eine einmal gebildete *Ordnungsstruktur* (die einen bestimmten Rahmen aufrechterhält) nähert sich, angezeigt durch zunehmend *chaotische Zustände fern vom Gleichgewicht*, einem *Verzweigungspunkt*,[293] (B) überschreiten die *Fluktuationen* einen kritischen Schwellenwert, tritt das System am *Verzweigungspunkt* in eine »*Spontaneitätslage*« ein (Schacht, 2009, 2010), (C) in dieser *Spontaneitäts- oder Ungewissheitslage*[294] kann es zu einem *Wandel zweiter Ordnung* kommen, (D) am Verzweigungspunkt gibt es verschiedene Entwicklungsoptionen, Art und Richtung des Wandels können jedoch nur sehr eingeschränkt vorhergesagt werden, (E) schließlich tritt das System in einer Stabilisierungsphase in eine neue Ordnungsstruktur, einen neuen Rahmen ein, der so lange (relativ) stabil bleibt, bis erneute Fluktuationen wiederum zu einer Instabilitätsphase und schließlich zu einem weiteren Verzweigungspunkt führen. Dabei sind biologische, psychische, soziale, kulturelle und politische Systeme in einer Spontaneitätslage besonders *offen* für einen Wandel zweiter Ordnung.

---

292 Transformationsprozesse aller Art können auch zum Auseinanderfallen oder Zerbrechen von Systemen führen, zum Abbruch von Entwicklungen oder zu rückläufigen Entwicklungen.
293 Solche Punkte werden, z. B. in Klimamodellen, auch als *Kipppunkte* bezeichnet.
294 Stegmaier (2008) spricht vom *Orientierungs-Modus*.

4.15.6 Epigenese der Persönlichkeitsentwicklung (Erikson)

»In der Psychologie findet sich«, schreibt Wynne, »die bekannteste Anwendung des epigenetischen Prinzips bei Erik H. Erikson (1950) in seinem Schema des schrittweisen, sukzessiven Wandels in der Ich-Bildung: Aus einem ›Grundplan‹ erheben sich einzelne Teile, wobei ›jeder Teil zu seiner eigenen Zeit bestimmenden Einfluss gewinnt‹« (Wynne, 1985, S. 115).

Eriksons (1966) Thema und Fokus ist die »gesunde« Entwicklung der Persönlichkeit in Auseinandersetzung mit der Umgebung. Die persönliche Identitätsentwicklung erfolgt nach ihm schrittweise, wobei jedes Stadium auf der Entwicklung vorangegangener Stadien aufbaut. Erikson beschreibt diese Stadien auf psychoanalytischer Grundlage und orientiert sich am Lebenszyklus. Die Persönlichkeitsentwicklung vollzieht sich nach diesem Modell schrittweise in wechselnden Spannungsfeldern zwischen gegensätzlichen Polen: (1) Urvertrauen versus Urmisstrauen, (2) Autonomie versus Scham und Zweifel, (3) Initiative versus Schuldgefühl, (4) Werksinn versus Minderwertigkeitsgefühl, (5) Identität und Ablehnung versus Identitätsdiffusion, (6) Intimität und Solidarität versus Isolierung, (7) Generativität versus Selbstabsorption (8) und schließlich Integrität versus Verzweiflung.

Die Bewältigung der Konflikte und Krisen in den Spannungsfeldern beschreibt Erikson als *Entwicklungsaufgaben*. Der (gelingende oder misslingende) Umgang mit Übergängen und Konflikten in verschiedenen Stadien bildet dabei das mehr oder weniger stabile Fundament für weitere Entwicklungsherausforderungen, und die typischen Spannungsfelder bleiben lebenslang aktuell, auch wenn sie in den Hintergrund treten und die Dynamik weniger bestimmen.

4.15.7 Epigenese von Beziehungssystemen (L. C. Wynne)

Lyman Wynne wendet nun in seinem Artikel von 1985 die epigenetische Idee auf die Entwicklung basaler Beziehungssysteme (Familien und Paare) an, indem er »über die Systemebene des einzelnen bzw. seiner Persönlichkeit« (Wynne, 1985, S. 115) hinausgeht. Bei Wynne geht es nicht, wie bei Erikson, um individuelle, sondern um *gemeinsame Entwicklungsaufgaben*. Dabei verliert er aber die individuelle Ebene keineswegs aus dem Blick. Er argumentiert dabei systemtheoretisch sehr klar, und formuliert einige grundlegende Gedanken, die für die hier vorgestellte theoretische Perspektive wesentlich sind.

4.15.7.1 Verschachtelung und Anordnung hierarchischer Organisationsebenen

Wynnes Überlegungen[295] gehen zunächst von *verschiedenen Organisationsebenen*[296] aus: »Die Grundidee dabei ist, dass nach systemtheoretischer Sicht« die Natur als ein Kontinuum anzusehen ist, das in hierarchischen Anordnungen organisiert ist,[297] »wobei die komplexeren größeren Einheiten den einfacheren kleineren übergeordnet sind. Dabei muss jede Ebene als ein in sich organisiertes Ganzes mit unterscheidbaren Eigenschaften und Merkmalen betrachtet werden. [...] Eine einmal erreichte Ebene kann niemals auf eine einfachere Ebene reduziert werden. [...] Organe sind also mehr als eine bloße Anhäufung von Zellen, die Person ist mehr als ein Aggregat von Organen und die Familie ist mehr als ein Aggregat von Personen« (Wynne, 1985, S. 115).

Mit der Wahl der Systemebene *basale Beziehungssysteme* verschwinden die Personen bei Wynne also keineswegs aus dem Blick, sie sind vielmehr, auf einer höheren Ordnungsebene, ins System miteingeschlossen. Denn es gilt: »Im Verlauf von transaktionalen Prozessen machen die am Austausch beteiligten Personen auch einen *inneren* Wandel durch. Alle Teile eines transaktionalen Feldes hängen voneinander ab, jeder beeinflusst alle anderen durch rückläufiges (zirkuläres) Feedback« (Wynne, 1985, S. 120, Hervorhebung i. O.). Diese Definition bedeutet auch, so füge ich hinzu, dass die Personen nicht als Personen gedacht werden, die einem Wandel auf der Beziehungsebene passiv ausgesetzt sind oder diesem einfach folgen, sondern als beziehungsgestaltende Akteure Teil eines Systems sind, das sie selbst hervorbringen.

4.15.7.2 Jede Organisationsebene hat ihre eigene Qualität

Dabei ist es wichtig zu verstehen, dass die Personen in ihrer besonderen Qualität als Systeme sich nicht einfach in der übergeordneten systemischen Einheit (beziehungsweise Sichtweise) »auflösen«: »In dieser Hierarchie von Organisation besitzt jede Ebene ihre eigenen einmaligen Qualitäten, die sie von anderen Ebenen unterscheidet«, schreibt (Wynne, 1985, S. 115). Das muss bei der Beobachtung von Entwicklungen auf den verschiedenen Organisationsebenen berücksichtigt werden.

---

295 Vgl. dazu das Kapitel über Organisationsebenen.
296 Ein systemtheoretisches Prinzip, das auch Bateson (1983) vertritt und »sowohl von Biologen, wie zum Beispiel Weiß (1925), Theoretikern wie von Bertalanffy (1968) und Parsons (1951), und in neuer Zeit auch in dem von Engel (1980) vorgeschlagenen bio-sozialen Modell hervorgehoben wird« (Wynne, 1985, S. 115).
297 Diesen Teil des Zitats habe ich aus Gründen der Verständlichkeit neu übersetzt (J. B.).

4.15.7.3 Feldabhängige soziale Interdependenz und personale Eigenständigkeit

Interdependenz bedeutet nicht Aufhebung der individuellen Eigenständigkeit, vielmehr ergänzen und bedingen sich im transaktionalen Feld soziale Interdependenz (Bindung und Austausch) und personale Eigenständigkeit (Autonomie und Selbstbezüglichkeit). Zwar sind alle Personen interdependent miteinander verbunden und beeinflussen sich gegenseitig, »trotzdem ist es nicht möglich, dass alle Teile eines Beziehungssystems sich zu gleicher Zeit, in gleichem Ausmaß und in derselben Art wandeln. Deshalb behalten Subsysteme, insbesondere Individuen und Dyaden, notwendigerweise einen gewissen Grad von Losgelöstheit, eigener Identität und Differenzierung, der im Laufe der Zeit variiert« (Wynne, 1985, S. 115). Wer sich, wie Wynne, für die Entwicklung von Beziehungssystemen interessiert, muss also für die Beobachtung eine höhere Ebene der Organisation wählen, die sich nicht auf vorherige Ebenen reduzieren lässt, jedoch gleichwohl Personen in ihrer epigenetischen Persönlichkeitsentwicklung in die Beobachtung *miteinschließen* und als beziehungsgestaltende Akteure berücksichtigen.

Wynne richtet daher die Aufmerksamkeit auf die Muster von Transaktionen, die in basalen Beziehungssystemen beobachtet werden können. Der Terminus »Transaktion« betont den *Zusammenhang* von (A) Mustern der Interaktion und Kommunikation auf der sozialen Ebene und von (B) Mustern des Selbstempfindens und der Affektlogik auf der personalen Ebene im (C) Rahmen gemeinsamer Beziehungsgestaltung: »Die Beziehungsprozesse, die ich hier beschreibe«, schreibt Wynne, »sind eher ›transaktional‹ denn ›interaktional‹, wobei ich mich auf die erstmals von Dewey und Bentley (1949) vorgeschlagene Unterscheidung abstütze« (Wynne, 1985, S. 119 f.).

4.15.8 Entwicklungsbereiche basaler Beziehungssysteme

Wynne unterscheidet und beschreibt fünf *Prozesse* oder *Gebiete* (Wynne, 1985, S. 118), die als *Knotenpunkte* »in Beziehungssystemen in epigenetischer Abfolge in Erscheinung treten« (Wynne, 1985, S. 117). An diesem epigenetischen Ansatz und an dieser Konzeption orientiere ich mich im Folgenden (Wynne, 1985, S. 117, Abbildung 1). Dabei sind Ansatz und Konzeption von Wynne mit einem Entwicklungsverständnis, wie es von Stern in Bezug auf die Entwicklung des personalen Selbstempfindens (Stern, 1993) entwickelt wurde, sehr gut vereinbar. Ich verstehe die fünf genannten Prozesse oder Gebiete hier als *Entwicklungsbereiche,* in denen sich Transaktionsmuster in basalen Beziehungssystemen entfalten und entwickeln können. Alle Entwicklungsbereiche bauen rekursiv aufeinander auf und treten, aktiviert durch die Beteiligten, mal mehr, mal weniger in den Vordergrund. Pragmatisch gesehen können für jeden Entwicklungsbereich gemeinsame Entwicklungsaufgaben für die gemeinsame Beziehungsgestaltung formuliert werden (vgl. auch Bleckwedel, 2014).

Entwicklungsbereiche basaler Beziehungssysteme – gemeinsame Entwicklungsaufgaben

1. *Bindung und Fürsorge (attachment/caregiving)*
   In diesem Entwicklungsbereich geht es vorwiegend um gegenseitige Verbundenheit und Unterstützung in der leiblichen und emotionalen Dimension menschlicher Beziehungsgestaltung.
2. *Sich mitteilen – Miteinander Sprechen (communicating)*
   In diesem Entwicklungsbereich geht es um die kommunikative Dimension menschlicher Beziehungsgestaltung, vor allem darum, gleichen Dingen oder Ereignissen Beachtung zu schenken und Meinungen und Botschaften darüber auszutauschen.
3. *Gemeinsames Tun und Problemlösen (joint problem solving)*
   In diesem Entwicklungsbereich geht es um die kooperative Dimension menschlicher Beziehungsgestaltung, vorwiegend also darum, gemeinsam etwas zu unternehmen und sich in gemeinsamen Interessen und Betätigungen gegenseitig zu bestätigen sowie in kooperativer Weise Probleme zu lösen, Herausforderungen gemeinsam zu bestehen und Aufgaben gemeinsam zu erledigen.
4. *Gegenseitigkeit aushandeln (mutuality)*
   In diesem Entwicklungsbereich geht es um die Reflexion, das Aushandeln und Ausbalancieren von Interessen, (erfüllbare und unerfüllbare) Wünsche und Vorstellungen, um Rollen, Aufgaben und Verantwortlichkeiten auf der Basis von Unterschieden, Gleichwertigkeit und Gegenseitigkeit. Metakommunikation über unterschiedliche mentale Vorstellungswelten und die gemeinsame Beziehungsgestaltung, den gemeinsamen Entwicklungsraum, muss entwickelt werden.
5. *Gemeinsam geteilte Intimität (shared intimicy)*
   In diesem Entwicklungsbereich (der, wie Wynne betont, schwer zu fassen ist) geht es um gemeinsam geteilte Authentizität, um gemeinsam geteilte Erfahrungen und gemeinsam geteilte Geschichtlichkeit. Die Intimität, von der hier die Rede ist, bezeichnet einen Prozess der gegenseitigen körperlichen, seelischen, geistigen und spirituellen Berührung von einiger Intensität und Dauer, der erst über viele Stationen hinweg zur Blüte kommt und aus einem gemeinsam geteilten generativen Erleben hervorgeht.

Im Detail enthalten Wynnes Beschreibungen zahlreiche Implikationen und Anregungen für Forschung und Praxis, die noch keineswegs ausgeschöpft sind.[298] In jedem Fall gelten die epigenetischen Prinzipien (vgl. die Kapitel zum Thema Geschichtlichkeit) auf allen Ebenen der Organisation von Leben. Für die Epigenese von Beziehungssystemen heißt das:

(A) *Alle Ereignisse bauen auf vorangegangenen Ereignissen auf:* »Der wechselseitige Austausch beziehungsweise die Transaktionen, die in einer bestimmten Entwicklungsphase stattfinden, bauen auf dem Ergebnis früherer Transaktionen auf« (Wynne, 1985, S. 113), das heißt, alle Faktoren und Einflüsse wirken in jeder Entwicklungsphase so zusammen, dass neue Grundlagen geschaffen werden, die dann die nächste Entwicklungsphase mitbestimmen.

(B) *Die Qualität der Entwicklung (Grundlagen) beeinflusst den Verlauf von Entwicklungsprozessen:* »Werden in irgendeinem gegebenen Entwicklungsstadium gewisse Transaktionen ausgelassen oder verfehlt, verändert dies auch alle kommenden Phasen, weil sich die Grundlage gewandelt hat« (Wynne, 1985, S. 113).

(C) *Entwicklungsprozesse verlaufen zirkulär (sowohl rekursiv als auch progressiv):* »Jeder (Prozess) beeinflusst alle anderen durch rückläufiges ›zirkuläres‹ Feedback« (Wynne, 1985, S. 120).

4.15.9 Funktionale und parafunktionale Muster

Mit Blick auf (A) Emotionen und (B) Transaktionsmuster erscheint es mir angemessen, von funktionalen und parafunktionalen Zuständen und Mustern zu sprechen (nicht von positiven oder negativen).

A) Alle Grundaffekte, sogenannte positive Affekte (Freude, Interesse), neutrale Affekte (Überraschung, Schreck) oder negative Affekte (Furcht, Panik, Kummer, Qual, Wut, Scham, Ekel, Verachtung) und die aus ihnen ab- oder hergeleiteten Gefühle (wie Angst, Ärger, Trauer, Zorn, Schuld oder Kränkung) können in bestimmten Situationen und unter bestimmten Bedingungen durch-

---

[298] Im Detail verweise ich auf seinen Artikel (Wynne, 1985) sowie auf meine eigene Abhandlung über die Entwicklungsdimension der Liebe (Bleckwedel, 2014). Dort habe ich versucht, das Konzept der Epigenese von Beziehungssystemen auf die Entwicklung gelingender Paarbeziehungen anzuwenden und verschiedene Entwicklungsbereiche näher beschrieben. Leider wurden Wynnes Ideen kaum aufgegriffen (kein Wunder in einer patriarchal dominierten Forschungslandschaft), am ehesten noch im Bereich der Paartherapie z. B. von Friederike von Tiedemann.

aus funktional sein.[299] Was zählt, ist eher das Ergebnis im beziehungs- und entwicklungsorientierten Umgang mit Affekten, Empfindungen und Gefühlen.

B) Ähnliches gilt auf der Organisationsebene von Beziehungssystemen: Hinwendungen und Distanzierungen, Verbindungen und Loslösungen, Gemeinsamkeiten und Divergenzen etc. – all das kann, mal mehr mal weniger, funktional oder parafunktional für Entwicklungen sein. Wynne schreibt dazu: »Die positive Seite jedes Prozesses, wie zum Beispiel Bindung/Fürsorge, schließt auch die Möglichkeit eines negativen Gegenparts, also zum Beispiel Trennung mit ein. So vermag eine Trennung zur richtigen Zeit die Intensität von Bindung/Fürsorge stärken, während allzu lange oder zeitlich schlecht gewählte Trennung in Abwendung/Zurückweisung resultieren kann. Gleichzeitig kann ein vorübergehender Mangel an gemeinsamen Interessen und Zielsetzungen die Wachsamkeit gegenüber dem anderen schärfen und die Kommunikationsbedürfnisse erhöhen […] wenn schließlich zeitweilig die gemeinsame Problemlösung kaum zu gelingen scheint, kann dies zu vermehrter, kreativer Anstrengung herausfordern« (Wynne, 1985, S. 118).

Wenn gemeinsame Beziehungsgestaltungen immer wieder scheitern, kann Distanzierung, Loslösung und Trennung durchaus sinnvoll sein (indem ein lang andauernder »negativer Clinch« aufgelöst wird). Im Idealfall können jedoch alle an einem Beziehungssystem beteiligten Personen ihre Potenziale und Möglichkeiten entwickeln, während sich gleichzeitig der gemeinsame Entwicklungsraum (den die beteiligten Personen durch die Art, wie sie Beziehungen gestalten, hervorbringen) intensiviert und erweitert.

---

299 Eine andere, negative und zerstörerische Dimension wird erreicht, wenn es um Emotionen wie Hass, pathologischen Narzissmus, reine Vernichtungswut oder Verbitterung geht.

5 Entwicklungsräume gemeinsam gestalten

Im Verlauf der Evolution erfanden Menschen immer komplexere Formen und Muster des sozialen und kulturellen Miteinanders, der Kooperation und kommunikativen Abstimmung. Gleichzeitig entwickelten sich ebenso komplexe Formen und Muster des Selbstempfindens, des Bewusstseins und der Sprachfähigkeit. Was uns als Spezies ausmacht, geht aus dem sozialen Zusammenleben hervor und entwickelt sich im Rahmen gemeinsamer Beziehungsgestaltung.

In einer übergeordneten Perspektive können wir also sagen, dass menschliche Beziehungen Entwicklungsräume darstellen. Das bedeutet auch, die Möglichkeitsräume, in denen wir uns entwickeln können, sind nur in einem gewissen Maß vorgegeben. Tatsächlich bringen wir die psychischen, sozialen und kulturellen Entwicklungsräume, in denen wir uns bewegen, weitgehend selbst hervor – in unserer Fantasie und im kooperativen und kommunikativen Miteinander. Wie können wir diese fantastische Fähigkeit sinnvoll nutzen? Diese Frage ist sowohl therapeutisch bedeutungsvoll als auch gesellschaftlich relevant.

5.1 Gemeinsam geteilte Entwicklungsräume (Beziehungsethik)

Menschen wollen nicht nur Grundbedürfnisse befriedigen, sondern ihre Talente entfalten. Dafür brauchen sie passende und angemessene Entwicklungsräume, in denen ihr Tun ein Echo und Anerkennung erfährt und in denen sie Sinn und eine Würdigung ihrer Identität erleben.[300]

Ob in der Biosphäre oder in sozialen Systemen, immer teilen wir uns Entwicklungsräume mit anderen Lebewesen. Jeder Akteur begrenzt und ermöglicht die Entwicklung anderer Akteure. Der Entwicklungsraum der einen ist der Entwicklungsraum der anderen.

---

300 Zum Thema *Echo* vgl. Willi (1996), zum Thema *Anerkennung* vgl. A. Adler (1912/1972, 1933/1987), zum Thema *Sinn* vgl. Frankl (2015). Zum Thema *Würdigung* der Identität vgl. Fukuyama (2019).

Wenn wir über menschliche Beziehungsgestaltung nachdenken, müssen wir daher von *gemeinsam geteilten Entwicklungsräumen* ausgehen. Wie können wir individuelle Entwicklungsräume passend einrichten und gleichzeitig gemeinsame Entwicklungsräume kommunikativ abstimmen und sozial fair aufteilen und gestalten? Bei genauerem Hinschauen öffnet sich im Zwischenmenschlichen ein Raum voller Widersprüche, Ambivalenzen und Paradoxien.

Das zeigt sich deutlich in den durchaus gemischten Empfindungen oder widerstreitenden Gefühlen, die in fast allen Beziehungen auftauchen. Familie und Partnerschaft sind potenziell Orte der Entwicklung, aber auch der Begrenzung (vgl. Bleckwedel, 2008, S. 88–91). Orte, wo Unterstützung und Verletzung, Macht und Liebe, Kampf und Spiel, Gewalt und Zärtlichkeit, Grausamkeit und Mitgefühl, Stolz und Neid nicht weit entfernt voneinander liegen. Ähnliches gilt für Teams, Gruppen, größere Gemeinschaften oder Gesellschaften.

Wie regeln wir unser Zusammenleben in intelligenten Beziehungssystemen? Die Herausforderung besteht offenbar darin, wie Co-Co-Existenz und Co-Co-Evolution gelingen kann, ohne dass der eine den anderen unterdrückt, versklavt, verdrängt oder vernichtet. Diese Frage markiert die Geburtsstunde von Vernunft, Solidarität und Ethik (Kant, 1781/1988; Rorty 1992; Assmann, 2018). Boszormenyi-Nagy (Boszormenyi-Nagy u. Krasner, 1986; Boszormenyi-Nagy u. Spark, 1973) hat mit seinem kontextuellen Ansatz in der Familientherapie einen fundamental wichtigen Beitrag zur Entwicklung einer *systemischen Beziehungsethik* (vgl. Simon u. Stierlin, 1984) geleistet. Ethik ist bei ihm keine Ansammlung moralischer Werte, sie besteht vielmehr in einem Aushandlungsprozess, also der Eigenschaft menschlicher Systeme, nach Gerechtigkeit und Fairness zu suchen:[301] Das Streben nach einem Ausgleich von Geben und Nehmen ist offenbar ein wesentlicher Ordnungsfaktor in sozialen Systemen (Weihe-Scheidt, 2001).

Kämpfe um Entwicklungsräume, »ums Dasein«, bleiben wahrscheinlich Teil des Lebens, aber wir können Leben auch als *Ermöglichung von Dasein* begreifen. Der Biologe Maturana (Maturana u. Verden-Zöller, 1993) nennt diesen Beziehungsmodus »Liebe«. Immer wenn wir begreifen, dass wir uns nur gemeinsam gut entwickeln können, sind wir zu Außergewöhnlichem fähig.

Wie regeln wir unser Zusammenleben zwischen Konkurrenz und Kooperation sinnvoll in intelligenten Beziehungssystemen? Ich nehme an, mit dieser Frage beginnt die Evolutionsgeschichte unserer Spezies, wir können daher auf eine lange Tradition in dieser Disziplin zurückblicken. Doch wer sich vor-

---

301 Gerechtigkeit, der Ausgleich von Geben und Nehmen, spielt in der Organisation und Kohäsion sozialer Systeme eine ebenso wichtige Rolle wie in der Sinngebung (vgl. Dokumentation auf 3sat: https://www.3sat.de/wissen/wissenschaftsdoku/wido-die-zerrissene-gesellschaft-102.html, Abruf 9.1.2021, auch: http://www.humangenerosity.org).

nimmt, »ein möglichst ehrliches und anschauliches Bild seiner Zeit zu geben, muss auch den Mut haben, romantische Vorstellungen zu enttäuschen«, schreibt Stefan Zweig (1944, S. 395) in »Die Welt von Gestern«. Der *Homo sapiens* erschuf nicht nur fantastische soziale und kulturelle Welten und wunderbare Kunstwerke, er hat auch überall dort, wo er hinkam, bestehende Ökosysteme zerstört und natürliche Ressourcen gnadenlos ausgebeutet, lange vor unserer Zeit, und er zögerte nicht, dieses Prinzip auch auf andere Arten von Homines oder Seinesgleichen anzuwenden.[302]

»Der Mensch hat die Fähigkeit zu schöpferischem und zu zerstörerischem Handeln wie kein anderes Lebewesen«, formuliert Yuval Harari (2015, Klappentext). Es scheint mir daher wichtig, zu verstehen, dass beides, Licht und Schatten, näher beieinander liegt, als wir vor uns selbst gemeinhin zugeben möchten. Was wir den Prozess der Zivilisation nennen, hat eine dunkle Kehrseite, die Geschichte von Raub, Krieg, Sklaverei, Ausbeutung, Unterdrückung und Verheerung. Das gilt, leider, mehr oder weniger für alle Zeiten der uns bekannten Geschichte. Die Kultiviertheit des europäischen Adels und seiner Bürgergesellschaften – Gold, Seide, Zucker, Gewürze, Dichtung, Musik, Tanz, Malerei und Architektur – wurde erkauft mit Blutvergießen, brutaler Gewalt, Grausamkeit und Schießpulver (Galeano, 1972; Barth, 2007).[303] Doch die Geschichte der Sklaverei und der grausamen Unterdrückung beginnt keineswegs erst mit der europäischen Kolonialgeschichte. Es wäre weder fair noch klug, diese Tatsachen zu leugnen. Im *Homo sapiens* schlummert ein zwiespältiges Potenzial und die Kulturentwicklung bleibt ambivalent.

5.2 Licht und Schatten – zur Ambivalenz der Kulturentwicklung

Einen Eindruck von der Ambivalenz der Kulturentwicklung vermittelt ein Bericht über die Aché. Die Aché, ein Stamm von Jägern und Sammlern, verfolgten bis in die 1960er Jahre hinein ihren ursprünglichen Lebensstil und durchstreiften die Urwälder Paraguays: »Wenn ein angesehenes Mitglied der Gruppe starb, tö-

---

302 Die Vorstellung vom »edlen Wilden«, 1755 von J.-J. Rousseau als starke Illusion in die Welt gesetzt, ist leider nichts weiter als eine idealistische Projektion. Eine eindrückliche Schilderung findet sich bei Harari (2015, S. 88 ff.).
303 Woher kamen der Reichtum und der Glanz europäischer Städte wie Lissabon, Berlin, Paris, Madrid, Amsterdam, London oder Venedig, den wir noch heute bewundern? Er wurde finanziert durch koloniale Eroberungen, Raub von Bodenschätzen und ein globales System aus Plantagen und Sklavenhandel (vgl. dazu die Dokumentation auf Arte: »Menschenhandel – Eine kurze Geschichte der Sklaverei«, 2020).

teten die Aché traditionell ein Mädchen und bestatteten die beiden zusammen […]. Wenn alte Frauen der Gruppe zur Last fielen, schlich sich ein junger Mann von hinten an sie heran und erschlug sie mit einer Axt […]. Kinder, die ohne Haare zur Welt kamen, galten als unterentwickelt und wurden sofort getötet […]. Bei einer anderen Gelegenheit erschlug ein Mann einen kleinen Jungen, ›weil er immer schlecht gelaunt war und viel weinte‹. Ein anderes Kind wurde lebendig begraben, ›weil es komisch aussah und die anderen Kinder es gehänselt haben‹« (Hill u. Gurtado, 1996, zit. nach Harari, 2015, S. 72 f.). Die Anthropologen Hill und Gutardo, die lange mit den Aché zusammenlebten, berichten andererseits, »es sei ausgesprochen selten zu Gewalt zwischen Erwachsenen gekommen. Frauen und Männer konnten nach Belieben ihre Partner wechseln. Sie lächelten und lachten unaufhörlich, hatten keine Anführer und mieden herrschsüchtige Stammesgenossen. Sie waren ausgesprochen großzügig und hatten kein Interesse an Erfolg oder Wohlstand. Harmonisches Zusammenleben und gute Freundschaften waren ihnen wichtiger als alles andere im Leben. Für sie war die Tötung von Kindern, Kranken und Alten nichts anderes als für uns Schwangerschaftsabbrüche oder Sterbehilfe. In diesem Zusammenhang sollten wir nicht vergessen, dass die Aché von den Bauern der Region grausam verfolgt und ermordet wurden. Es kann durchaus sein, dass sie aufgrund der Notwendigkeit, sich vor ihren Feinden zu verstecken und zu fliehen, extrem erbarmungslos gegen Angehörige vorgingen, die eine Gefahr für den Rest der Gruppe darstellen konnten« (Hill u. Gurtado, 1996, zit. nach Harari, 2015, S. 73). Ich nehme an, wir unterscheiden uns im Grunde nicht allzu sehr von den Aché. *Gewalt und Mitgefühl* (Sapolsky, 2017) liegen oft näher beieinander, als uns lieb ist, doch das »Unbehagen« (Freud, 1930), das uns bei dieser Beobachtung befällt, sorgt dafür, dass wir diesen Gedanken nur schwer ertragen und akzeptieren können.

Ich glaube aber, dass ein aufgeklärter Humanismus sich mit dem auseinandersetzen muss, was wir lieber nicht wissen wollen (vgl. Hustvedt, 2015, S. 281). Erst dann erhalten wir ein realistisches und vollständiges Bild von den Ausgangsbedingungen, mit denen wir zu allen Zeiten und an allen Orten rechnen müssen, gerade wenn wir ein möglichst friedliches und gelingendes Zusammenleben gestalten wollen. Ich nehme an, dass Hannah Arendt auf diesen Zusammenhang hinweisen wollte, als sie schrieb: »Der europäische Humanismus, weit davon entfernt, die Wurzel des Nazitums zu sein, war auf diesen oder auf irgendeine andere Form totaler Herrschaft so wenig vorbereitet, dass wir uns beim Verständnis dieses Phänomens und bei seiner Einordnung weder auf die begriffliche Sprache noch auf die traditionellen Metaphern dieses Humanismus verlassen können. Darin liegt jedoch eine Bedrohung für alle Formen des Humanismus: Ihm droht die Gefahr, irrelevant zu werden« (Arendt, 1955, S. 121).

Mitmenschlichkeit und Grausamkeit scheinen als Möglichkeit in uns allen und zwischen uns angelegt zu sein, ein *ambivalentes Potenzial,* das sich in *bestimmten Situationen,* so oder so, zeigt.[304] Es fällt uns extrem schwer, das destruktive Potenzial in uns zu akzeptieren, deshalb neigen wir dazu, in unseren Weltsichten alles Destruktive, Barbarische oder Bösartige abzuspalten oder auszulagern (es ist der Teufel, das Tierische, der Wahn, der oder die »Andere«, irgendein »Ismus«, nur wir sind es nicht). Ein aufgeklärter Humanismus (Bleckwedel, 2019) nach Auschwitz (vgl. Ritscher, 2017) muss mit dieser Tradition brechen und einen begrifflichen Rahmen schaffen, in dem Mitmenschlichkeit und Grausamkeit als zwei Seiten der Kulturentwicklung auftauchen, immer mit dem unbedingtem Ziel, Gewalt einzudämmen und Mitgefühl zu bestärken. »Jedes Land hat, wie jeder Mensch, ein nobles Ich – das Ich, für das es sich gern halten würde –, und es hat ein Alltags-Ich – das einigermaßen manierliche Ich, mit dem es durch die alltäglichen Wochen und Monate kommt, wenn alles läuft wie erwartet –, und dann hat es ein verborgenes, viel weniger tugendhaftes Ich, das in Augenblicken der Bedrohung und Wut hervorbrechen und unsägliche Dinge tun kann« sagt Margaret Atwood (2017, S. 1). Davon müssen wir ausgehen, vor allem dann, wenn wir den Willen stärken wollen, uns für Mitmenschlichkeit zu entscheiden.

Zweifellos beobachten wir in der Kulturentwicklung eine beachtliche Zunahme an Kooperation, sozialer Verantwortlichkeit, altruistischem Handeln, uneigennützigem Teilen, Solidarität und Toleranz. Das gilt jedoch zunächst meist nur *innerhalb der eigenen Gruppe,* des eigenen Stamms oder Clans. Die andere Seite der Kulturentwicklung zeigt sich, wenn Personen als *außerhalb der eigenen Gruppe* liegend, als nicht zugehörig angesehen werden. Rivalität zwischen Gruppen und *kooperative Aggression*[8] von Gruppen spielt eine bedeutende Rolle unter Menschen: »Wenn eine Gruppe kooperiert, um eine andere anzugreifen, ist die wirksamste Antwort darauf normalerweise, bei der Verteidigung ebenfalls zu kooperieren [...]. Das Entwerfen von Schlachtplänen und Strategien, die Entwicklung von Waffentechnik, Organisation und Verwaltungseinrichtungen, Bluffen und Täuschen, Tapferkeit und Heldentum sind nur einige der Merkmale, die durch permanente Bedrohung und Konflikte selektiert worden sein mögen« (Suddendorf, 2014a, S. 353). Gewalt in Gruppen fasziniert besonders Männer in Kampfverbänden und Männerbünden. Sicher begünstigen patriachale Strukturen und Muster von Beziehungsgestaltungen Gewalt, doch im Kampfrausch können alle Menschen Tötungslust (Elbert et al., 2006) erleben. Unter der zivilisierten Oberfläche pulsiert eine *wilde Intoleranz*

---

304 Das zeigt das berühmte Gefängnis-Experiment von Zimbardo (2005) und andere Studien.

(Eco, 2020, S. 56), die jederzeit aufbrechen kann, und wenn der *Contract Social* (Rousseau, 1762/2005) zerbricht, wird deutlich, dass jede soziale Organisation aus einem fragilen Netzwerk von *Beziehungsdefinitionen* besteht, die sich unter bestimmten Bedingungen radikal ändern können.

Umso wichtiger sind sinnvolle Regeln und gesellschaftliche Prozesse und Institutionen, um Beziehungen menschenwürdig und umgebungsfreundlich zu gestalten. Wenn wir die Grenzen unserer Möglichkeiten achten, können wir Entwicklungsräume so »einrichten«, dass sich Mitgefühl, Mitmenschlichkeit und Achtsamkeit für die uns umgebende und nährende Natur entfalten können.

5.3 Therapie: Beziehung als geschützter Entwicklungsraum

Menschen entwickeln sich in Beziehungen zu sich selbst, zu anderen Personen und zur Umgebung. Auf diesem Hintergrund verstehe ich menschliche Beziehungssysteme als gemeinsame Entwicklungsräume, in denen sich zwei oder mehrere Personen individuell und miteinander entwickeln können.

Therapeutische Beziehungen bilden den Spezialfall eines solchen Entwicklungsraumes. Es handelt sich dabei um einen besonders zu schützenden Vertrauensraum. Die Schutzfunktion und Wächterrolle von Therapeut*innen für diesen Entwicklungsraum ist deshalb zentral, weil Klient*innen berechtigterweise mit einem Vertrauensvorschuss in die Situation gehen und die Rollenverteilung ein Machtgefälle vorgibt.[305] Die vornehmste therapeutische Verantwortung und Aufgabe besteht daher darin, den therapeutischen Entwicklungsraum im Rahmen von gegenseitigem Respekt als sicheren Vertrauensraum einzurichten und zu schützen.

Gleichwohl wird eine therapeutische Beziehung mit dem Ziel aufgenommen, andere Entwicklungsräume verfügbar zu machen oder optimal zu gestalten und die Beziehung in einer angemessenen Zeit zu einem guten Ende zu bringen. Eine therapeutische Beziehung wird also aufgenommen, um sie zu beenden. Diese paradoxe Voraussetzung kennzeichnet und unterscheidet therapeutische Beziehungen von anderen Beziehungen im Leben.

Bei aller Aufmerksamkeit von Therapeut:innen für sich selbst geht es im therapeutischen Entwicklungsraum primär um die Entwicklung von Klienten-Systemen: Erfahrungen im geschützten Raum der Therapie sollen Klient:innen darin unterstützen, Beziehungen in der eigenen Lebenswelt zu verändern und

---

305 Machtmissbräuche und Vertrauensbrüche in diesem Feld können sich daher besonders schädigend auswirken.

zu entwickeln. Therapeutische Prozesse beziehen sich daher in erster Linie auf die Lebenswelten von Klient:innen, und die liegen außerhalb der Therapie. Vom Gelingen einer therapeutischen Beziehung kann dann gesprochen werden, wenn sich für Klienten neue Möglichkeiten und Entwicklungsräume in der eigenen Lebenswelt ergeben oder eröffnen.[306]

Die Erfahrung zeigt aber auch, dass therapeutische Prozesse dann gut gelingen, wenn auch Therapeut:innen im Arbeitsbündnis mit ihren Klient:innen Entwicklung und eine gewisse Erfüllung durch ein Gefühl von Wirksamkeit erleben. Wer sich in seiner Arbeit persönlich und professionell weiterentwickeln kann, sich als hilfreich erlebt und das auch gespiegelt bekommt, erlebt Freude und Interesse und erwartet weiterhin Erfolge, was wiederum alle Beteiligten motiviert[307].

In der Praxis unterstützen, begleiten und gestalten Therapeut:innen und Berater:innen *aller* Richtungen und Schulen durch ihr praktisches Tun die *Entwicklung von Beziehungen*. Dabei geht es *sowohl* (a) um die Beziehungen nach innen, zu sich selbst, *als auch* (b) um die Beziehungen zur Umgebung (zu bedeutungsvollen Gegenübern), sowie (c) um Beziehungen zwischen Personen in relevanten Netzwerken, Beziehungen die im Raum des Zwischenmenschlichen eine *untrennbare Einheit* bilden.

5.4 Evolution der Beziehungsgestaltung – Psychotherapie als Beziehungsraum

Die Evolution der menschlichen Spezies wird, wie wir gesehen haben, getragen und bestimmt durch soziale Erfindungen und innovative Praktiken der Beziehungsgestaltung, und die Geschichte der modernen Psychotherapie selbst ist ein hervorragendes Beispiel für diese Tatsache. Sie beginnt mit einem mutigen Akt Sigmund Freuds, der die psychoanalytische Situation als *Beziehungssituation* einrichtete und gestaltete. Bis weit in das 19. Jahrhundert hinein wurden an manchen Orten Europas die »Irren« noch nackt und in Ketten, Verbrechern gleich, in sogenannten Narrentürmen gefangen gehalten (vgl. Stierlin, 1971, S. 11). Die »Geisteskranken übten eine unheimliche Faszination« (Stierlin, 1971, S. 11) aus, und gerade deshalb, um nicht in diesen erschreckenden Abgrund »göttlicher Bestrafung« gerissen zu werden, distanzierten sich die »Gesunden« innerlich

---

306 Ergebnisqualität vor Prozessqualität. Ausgenommen sind therapeutische Kontakte, bei denen es ausschließlich um ein »Halten« (des Status quo) geht (vgl. Bleckwedel, 2008, S. 144).
307 Dieser wichtige, gewöhnlich als »unspezifisch« bezeichnete, »Wirkfaktor« wird in der Psychotherapieforschung als *Allegianz* bezeichnet.

und äußerlich radikal von den »Verrückten«. Durch die Entwicklung der naturwissenschaftlich orientierten Medizin am Ende des 19. Jahrhunderts änderte sich zwar die Sichtweise, nicht aber die Distanzierung. Jetzt wurden seelische Störungen als *Hirnkrankheiten* definiert. Die Geisteskranken, den körperlich Kranken zwar nicht gleichgestellt, aber als körperlich krank angesehen, wurden nun zu *Objekten* einer distanzierten naturwissenschaftlichen Betrachtung. Schließlich war es Freud, der es wagte, die distanzierte, naturwissenschaftlich orientierte Position eines »neutralen« Beobachters, die mit einer vergleichsweise »armseligen und unnatürlichen«[308] Beziehungsgestaltung einhergeht, aufzugeben und als *Subjekt* emotional in die Beziehung zu seinen Patienten einzutreten. Vom Mainstream der Medizin als »eigensinniger und peinlicher Eigenbrötler« (Zweig, 1944, S. 430) bestenfalls belächelt, fand Freud den Mut, sich auf die Beziehung zu seinen Patienten als Mensch einzulassen, allerdings in einer kontrollierten Situation, dem psychoanalytischen Setting. Denn Freud hatte aufmerksam das Schicksal seines Kollegen Breuer studiert, der die eigentlich erfolgreiche erste gesprächstherapeutische Behandlung seiner berühmten Patientin Anna O. nach 18 Monaten abrupt abbrach, weil er sich in der Beziehung zu seiner Patientin persönlich libidinös verstrickt hatte. Breuer gab die Behandlung von Patienten mit psychischen Problemen nach dieser Erfahrung komplett auf. Freud zog aus der Erfahrung Breuers andere Konsequenzen: Er erfand mit dem psychoanalytischen Setting eine neue Art der Beziehungsgestaltung, in der die Nähe in der Arzt-Patient-Beziehung durch gleichzeitige Distanzierung kontrolliert werden kann; zum Schutz von Therapeut:innen und Klient:innen, aber auch zum Schutz der therapeutischen Beziehung selbst. Dazu gehörte neben professioneller Courage und Wahrheitsstreben[309] eine Menge Kreativität.

Die wahrhaft revolutionäre Tat Sigmund Freuds besteht meiner Ansicht nach darin, dass in der neu erfundenen und gestalteten therapeutischen Beziehung seelische Störungen – nicht nur, aber eben auch – als *Beziehungsstörungen* überhaupt *auftauchen* können und *erkennbar* werden. Denn »eine Beziehungsstörung lässt sich nur in einer Beziehung erkennen« (Stierlin, 1971, S. 14). Erst die veränderte Beziehungsgestaltung zeigt, was vorher nicht sichtbar war, und bringt

---

308 »[D]ie Beziehung des distanzierten, naturwissenschaftlich orientierten psychiatrischen Beobachters zu seinem Patienten ist eine vergleichsweise armselige und unnatürliche Beziehung«, schreibt Helm Stierlin (1971, S. 14).
309 Stefan Zweig beschreibt seinen Freund Sigmund Freud, den er in Wien kennenlernte, als dieser noch als gefährlicher Spinner galt, als »großen und strengen Geist« und als einen »Fanatiker der Wahrheit, aber zugleich der Begrenztheit jeder Wahrheit genau sich bewußt« (Zweig, 1944, S. 430).

schließlich hervor, was uns heute selbstverständlich erscheint, die Behandlung von Beziehungsstörungen oder -leiden in speziellen Beziehungsarrangements.

Wir sehen an diesem Beispiel, wie sich kreative Beziehungsgestaltung und Erkenntnis gegenseitig bedingen. Die Behandlung seelischer Störungen in therapeutischen Beziehungen hat sowohl unser Verständnis seelischer Prozesse als auch unser Verständnis der Dynamik menschlicher Beziehungen revolutioniert und auf ein höheres Niveau gehoben. Ich sehe keinen vernünftigen Grund, warum diese Entwicklung abgeschlossen sein sollte. Im Bereich gemeinsamer Beziehungsgestaltung gibt es noch viel zu entdecken.

Postskriptum

Ja, es gibt Gründe, sich Sorgen zu machen. Alle Daten zusammengenommen zeigen, dass wir als Spezies mit einer Logik der Expansion, Dominanz und Steigerung die Erde unbewohnbar machen. Zweifellos befinden wir uns als Spezies in einer Lage, in der wir uns neu erfinden müssen (Rotthaus, 2021). Wir haben es schon mehrmals getan, und wir können es wieder tun. So viel Trost jedenfalls hält die Geschichte der Menschwerdung, die hier erzählt wurde, für uns bereit. Heute systemisch zuversichtlich zu bleiben bedeuten, sich jetzt auf den Weg zu machen und an unsere Möglichkeiten zu glauben. Wir werden und können unsere Lebensweise, unsere Sichtweise der Welt und die Logik, mit der wir Beziehungen gestalten, transformieren. Wie unsere Zukunft aussehen wird, kann heute niemand seriös beantworten – und wie es gelingen wird, den nächsten evolutionären Sprung zu vollziehen, können wir nicht wissen. Klar ist nur: Auf dem Weg zu einem Ethos des gemeinschaftlichen Zusammenlebens *aller Arten* und der *gemeinsamen Pflege der Biosphäre* werden wir uns als Spezies von einer Sichtweise verabschieden müssen, die uns selbst ins Zentrum stellt. Wir sind Teil von etwas Größerem, das uns hervorbringt und zu dem wir eines Tages zurückkehren. Kulturelle Transformation würde bedeuten, den anthropozentrischen Humanismus und Individualismus, der spätestens seit der Renaissance das Denken und Handeln Europas bestimmt, zu überwinden und zugleich seine unbestreitbaren Errungenschaften zu bewahren.

Literatur

Adler, A. (1912/1972). Über den nervösen Charakter. Grundzüge einer vergleichenden Individualpsychologie und Psychotherapie. Frankfurt a. M.: Fischer.
Adler, A. (1933/1987). Der Sinn des Lebens. Frankfurt a. M.: Fischer.
Adler, R. H. (2005). Einführung in die biopsychosoziale Medizin. Stuttgart/New York: Schattauer.
Adler, R. H., Herzog, W., Joraschky, P., Köhle, K., Langewitz, W., Söllner, W., Wesiack, W. (Hrsg.) (2011). Uexküll. Psychosomatische Medizin. Theoretische Modelle und klinische Praxis (7. Aufl.). München: Elsevier.
Adorno, T. W., Frenkel-Brunswik, E., Levinson, D. J., Sanford, R. N. (1950). The authoritarian personality. New York: Harper und Brothers.
Adorno, T. W., Horkheimer, W. (1969). Dialektik der Aufklärung. Philosophische Fragmente. Frankfurt a. M.: Fischer.
Aichinger, A. (2008). Sie beißen und zerfetzen, sie wollen gefüttert und gestreichelt werden. Der Einsatz des Körpers im Psychodrama mit Kindern. ZPS – Zeitschrift für Psychodrama und Soziometrie, 7 (1), 63–79.
Ainsworth, M., Blehar, M., Waters, E., Wall, S. (1978). Patterns of attachment. Hillsdale: Erlbaum.
Ameln, F. von, Gerstmann, R., Kramer, J. (2004). Psychodrama. Berlin: Springer.
Anchin, J. C., Kiesler, D. J. (1982). Handbook of interpersonal psychotherapy. New York: Pergamon.
Angermüller, J. (2007). Nach dem Strukturalismus. Theoriediskurs und intellektuelles Feld in Frankreich. Bielefeld: transcript.
Antonovsky, A. (1997). Salutogenese. Zur Entmystifizierung der Gesundheit. Tübingen: dgvt-Verlag.
Arendt, H. (1955). Elemente und Ursprünge totaler Herrschaft. München: Piper.
Arendt, H. (1998). Vom Leben des Geistes: Das Denken – das Wollen. München: Piper.
Arendt, H. (1958/1981). Vita activa oder vom tätigen Leben. München: Piper.
Arendt, H. (2006). Denken ohne Geländer. Texte und Briefe. München: Piper.
Asfaw, B., White, T., Lovejoy, O., Latimer, B., Simpson, S., Suwa, G. (1999). Australopithecus garhi: A new species of early hominid from Ethiopia. Science, 284, 629–635.
Asen, E. (2017). Das Mentalisierungsmodell und seine praktische Umsetzung in der Multifamilientherapie. In E. Asen, M. Scholz (Hrsg.), Handbuch der Multifamilientherapie (S. 40–57). Heidelberg: Carl-Auer-Verlag.
Asen, E. (2021). Mentalisierungsinformierte Systemische Therapie und ihre Evidenzbasis. Kontext – Zeitschrift für systemische Perspektiven, 52 (1), 7–20.
Asen, E., Fonagy, P. (2014). Mentalisierungsbasierte therapeutische Interventionen für Familien. Familiendynamik – Systemische Praxis und Forschung, 39 (3), 234–249.
Asen, E., Fonagy, P. (2021). Mentalization-based treatment with families. New York: Guilford Press.
Asen, E., Weinblatt, U. (2018). Mentalisierungsbasierte Therapie mit Familien (MBT-F). In K. Sydow, U. Borst (Hrsg), Systemische Therapie in der Praxis (S. 891–902). Weinheim: Beltz.

Ashby, W. R. (1952). Design for a brain. New York: Wiley.
Assmann, A. (2018). Menschenrechte und Menschenpflichten. Schlüsselbegriffe für eine humane Gesellschaft. Wien: Picus Verlag.
Ast, F. (1807). Grundriß einer Geschichte der Philosophie. Landshut: Thomann.
Atwood, M. (2017). Dankesrede für den Friedenspreis des deutschen Buchhandels. https://www.friedenspreis-des-deutschen-buchhandels.de/die-preistraeger/2010-2019/margaret-atwood (Zugriff am 17.4.2022).
Balint, M. (1972). Angstlust und Regression. Beitrag zur psychologischen Typenlehre. Reinbek: Rowohlt.
Barth, B. (2007). Das Zeitalter des Kolonialismus. Stuttgart: Konrad Theiss.
Barthes, R. (1988). Fragmente einer Sprache der Liebe. Frankfurt a. M.: Suhrkamp.
Bateman, A., Fonagy, P. (2013). Impact of clinical severity on outcomes of mentalisation-based treatment for borderline personality disorder. British Journal of Psychiatry, 203, 221–227.
Bateson, G. (1958). Naven. Stanford: Stanford University Press.
Bateson, G. (1978). Von den Strukturen hinter den Strukturen. Gregory Bateson im Gespräch mit Daniel Goleman. Psychologie heute, 5 (11), 57–64.
Bateson, G. (1983). Ökologie des Geistes (2. Aufl.). Frankfurt a. M.: Suhrkamp.
Bateson, G. (1984). Geist und Natur. Eine notwendige Einheit (3. Aufl.). Frankfurt a. M.: Suhrkamp.
Bateson, G., Bateson, M. C. (1993). Wo Engel zögern. Unterwegs zu einer Epistemologie des Heiligen. Frankfurt a. M.: Suhrkamp.
Bateson, G., Jackson, D. D., Haley, J. (1969). Schizophrenie und Familie. Beiträge zu einer neuen Theorie von Gregory Bateson. Frankfurt a. M.: Suhrkamp.
Battegay, R. (2000). Die Gruppe als Schicksal. Gruppenpsychotherapeutische Therapie und Praxis. Göttingen: Vandenhoeck & Ruprecht.
Bauer, J. (2005). Warum ich fühle, was du fühlst – intuitive Kommunikation und das Geheimnis der Spiegelneurone. Hamburg: Hoffmann und Campe.
Bauman, Z. (1995a). Moderne und Ambivalenz. Das Ende der Eindeutigkeit. Frankfurt a. M.: Fischer.
Bauman, Z. (1995b). Postmoderne Ethik. Hamburg: Hamburger Edition.
Bertalanffy, L. von (1949). Zu einer allgemeinen Systemlehre. Biologia Generalis. Archiv für die allgemeinen Fragen der Lebensforschung, 19, 114–129.
Bertalanffy, L. von (2015). General system theory: Foundations, development, applications. New York: George Braziller.
Beushausen, J. (2002). Ein Überblick über die Theorie sozialer Systeme. http://www.systemagazin.de/bibliothek/texte/beushausen-systemtheoretische-grundlagen.pdf (Zugriff am 22.2.2022).
Beushausen, J. (2012). Genogramm- und Netzwerkanalyse. Visualisierung familiärer und sozialer Strukturen. Göttingen: Vandenhoeck & Ruprecht.
Bleckwedel, J. (1992). Die Inszenierung von Familienmythen und ihre Veränderung in der Arbeit mit Familien und Paaren. Zeitschrift für Theorie und Praxis von Psychodrama, Soziometrie und Rollenspiel, 5 (1), 285–300.
Bleckwedel, J. (2000a). Menschliche Koordination zwischen Autonomie und Bindung. Subjektbeziehungstheoretisches Modell zum Verständnis elementarer Identitäts- und Beziehungsstörungen. Zeitschrift für Theorie und Praxis von Psychodrama, Soziometrie und Rollenspiel, 10 (1/2), 91–143.
Bleckwedel, J. (2000b). Elementare Identitäts- und Beziehungsstörungen. Zeitschrift für Theorie und Praxis von Psychodrama, Soziometrie und Rollenspiel, 10 (1/2), 5–16.
Bleckwedel, J. (2006). Jenseits von Schulen und Richtungen wartet die Vernunft. Psychotherapeutenjournal, 5 (4), 377–379.
Bleckwedel, J. (2008). Systemische Therapie in Aktion. Göttingen: Vandenhoeck & Ruprecht.

Bleckwedel, J. (2014). Entwicklungsdimensionen der Liebe. Wie Paarbeziehungen sich entfalten können. Göttingen: Vandenhoeck & Ruprecht.
Bleckwedel, J. (2019). Plädoyer für einen aufgeklärten Humanismus – Zuversicht in Zeiten der Gegenaufklärung. Ein Kommentar. Kontext – Zeitschrift für systemische Perspektiven, 50, (1), 79–86.
Blumer, H. (1969). Symbolic interactionism. Perspective and method. New Jersey: Englewood Cliffs.
Bolten, J. (1985). Die Hermeneutische Spirale. Überlegungen zu einer integrativen Literaturtheorie. Poetica, 17 (3/4), 362–365.
Bourdieu, P. (1982). Die feinen Unterschiede. Kritik der gesellschaftlichen Urteilskraft. Frankfurt a. M.: Suhrkamp.
Bourdieu, P. (1987). Sozialer Sinn. Kritik der theoretischen Vernunft. Frankfurt a. M.: Suhrkamp.
Boscolo, L., Cecchin, G., Hoffman, L., Penn, P. (1988). Familientherapie – Systemtherapie. Das Mailänder Modell. Dortmund: Verlag Modernes Lernen.
Boszormenyi-Nagy, I., Krasner, B. R. (1986). Between give and take. New York: Brunner and Mazel.
Boszormenyi-Nagy, I., Spark, G. M. (1973). Unsichtbare Bindungen. Die Dynamik familiärer Systeme. Stuttgart: Klett-Cotta.
Bowlby, J. (1975). Bindung. Eine Analyse der Mutter-Kind-Beziehung. München: Kindler.
Bowlby, J. (1988). A secure base. London: Basic Books.
Brodbeck, K.-H. (2007). Entscheidung zur Kreativität. Wege aus dem Labyrinth der Gewohnheiten. Darmstadt: Wissenschaftliche Buchgesellschaft.
Bronisch, T., Sulz, K. D. (2015). Therapeutische Beziehung. Das Wohl und Wehe jeglicher Psychotherapie. München: Cip-Medien Verlag.
Bruner, J. S. (1977). Early social interaction and language acquisition. In H. R. Schaffer (Ed.), Studies in mother-infant interaction (pp. 271–289). London: Academic Press.
Buber, M. (1979). Ich und du. Heidelberg: Lamberg.
Buber, M. (2006). Das dialogische Prinzip. Gütersloh: Gütersloher Verlagshaus.
Bublitz, H. (2010). Judith Butler zur Einführung. Hamburg: Junius.
Buchholz, M. B. (2020). Zur Diskussion: Entwicklungsdynamik psychotherapeutischer Kompetenzen. In P. Bauer, M. Weinhardt (Hrsg.), Systemische Kompetenzen entwickeln. Grundlagen, Lernprozesse und Didaktik (S. 81–102). Göttingen: Vandenhoeck & Ruprecht.
Butler, J. (1998). Hass spricht. Zur Politik des Performativen. Berlin: Berlin-Verlag.
Chatwin, B. (1990). Traumpfade. München: Hanser.
Ciompi, L. (1982). Affektlogik. Über die Struktur der Psyche und ihre Entwicklung. Ein Beitrag zur Schizophrenieforschung. Stuttgart: Klett-Cotta.
Ciompi, L. (1988). Außenwelt – Innenwelt. Die Entstehung von Zeit, Raum und psychischen Strukturen. Göttingen: Vandenhoeck & Ruprecht.
Ciompi, L. (1997). Die emotionalen Grundlagen des Denkens. Entwurf einer fraktalen Affektlogik. Göttingen: Vandenhoeck & Ruprecht.
Clark, H. H. (1996). Using language. Cambridge: Cambridge University Press.
Clark, H. H., Brennan, S. E. (1991). Grounding in communication. In L. B. Resnick, J. M. Levine, S. D. Teasley (Eds.), Perspectives on socially shared cognition (pp. 127–149). Washington: American Psychological Association.
Clement, U. (2011). Systemische Sexualtherapie (5. Aufl.). Stuttgart: Klett-Cotta.
Clement, U. (2018). Dynamik des Begehrens: Sexualtherapie in der Praxis (Systemische Therapie). Heidelberg: Carl-Auer-Verlag.
Cole, J. (1999). Über das Gesicht. Naturgeschichte des Gesichts und unnatürliche Geschichte derer, die es verloren haben. München: Kunstmann Verlag.
Compernolle, T. (1982). Moreno, ein unbekannter Wegbereiter der Familientherapie. Integrative Therapie, 8 (3) 166–172.
Coppens, Y. (1994). East side story. The origin of humankind. Scientific American, 270 (5), 62–69.

Damasio, A. (2011). Selbst ist der Mensch. Körper, Geist und die Entstehung des menschlichen Bewusstseins. München: Siedler.
Darwin, C. (1871/1872). Die Abstammung des Menschen und die natürliche Zuchtwahl. 2 Bände. Stuttgart: Kröner.
Dawkins, R. (1978). Das egoistische Gen. Berlin u. a.: Springer.
Die Macht der sanften Berührung (2020). Regie: Dorothee Kaden.
Deleuze, G., Guattari, F. (1974). Anti-Ödipus. Kapitalismus und Schizophrenie I. Frankfurt a. M.: Suhrkamp.
Der Erdzerstörer (2019). Regie: Jean-Robert Viallet.
Der kluge Bauch, unser zweites Gehirn (2019). Regie: Cécile Denjean.
de Waal, F. B. M. (1983). Unsere haarigen Vettern. Neuste Erfahrungen mit Schimpansen. München: Harnack.
de Waal, F. B. M. (2009). Der Affe in uns. Warum wir sind, wie wir sind. München: dtv.
Dewey, J. (2002). Logik: Theorie der Forschung. Frankfurt a. M.: Suhrkamp.
Dewey, J. (2007). Erfahrung und Natur. Frankfurt a. M.: Suhrkamp.
Ditzen, B. (2004). Effects of romantic partner interaction on psychological and endocrine stress protection in women. Göttingen: Cuvillier.
Ditzen, B., Gaab, J. (2010). Psychobiologie: Die Interaktion zwischen Psyche und Soma. In A. Künzler, C. Böttcher, R. Hartmann, M. H. Nussbaum (Hrsg.), Körperzentrierte Psychotherapie im Dialog. Grundlagen, Anwendungen, Integration (S. 137–149). Berlin: Springer.
Ditzen, B., Heinrichs, M. (2007). Psychobiologische Mechanismen sozialer Unterstützung. Ein Überblick. Zeitschrift für Gesundheitspsychologie, 15 (4), 143–157.
Dohm, L., Peter, F., van Bronswijk, K. (2021). Climate Action – Psychologie der Klimakrise. Handlungshemnisse und Handlungsmöglichkeiten. Gießen: Psychosozial-Verlag.
Dornes, M. (1993). Der kompetente Säugling. Die präverbale Entwicklung des Menschen. Frankfurt a. M.: Fischer.
Dornes, M. (1997). Die frühe Kindheit. Entwicklungspsychologie der ersten Lebensjahre. Frankfurt a. M.: Fischer.
Downing, G. (2004). Emotion, body and parent-infant interaction. In J. Nadel, D. Muir (Eds.), Emotional development (pp. 429–449). Oxford: Oxford Scholarship.
Eco, U. (2020). Der ewige Faschismus. München: Carl Hanser Verlag.
Egloff, B. (2009). Emotionsregulation. In V. Brandstätter, J. H. Otto (Hrsg.), Handbuch der Allgemeinen Psychologie – Motivation und Emotion (S. 714–722). Göttingen: Hogrefe.
Ehlers, E. (2008). Das Anthropozän. Die Erde im Zeitalter des Menschen. Darmstadt: Wissenschaftliche Buchgesellschaft.
Elbert, T., Rockstroh, B., Kolassa, I., Schauer, M., Neuner, F. (2006). The influence of organized violence and terror on brain and mind – a co-constructive perspective. In P. Baltes, P. Reuter-Lorenz, F. Rösler (Eds.), Lifespan development and the brain: The perspective of biocultural co-constructivism (pp. 326–349). Cambridge: University Press.
Elias, N. (1976). Über den Prozess der Zivilisation. Frankfurt a. M.: Suhrkamp.
Erikson, E. H. (1950). Childhood and Society. New York: Norton.
Erikson, E. H. (1966). Identität und Lebenszyklus. Frankfurt a. M.: Suhrkamp.
Esterbauer, E. (2020). Einschätzung von Beziehungsqualität als Grundpfeiler inklusiven Arbeitens. Das EBQ-Instrument in der Praxis. In H. Henning (Hrsg.), All Inclusive?! Aspekte einer inklusiven Musik- und Tanzpädagogik (S. 67–78). Münster: Waxmann.
Esterbauer, E. (2021). Das Verfahren zur Einschätzung der Beziehungsqualität (EBQ) und seine Möglichkeiten für Musiktherapie und inklusiven Unterricht. https://www.researchgate.net/publication/319748224_Das_Verfahren_zur_Einschatzung_der_Beziehungsqualitat_EBQ_und_seine_Moglichkeiten_fur_Musiktherapie_und_inklusiven_Unterricht (Zugriff am 28.2.2022).

Fellmeth, U. (2020). Systemisch Denken und Handeln für eine andere Welt. https://www.dgsf. org/ueber-uns/netzwerke/netzwerk-klimaschutz/ulrich-fellmeth_systemisch-denken-und-handeln-fuer-eine-andere-welt (Zugriff am 22.2.2022).
Fivaz-Depeursinge, E., Corboz-Warnery, A. (2001). Das primäre Dreieck. Vater, Mutter, Kind aus entwicklungstheoretisch-systemischer Sicht. Heidelberg: Carl-Auer-Verlag.
Foerster, H. von (1981). Das Konstruieren einer Wirklichkeit. In P. Watzlawick (Hrsg.), Die erfundene Wirklichkeit (S. 39–60). München: Piper.
Fonagy, P. (1997). Multiple voices vs. meta-cognition: An attachment theory perspective. Journal of Psychotherapy Integration, 7 (3), 181–194.
Fonagy, P., Gergely, G., Jurist, E. L., Target, M. (2004). Affektregulierung, Mentalisierung, und die Entwicklung des Selbst. Stuttgart: Klett-Cotta.
Foucault, M. (1969). Wahnsinn und Gesellschaft. Eine Geschichte des Wahns im Zeitalter der Vernunft. Frankfurt a. M.: Suhrkamp.
Foucault, M. (1974a). Die Ordnung der Dinge. Eine Archäologie der Humanwissenschaften. Frankfurt a. M.: Suhrkamp.
Foucault, M. (1974b). Die Ordnung des Diskurses. Inauguralvorlesung am Collège de France, 2. Dezember 1970. München: Hanser.
Frankl, V. E. (2015). Grundkonzepte der Logotherapie. Wien: Facultas.
Freud, S. (1930). Das Unbehagen in der Kultur. Wien: Internationaler Psychoanalytischer Verlag.
Fromm, E. (1945/1983). Die Furcht vor der Freiheit. München: Ullstein.
Fuchs, T. (2000). Leib, Raum, Person. Entwurf einer phänomenologischen Anthropologie. Stuttgart: Klett-Cotta.
Fuchs, T. (2008). Das Gehirn – ein Beziehungsorgan. Eine phänomenologisch-ökologische Konzeption. Stuttgart: Kohlhammer.
Fukuyama, F. (2019). Identität. Wie der Verlust der Würde unsere Demokratie gefährdet. Hamburg: Hoffmann und Campe.
Galeano, E. (1972). Die offenen Adern Lateinamerikas. Wuppertal: Peter Hammer Verlag.
Gahleitner, S. B. (2017). Soziale Arbeit als Beziehungsprofession. Bindung, Beziehung und Einbettung professionell ermöglichen. Weinheim: Beltz.
Gammer, C. (2007). Die Stimme des Kindes in der Familientherapie. Heidelberg: Carl-Auer-Verlag.
Garbe, M. I., Knippenberg, S. (2007). Zeit für mich. Ein Trainingsprogramm zur Förderung der Fähigkeit zum Alleinsein. Saarbrücken: VDM-Verlag Dr. Müller.
Gelernter, D. (2016). Gezeiten des Geistes. Die Vermessung unseres Bewusstseins. Berlin: Ullstein.
Gergen, K. J. (1990). Die Konstruktion des Selbst im Zeitalter der Postmoderne. Psychologische Rundschau, 41, 191–199.
Gershon, M. (2001). Der kluge Bauch. Die Entdeckung des zweiten Gehirns. München: Goldmann.
Glasersfeld, E. von (1981). Einführung in den radikalen Konstruktivismus. In P. Watzlawick (Hrsg.), Die erfundene Wirklichkeit. Wie wissen wir, was wir zu wissen glauben? Beiträge zum Konstruktivismus (S. 16–38). München: Piper.
Goodall, J. (1991). Wilde Schimpansen. Verhaltensforschung am Gombe-Strom. Reinbek: Rowohlt.
Göpel, M. (2020a). Unsere Welt neu entdecken: Eine Einladung. Berlin: Ullstein.
Göpel, M. (2020b). Achtung, es könnte etwas unbequem werden. 10 Thesen zur »großen Transformation«. Textcollage von H. Schulz aus Originalzitaten von M. Göpel. Journal Supervision, 2020 (3). https://www.dgsv.de/wp-content/uploads/2021/01/Seiten-aus-JS_3_2020_10Thesen.pdf (Zugriff am 28.4.2022).
Grawe, K. (1988). Beziehungsgestaltung in der Psychotherapie. In F. Pfäfflin, H. Appelt, M. Krausz, M. Mohr (Hrsg.), Der Mensch in der Psychiatrie (S. 243–258). Berlin: Springer.
Grawe, K. (1992). Komplementäre Beziehungsgestaltung als Mittel zur Herstellung einer guten Therapiebeziehung. In J. Markgraf, J. Brengelmann (Hrsg.), Die Therapeut-Patient-Beziehung in der Verhaltenstherapie (S. 215–244). München: Gerhard Röttger.

Grossmann, K. E., Grossmann, K. (2009). Bindung – das Geflecht des Lebens. Seminarmitschnitt Lindauer Psychotherapiewochen. Mühlheim-Baden: Auditorium Netzwerk Verlag.
Grossmann, K. E., Grossmann, K. (2012). Bindung – das Gefüge psychischer Sicherheit. Stuttgart: Klett-Cotta.
Grossmann, K. E., Grossmann, K. (2020). Bindung und menschliche Entwicklung: John Bowlby, Mary Ainsworth und die Grundlagen der Bindungstheorie. Stuttgart: Klett Cotta.
Habermas, J. (1973). Wahrheitstheorien. In H. Fahrenbach (Hrsg.), Wirklichkeit und Reflexion: Walter Schulz zum 60. Geburtstag (S. 211–265). Pfullingen: Neske.
Habermas, J. (1973). Erkenntnis und Interesse. Frankfurt a. M.: Suhrkamp.
Habermas, J. (1988). Theorie des kommunikativen Handelns. Band 1: Handlungsrationalität und gesellschaftliche Rationalisierung, Band 2: Zur Kritik der funktionalistischen Vernunft. Frankfurt a. M.: Suhrkamp.
Habermas, J. (1999). Richtigkeit versus Wahrheit. In J. Habermas, Wahrheit und Rechtfertigung. Philosophische Aufsätze (S. 271–318). Frankfurt a. M: Suhrkamp.
Hackney, H., Cormier, L. S. (1992). Beratungsstrategien, Beratungsziele. München: Reinhardt.
Hagedorn, G. (2020). Können wir durch die Strategien, mit denen wir die Mehrheit gewinnen wollen, den Erfolg gefährden? Vortrag im Rahmen der Fachtagung »Klimakrise! – Gesellschaftskrise!« der DPtV RLP und Psychologists/Psychotherapists for Future. https://www.youtube.com/watch?v=JNpjBst3TWA&feature=youtu.be (Zugriff am 22.2.2022).
Haken, H. (1987). Die Selbstorganisation der Information in biologischen Systemen aus Sicht der Synergetik. In O. B. Küppers (Hrsg.), Ordnung aus dem Chaos. Prinzipien der Selbstorganisation und Evolution (S. 127–156). München: Piper.
Haken, H., Schiepek, G. (2006). Synergetik in der Psychologie. Selbstorganisation verstehen und gestalten. Göttingen: Hogrefe.
Hanswille, R. (Hrsg.) (2015). Handbuch systemische Kinder- und Jugendlichenpsychotherapie. Göttingen: Vandenhoeck & Ruprecht.
Harari, Y. N. (2015). Eine kurze Geschichte der Menschheit. München: DVA.
Harari, Y. N. (2018). Homo Deus. Eine Geschichte von Morgen. München: C. H. Beck.
Harms, T. (2016). Emotionelle Erste Hilfe: Bindungsförderung – Krisenintervention – Eltern-Baby-Therapie. Gießen: Psychosozial-Verlag.
Hawking, S. (2018). Kurze Antworten auf große Fragen. Stuttgart: Klett-Cotta.
Hegel, G. F. (1807). Die Phänomenologie des Geistes. Bamberg/Würzburg: Verlag Joseph Anton Goebhardt.
Heidegger, M. (1967). Sein und Zeit (11. Aufl.). Tübingen: Niemeyer.
Heisenberg, W. (1979). Quantentheorie und Philosophie. Stuttgart: Reclam.
Heisenberg, W. (2001). Der Teil und das Ganze. München: Piper.
Heitmeyer, W., Heyder, A. (2002). Autoritäre Haltungen: Rabiate Forderungen in unsicheren Zeiten. In W. Heitmeyer (Hrsg.), Deutsche Zustände (S. 301–314). Frankfurt a. M.: Suhrkamp.
Hildenbrand, B. (2018). Genogrammarbeit für Fortgeschrittene. Vom Vorgegebenen zum Aufgegebenen. Heidelberg: Carl-Auer-Verlag.
Hoffman, L. (1984). Grundlagen der Familientherapie. Konzepte für die Entwicklung von Systemen. Hamburg: Isko press.
Hofstadter, R. (1944). Social Darwinism in American thought, 1860–1915. Philadelphia: University of Pennsylvania Press.
Hofstadter, D. R. (2008). Ich bin eine seltsame Schleife. Stuttgart: Klett-Cotta.
Holquist, M. (1982). The politics of representation. In S. J. Greenblatt (Ed.), Allegory and representation (pp. 163–184). Baltimore: Johns Hopkins University Press.
Humphrey, N. (1976). The social function of intellect. In P. P. G. Bateson, R. A. Hinde (Eds.), Growing points in ethology (pp. 303–317). Cambridge: Cambridge University Press.
Humphrey, N. (1997). Die Naturgeschichte des Ich. München: Knauer.

Humphrey, N. (2011). Soul dust: The magic of consciousness. Princeton/Oxford: Princeton University Press.
Hustvedt, S. (2015). Leben, Denken, Schauen. Essays. Reinbek: Rowohlt.
Hustvedt, S. (2018). Die Illusion der Gewissheit. Reinbek: Rowohlt.
Hüther, G. (1999). Die Evolution der Liebe. Was Darwin bereits ahnte und die Darwinisten nicht wahrhaben wollen. Göttingen: Vandenhoeck & Ruprecht.
Hüther, G. (2004). Die Macht der inneren Bilder. Wie Visionen das Gehirn, den Menschen und die Welt verändern. Göttingen: Vandenhoeck & Ruprecht.
Hüther, G. (2015). Etwas mehr Hirn bitte. Eine Einladung zur Wiederentdeckung der Freude am eigenen Denken und der Lust am gemeinsamen Gestalten. Göttingen: Vandenhoeck & Ruprecht.
Hutterer-Krisch, R. (2007). Grundriss der Psychotherapieethik. Praxisrelevanz, Behandlungsfehler und Wirksamkeit. Wien: Springer.
Jakob, P., Borcsa, M., Olthof, J., Schlippe, A. von (Hrsg.) (2022). Narrative Praxis. Ein Handbuch für Beratung, Therapie und Coaching. Göttingen: Vandenhoeck & Ruprecht.
Jantsch, E. (1982). Die Selbstorganisation des Universums. Vom Urknall zum menschlichen Geist. München: dtv.
Richardson, P. J., Christiansen, M. H. (Eds.) (2013). Cultural evolution: Society, technology, language and religion. Boston: MIT Press.
Kabat-Zinn, J. (2004). Die heilende Kraft der Achtsamkeit. Freiburg: Arbor.
Kafka, F. (1925). Der Prozess. Berlin: Verlag Die Schmiede.
Kandel, E. (2006). Auf der Suche nach dem Gedächtnis. Die Entstehung einer neuen Wissenschaft des Geistes. München: Siedler.
Kandel, E. (2012). Das Zeitalter der Erkenntnis. Die Erforschung des Unbewussten in Kunst, Geist und Gehirn von der Wiener Moderne bis heute. München: Siedler.
Kandel, E. (2018). Was ist der Mensch? Störungen des Gehirns und was sie über die menschliche Natur verraten. München: Siedler.
Kahneman, D. (2012). Schnelles Denken, langsames Denken. München: Siedler.
Kant, I. (1781/1988). Kritik der reinen Vernunft. Hamburg: Meiner Verlag.
Kehlmann, D. (2017). Tyll. Reinbek: Rowohlt.
Kelley, H. (1983). Close relationships. New York: W. H. Freeman.
Kernberg, O. F. (1997). Innere Welt und äußere Realität: Anwendungen der Objektbeziehungstheorie. Stuttgart: Klett-Cotta.
Kneer, G., Nassehi, A. (1993). Niklas Luhmanns Theorie sozialer Systeme. Stuttgart: W. Fink.
König, O. (2004). Familienwelten. Theorie und Praxis von Familienaufstellungen. Stuttgart: Pfeifer.
Konrad, R. (2000). Die Fähigkeit zum Alleinsein als Fähigkeit zur Selbstregulation: Stern und Winnicott. Fachtexte zur Entwicklung von Psychotherapie in Theorie und Praxis, 1, 47–54.
Krause, J., Trappe, T. (2021). Hybris. Die Reise der Menschheit zwischen Aufbruch und Scheitern. Berlin: Ullstein Verlag.
Kriz, J. (1999). Systemtheorie für Psychotherapeuten, Psychologen und Mediziner. Wien: Facultas.
Kriz, J. (2004). Personenzentrierte Systemtheorie. Grundfragen und Kernaspekte. In A. von Schlippe, W. C. Kriz (Hrsg.), Personenzentrierung und Systemtheorie (S. 13–67). Göttingen: Vandenhoeck & Ruprecht.
Kriz, J. (2017). Subjekt und Lebenswelt. Personenzentrierte Systemtheorie für Psychotherapie, Beratung und Coaching. Göttingen: Vandenhoeck & Ruprecht.
Kriz, J., Ochs, M. (2022). Erkenntnis- und wissenschaftstheoretische Grundlagen II: Systemtheorien. In R. Hanswille (Hrsg.), Basiswissen Systemische Therapie. Gut vorbreitet in die Prüfung (S. 51–78). Göttingen: Vandenhoeck & Ruprecht.
Krüger, R. T. (1997). Kreative Interaktion. Tiefenpsychologische Theorie und Methoden des Klassischen Psychodramas. Göttingen: Vandenhoeck & Ruprecht.

Krüger, R. T. (2020). Störungsspezifische Psychodramatherapie. Theorie und Praxis. Göttingen: Vandenhoeck & Ruprecht.
Langer, E. J. (1990). Mindfulness. New York: Addison Wesley Publishing Company.
Lear, J. (2020). Radikale Hoffnung. Ethik im Angesicht kultureller Zerstörung. Berlin: Suhrkamp.
Lévinas, E. (1983). Die Spur des Anderen. Untersuchungen zur Phänomenologie und Sozialphilosophie. Freiburg/München: Karl Alber.
Levold, T. (1997). Affekt und System. Plädoyer für eine Perspektivenerweiterung. System Familie, 10 (3), 120–127.
Levold, T. (2021). Mensch, Beobachter, Kommunikation. Welche Theorie wofür? Kontext – Zeitschrift für systemische Perspektiven, 52 (4), 354–374.
Levold, T., Wirsching, M. (Hrsg.) (2014). Systemische Therapie und Beratung – das große Lehrbuch. Heidelberg: Carl-Auer-Verlag.
Lewin, K. (1963). Feldtheorie in den Sozialwissenschaften. Ausgewählte theoretische Schriften. Bern: Huber.
Luckner, A. (2005). Klugheit. Berlin/New York: De Gruyter.
Ludewig, K. (1997). Systemische Therapie. Grundlagen klinischer Theorie und Praxis. Stuttgart: Klett-Cotta.
Ludewig, K. (2005). Einführung in die theoretischen Grundlagen der systemischen Therapie. Heidelberg: Carl-Auer-Verlag.
Luhmann, N. (1980). Talcott Parsons – Zur Zukunft eines Theorieprogramms. Zeitschrift für Soziologie, 9, 5–17.
Luhmann, N. (1984). Soziale Systeme: Grundriss einer allgemeinen Theorie. Frankfurt a. M.: Suhrkamp.
Luhmann, N. (1988). Wie ist Bewusstsein an Kommunikation beteiligt? In H.-G. Gumbrecht, K. L. Pfeiffer (Hrsg.), Materialität der Kommunikation (S. 884–905). Frankfurt a. M.: Suhrkamp.
Luhmann, N. (1994). Liebe als Passion: Zur Codierung von Intimität. Frankfurt a. M.: Suhrkamp.
Luhmann, N. (2001). Short Cuts. Frankfurt a. M.: Zweitausendeins.
Lyotard, J. F. (1979/2012). Das postmoderne Wissen. Ein Bericht. Wien: Passagen Verlag.
Machiavelli, N. (1995). Der Fürst. Frankfurt a. M.: Insel-Verlag.
Macht, M. (2018). Fundamentale Fragen. Psychotherapeutenjournal, 18 (4), 369.
Maio, G. (2012). Mittelpunkt Mensch: Lehrbuch der Ethik in der Medizin. Stuttgart: Schattauer.
Marx, K. (1961). Zur Kritik der Politischen Ökonomie. Vorwort. In Marx-Engels-Werke, Band 13. Berlin: Dietz Verlag.
Marx, K. (1966). Texte zur Methode und Praxis II. Pariser Manuskripte 1844. Hamburg/Berlin: Rowohlt.
Massing, A. (Hrsg.) (1990). Psychoanalytische Wege der Familientherapie. Berlin: Springer.
Maturana, H. (2001). Das Erkennen des Erkennens verpflichtet. In B. Pörksen (Hrsg.), Abschied vom Absoluten. Gespräche zum Konstruktivismus (S. 70–111). Heidelberg: Carl-Auer-Verlag.
Maturana, H., Varela, F. (1987). Der Baum der Erkenntnis. München: Scherz.
Maturana, H., Verden-Zöller, G. (1993). Liebe und Spiel. Die vergessenen Grundlagen des Menschseins. Heidelberg: Carl-Auer-Verlag.
Mead, G. H. (1978). Geist, Identität und Gesellschaft. Frankfurt a. M.: Suhrkamp.
Meltzoff, A. N., Moore, M. K. (1995). A theory of the role of imitation in the emergence of self. In P. Rochat (Ed.), The self in infancy: Theory and research (pp. 73–93). Amsterdam: Elsevier.
Meyer, U. (2019). Zu/Hören im Zeitalter der konstruktivistischen Wende. Kontext – Zeitschrift für systemische Perspektiven, 50 (1), 45–67.
Minuchin, S. (1988). Familienkaleidoskop. Bilder von Gewalt und Heilung. Reinbek: Rowohlt.
Minuchin, S., Fishman, H. C. (1983). Praxis der strukturellen Familientherapie. Strategien und Techniken. Freiburg: Lambertus.

Moebius, S. (2003). Die soziale Konstituierung des Anderen. Grundrisse einer poststrukturalistischen Sozialwissenschaft nach Lévinas und Derrida. Frankfurt a. M.: Campus.
Moebius, S., Reckwitz, A. (2008) (Hrsg.). Poststrukturalistische Sozialwissenschaften. Frankfurt a. M.: Suhrkamp.
Moreno, J. L. (1954). Grundlagen der Soziometrie. Opladen: Westdeutscher Verlag.
Moreno, J. L. (1988). Gruppenpsychotherapie und Psychodrama. Einleitung in die Theorie und Praxis. Stuttgart/New York: Thieme.
Napier, A. Y. (1991). Ich dachte meine Ehe sei gut, bis meine Frau mir sagte, wie sie sich fühlt. Zürich: Kreuz Verlag.
Nestmann, F. (2004). Beratungsmethoden und Beratungsbeziehung. In F. Nestmann, F. Engel, U. Sickendiek (Hrsg.), Das Handbuch der Beratung. Band 2: Ansätze, Methoden und Felder (S. 783–796). Tübingen: dgvt-Verlag.
Nicolis, G., Prigogine, I. (1987). Die Erforschung des Komplexen. Auf dem Weg zu einem neuen Verständnis der Naturwissenschaften. München: Piper.
Normile, D. (2017). China's childhood experiment. Science, 375 (6357), 1226–1230.
Ohler, M. (2016). Atmosphären lesen – Vom Verstehen und Behandeln menschlicher Umgebungen. In M. Bohne, M. Ohler, G. Schmidt, B. Trenkle (Hrsg.), Reden reicht nicht!? – Bifokal-multisensorische Interventionsstrategien für Therapie und Beratung (S. 73–105). Heidelberg: Carl-Auer-Verlag.
Omer, H., Alon, N., Schlippe, A. von (2014). Feindbilder. Psychologie der Dämonisierung. Göttingen: Vandenhoeck & Ruprecht.
Orlinsky, D. (2008). Die nächsten zehn Jahre Psychotherapieforschung. Psychotherapie, Psychosomatik und medizinische Psychologie, 58 (9/10), 345–354.
Orlinsky, D. E., Howard, K. J. (1986). Process and outcome in psychotherapy. In A. E. Bergin, S. Garfield (Eds.), Handbook of psychotherapy and behaviour Change (pp. 270–376). New York: Wiley.
Orlinsky, D. E., Rønnestad, M. H. (2005). How psychotherapists develop. A study of therapeutic work and professional growth. Washington: American Psychological Association.
Osnabrücker Thesen zur Psychotherapie (2019). https://psyfako.org/wp-content/uploads/2020/01/OsnabrückerThesen-zur-Psychotherapie.pdf (Zugriff am 25.2.2022).
Paech, N. (2012). Befreiung vom Überfluss. Auf dem Weg in die Postwachstumsökonomie. München: oekom Verlag.
Pääbo, S. (2015). The diverse origins of the human gene pool (Commentary). Nature Reviews Genetics, 16, 313–314. doi:10.1038/nrg3954.
Pauw, D. (2016). Beziehungsgestaltung im interkulturellen Coaching. Heidelberg: Springer.
Pesso, A., Perquin, L. (2007). Die Bühnen des Bewusstseins. Oder: Werden, wer wir wirklich sind: PBSP – ein ressourcenorientierter, neurobiologisch fundierter Ansatz der Körper-, Emotions- und Familientherapie. München: Cip Medien Verlag.
Petzold, H. (Hrsg.) (1985). Leiblichkeit. Philosophische, gesellschaftliche und therapeutische Perspektiven. Paderborn: Junfermann.
Pfammatter, M., Junghan, U. M., Tschacher, W. (2012). Allgemeine Wirkfaktoren der Psychotherapie: Konzepte, Widersprüche und eine Synthese. Psychotherapie, 17 (1), 17–31.
Pfeifer, E. (2021). Die geistige Dimension in der sinnorientierten Psychotherapie. Psychotherapeutenjournal, 19 (2), 113–119.
Piaget, J. (1976). Die Äquilibration der kognitiven Strukturen. Stuttgart: Klett.
Plassmann, R. (1994). Körperpsychologie und Deutungstechnik: Die Praxis der Prozeßdeutung. https://www.researchgate.net/publication/299468284_Korperpsychologie_und_Deutungstechnik_Die_Praxis_der_Prozessdeutung (Zugriff am 10.06.2022).
Porges, S. (2001). The polyvagal theory: Phylogenetic substrates of a social nervous system. International Journal of Psychophysiology, 42, 123–146.

Porges, S. (2012). Das gestresste Nervenkostüm. Aufnahme Tagesseminar beim 6. Schweizer Bildungsfestival. Müllheim: Auditorium Netzwerk Verlag.

Porges, S., Kierdorf, T., Höhr, H. (2021). Die Polyvagal-Theorie und die Suche nach Sicherheit: Traumabehandlung, soziales Engagement und Bindung. Lichtenau: G. P. Probst Verlag.

Porges, S., van der Kolk, B. (2010). Die Polyvagal-Theorie: Neurophysiologische Grundlagen der Therapie. Emotionen, Bindung, Kommunikation und ihre Entstehung. Paderborn: Junfermann.

Powers, S. (2021). Lakes, creeks sue state under Orange County's »rights of nature« rule. https://floridapolitics.com/archives/425060-lakes-creeks-sue-state-under-orange-countys-rights-of-nature-rule/ (Zugriff am 1.3.2022).

Prigogine, I. (1979). Vom Sein zum Werden. Zeit und Komplexität in den Naturwissenschaften. München: Piper.

Prinz, W. (2013). Selbst im Spiegel. Die soziale Konstruktion von Subjektivität. Frankfurt a. M.: Suhrkamp.

Raworth, K. (2018). Die Donut-Ökonomie. Endlich ein Wirtschaftsmodell, das den Planeten nicht zerstört. München: Hanser.

Reich, W. (1933/1970). Charakteranalyse. Köln: Kiepenheuer & Witsch.

Retzlaff, R. (2008). Spiel-Räume. Lehrbuch der systemischen Therapie mit Kindern und Jugendlichen. Stuttgart: Klett-Cotta.

Retzlaff, R. (2021). Systemische Therapie – Fallkonzeption, Therapieplanung, Antragsverfahren. Ein praktischer Leitfaden. Heidelberg: Carl-Auer-Verlag.

Revenstorf, D., Peter, B. (2009). Hypnose in Psychotherapie, Psychosomatik und Medizin. Heidelberg: Springer.

Richter, H. E. (1972). Die Gruppe. Hoffnung auf einen neuen Weg, sich selbst und andere zu befreien. Psychoanalyse in Kooperation mit Gruppeninitiativen. Reinbek: Rowohlt.

Richter, H. E., Strotzka, H., Willi, J. (1976). Familie und seelische Krankheit. Eine neue Perspektive der psychologischen Medizin und Sozialtherapie. Reinbek: Rowohlt.

Rieforth, J., Graf, G. (2014). Tiefenpsychologie trifft Systemtherapie. Eine besondere Begegnung. Göttingen: Vandenhoeck & Ruprecht.

Riegas, V., Vetter, C. (Hrsg.) (1990). Zur Biologie der Kognition. Ein Gespräch mit Humberto R. Maturana und Beiträge zur Diskussion seines Werkes. Frankfurt a. M.: Suhrkamp.

Ritscher, W. (2017). Bildungsarbeit an den Orten nationalsozialistischen Terrors. Erziehung nach, in und über Auschwitz hinaus. Weinheim/Basel: Beltz.

Ritscher, W., Weber, G. (2011). Wolf Ritscher im Gespräch mit Gunthard Weber: Achte darauf, wohin deine Energie will. Kontext – Zeitschrift für systemische Therapie und Familientherapie, 42 (4), 376–401.

Roberts, P., Hunt, C., Arroyo-Kalin, M., Evans, D., Boivin, N. (2017). The deep human prehistory of global tropical forests and its relevance for modern conservation. Nature Plants 3. https://www.nature.com/articles/nplants201793 (Zugriff am 22.2.2022).

Rorty, R. (1992). Kontingenz, Ironie und Solidarität. Frankfurt a. M.: Suhrkamp.

Rosa, H. (2016). Resonanz. Eine Soziologie der Weltbeziehung. Berlin: Suhrkamp.

Roth, G. (2009). Aus Sicht des Gehirns. Frankfurt a. M.: Suhrkamp.

Roth, G., Strüber, N. (2018). Wie das Gehirn die Seele macht. Stuttgart: Klett-Cotta.

Rotthaus, W. (2021). Wir können und müssen uns neu erfinden. Am Ende des Zeitalters des Individuums – Aufbruch in die Zukunft. Heidelberg: Carl-Auer-Verlag.

Rottländer, P. (2020). Mentalisieren mit Paaren. Stuttgart: Klett-Cotta.

Rousseau, J.-J. (1762/2005). Der Gesellschaftsvertrag. Die Grundsätze des Staatsrechtes. Frankfurt a. M.: Fischer.

Rousseau, J.-J. (1755/2008). Diskurs über die Ungleichheit. Lübeck: Schöningh Verlag.

Rufer, M. (2013). Erfasse komplex, handle einfach: Systemische Psychotherapie. Göttingen: Vandenhoeck & Ruprecht.

Sack, M., Sachsse, U. (2013). Therapiemethoden und Behandlungstechniken. In M. Sack, U. Sachsse, J. Schellong (Hrsg.), Komplexe Traumafolgestörungen. Diagnostik und Behandlung von Folgen schwerer Gewalt und Vernachlässigung (S. 247–279). Stuttgart: Schattauer.

Sapolsky, R. (2017). Gewalt und Mitgefühl. Die Biologie des menschlichen Verhaltens. München: Hanser.

Satir, V. (1990). Kommunikation, Selbstwert, Kongruenz. Konzepte und Perspektiven familientherapeutischer Praxis. Paderborn: Junfermann.

Satir, V., Baldwin, M. (1988). Familientherapie in Aktion. Die Konzepte von Virginia Satir in Theorie und Praxis. Paderborn: Junfermann.

Schacht, M. (2003). Spontaneität und Begegnung. Zur Persönlichkeitsentwicklung aus der Sicht des Psychodramas. München: inScenario Verlag.

Schacht, M. (2009). Zwischen Ordnung und Chaos. Neue Aspekte zur theoretischen und praktischen Fundierung der Konzeption von Spontaneität und Kreativität. In S. Gunkel (Hrsg.), Psychodrama und Soziometrie. Erlebnisorientierte Aktionsmethoden in Psychotherapie und Pädagogik (S. 51–80). Wiesbaden: Verlag für Sozialwissenschaften.

Schiepek, G. (2018). Neurobiologie der Psychotherapie. Stuttgart: Schattauer.

Schirach, F. von (2021). Jeder Mensch. München: Luchterhand Literaturverlag.

Schlippe, A. von, Schweitzer, J. (2016). Lehrbuch der systemischen Therapie und Beratung. 2 Bände. Göttingen: Vandenhoeck & Ruprecht.

Schmidbauer, W. (1984). Im Körper zu Hause – Alternativen für die Psychotherapie. Frankfurt a. M.: Fischer.

Schmidt, G. (2005). Einführung in die hypnosystemische Therapie und Beratung. Heidelberg: Carl-Auer-Verlag.

Schnabel, U., Assheuer, T. (2010). Die soziale Ich-Maschine – Unser Gehirn erzeugt Subjektivität. Doch ohne Gegenüber geht das nicht. Ein Gespräch mit dem Psychologen Wolfgang Prinz. Die Zeit, 64 (24), 37.

Schneider-Düker, M. (1992). Das interpersonale Modell – eine psychotherapeutische Grundorientierung? Gruppenpsychotherapie und Gruppendynamik, 28 (1), 93–113.

Schröter, M. (2002). Wer lacht, kann nicht beißen. Ein unveröffentlichter »Essay on Laughter« von Norbert Elias. Merkur, deutsche Zeitschrift für europäisches Denken, 56 (9/10), 860–873.

Schumacher, K., Calvet, C., Reimer, S. (2011). Das EBQ-Instrument und seine entwicklungspsychologischen Grundlagen. Göttingen: Vandenhoeck & Ruprecht.

Schwing, R. (2009). Spuren des Erfolgs: Was lernt die systemische Praxis von der Neurobiologie. In R. Hanswille (Hrsg.), Systemische Hirngespinste. Neurobiologische Impulse für die systemische Theorie und Praxis (S. 37–67). Göttingen: Vandenhoeck & Ruprecht.

Schwing, R., Fryszer, A. (2006). Systemisches Handwerk. Werkzeug für die Praxis. Göttingen: Vandenhoeck & Ruprecht.

Seligman, M. E. P. (2003). Der Glücksfaktor. Warum Optimisten länger leben. Bergisch Gladbach: Lübbe.

Sennett, R. (1998). Der flexible Mensch. Die Kultur des neuen Kapitalismus. Berlin: Berlin-Verlag.

Shubin, N. (2009). Der Fisch in uns. Eine Reise durch die 3,5 Milliarden Jahre alte Geschichte unseres Körpers. Frankfurt a. M.: Fischer Taschenbuch.

Sichart, A. (2020). Systemisch-dokumentarische Paartherapie: Resilienz in Partnerschaften entdecken und stärken. Göttingen: Vandenhoeck & Ruprecht.

Siefkes, D. (1997). Im Großen im Kleinen leben. Die Zeit, 51 (37), 58.

Sigusch, V. (2013). Sexualitäten: Eine kritische Theorie in 99 Fragmenten. Frankfurt a. M.: Campus.

Simon, F. B. (1984). Der Prozess der Individuation: Über den Zusammenhang von Vernunft und Gefühlen. Göttingen: Vandenhoeck & Ruprecht.

Simon, F. B. (1988). Unterschiede, die Unterschiede machen. Klinische Epistemologie: Grundlagen einer systemischen Psychiatrie und Psychosomatik. Berlin: Springer.

Simon, F. B. (Hrsg.) (1997). Lebende Systeme. Wirklichkeitskonstruktionen in der systemischen Therapie. Frankfurt a. M.: Suhrkamp.
Simon, F. B., Stierlin, H. (1984). Die Sprache der Familientherapie. Ein Vokabular. Stuttgart: Klett-Cotta.
Snyder, B. (2015). Rette die Katze! Das ultimative Buch übers Drehbuchschreiben. Berlin: Autorenhaus Verlag.
Sperber, M. (1987). Individuum und Gemeinschaft. Versuch einer sozialen Charakterologie. München: Klett-Cotta.
Sperling, E., Massing, A., Reich, G., Georgi, H., Wöbbe-Mönks, E. (1982). Die Mehrgenerationen-Familientherapie. Göttingen: Vandenhoeck & Ruprecht.
Spiekermann, S. (2019). Digitale Ethik: Ein Wertesystem für das 21. Jahrhundert. München: Droemer.
Spork, P. (2016). Der zweite Code. Epigenetik oder wie wir unser Erbgut steuern können. Reinbek: Rowohlt.
Spork, P. (2017). Wie das Leben unsere Gene prägt. Die neusten Erkenntnisse der Epigenetik. München: DVA.
Stadler, C. (2010). Psychodrama: Eine Einführung. Wiesbaden: Springer.
Stegmaier, W. (2008). Philosophie der Orientierung. Berlin/New York: de Gruyter.
Stegmann, T., Weymann, E. (2019). Ethik in der Musiktherapie. Grundlagen und Praxis. Gießen: Psychosozial-Verlag.
Stern, D. N. (1991). Tagebuch eines Babys. München: Piper.
Stern, D. N. (1993). Die Selbsterfahrung des Säuglings. Was ein Kind sieht, spürt, fühlt und denkt. Stuttgart: Klett-Cotta.
Stern, D. N. (1998). Die Mutterschaftskonstellation. Eine vergleichende Darstellung verschiedener Formen der Mutter-Kind-Psychotherapie. Stuttgart: Klett-Cotta.
Stern, D. N. (2010). Der Gegenwartsmoment. Veränderungsprozesse in Psychoanalyse, Psychotherapie und Alltag. Frankfurt a. M.: Brandes & Apsel.
Stern, D. N. (2012). Veränderungsprozesse: Ein integratives Paradigma. Frankfurt a. M.: Brandes & Apsel.
Stern, D., Bruschweiler-Stern, N. (2014). Geburt einer Mutter: Die Erfahrung, die das Leben einer Frau für immer verändert. München: Piper.
Stierlin, H. (1971). Das Tun des Einen ist das Tun des Anderen. Frankfurt a. M.: Suhrkamp.
Stierlin, H. (1978). Delegation und Familie. Frankfurt a. M.: Suhrkamp.
Stierlin, H. (1989). Individuation und Familie. Frankfurt a. M.: Suhrkamp.
Stierlin, H. (2001). Psychoanalyse – Familientherapie – Systemische Therapie. Stuttgart: Klett-Cotta.
Stimmer, F. (2000). Familiale Beziehungsräume. Psychodrama – Zeitschrift für Theorie und Praxis von Psychodrama, Soziometrie und Rollenspiel, 10 (1/2), 145–153.
Storch, M., Cantieni, B., Hüther, G., Tschacher, W. (2006). Embodiment: Die Wechselwirkung von Körper und Psyche verstehen und nutzen. Bern: Huber.
Staats, H. (2017). Die therapeutische Beziehung – Spielarten und verwandte Konzepte. Göttingen: Vandenhoeck & Ruprecht.
Suddendorf, T. (2014a). Der Unterschied. Was den Menschen zum Menschen macht. Berlin: Piper.
Suddendorf, T. (2014b). Wir können die Welt verändern. Interview mit Kathrin Zinkat. Süddeutsche Zeitung, 4./5.10.2014, S. 22.
Sullivan, H. S. (1980). Die interpersonale Theorie der Psychiatrie. Frankfurt a. M.: Fischer.
Suzman, J. (2021). Sie nannten es Arbeit. Eine andere Geschichte der Menschheit. München: C. H. Beck.
Taylor, C. (1996). Quellen des Selbst: Die Entstehung der neuzeitlichen Identität. Frankfurt a. M.: Suhrkamp.

Theweleit, K. (1977,1978). Männerphantasien. 2 Bände. Frankfurt a. M./Basel: Verlag Roter Stern/ Stroemfeld.
Theweleit, K. (1990). Ein Aspirin von der Größe der Sonne. Freiburg: Jos Fritz.
Timm, U. (2020). Der Verrückte in den Dünen. Über Utopie und Literatur. Köln: Kiepenheuer & Witsch.
Tomasello, M. (2006) Die kulturelle Entwicklung des menschlichen Denkens: Zur Evolution der Kognition. Frankfurt a. M.: Suhrkamp.
Tomasello, M. (2009). Die Ursprünge der menschlichen Kommunikation. Frankfurt a. M.: Suhrkamp.
Tomasello, M. (2020). Mensch werden. Eine Theorie der Ontogenese. Frankfurt a. M.: Suhrkamp.
Tomasello, M., Kruger, A. C., Ratner, H. (1993). Cultural learning. Behavioral and Brain Science, 16, 495–552.
Trautwein-Voigt, S. (2022). Narrative, körpersprachliche Kommunikation und Embodiment. In P. Jakob, M. Borcsa, J. Olthof, A. von Schlippe (Hrsg.), Narrative Praxis. Ein Handbuch für Beratung, Therapie und Coaching (S. 379–394). Göttingen: Vandenhoeck & Ruprecht.
Trevarthen, C. (1984). Emotions in infancy. Regulators of contact and relationships with persons. In K. R. Scherer, P. Ekman (Eds.), Approaches to emotion (pp. 129–157). Hillsdale: Lawrence Erlbaum.
Trost, A. (2018). Bindungswissen für die systemische Praxis. Ein Handbuch. Göttingen: Vandenhoeck & Ruprecht.
Uexküll, J. J. von (1909). Umwelt und Innenwelt der Tiere. Berlin: J. Springer.
Uexküll, T. von, Adler, R., Herrmann, J. M., Köhle, K. (Hrsg.) (1990). Psychosomatische Medizin. München: Urban & Fischer.
Uexküll, T. von, Wesiak, W. (1988). Theorie der Humanmedizin. Grundlagen ärztlichen Denkens und Handelns. München: Urban und Schwarzenberg.
Vargas Llosa, M. (1992). Der Geschichtenerzähler. Frankfurt a. M.: Suhrkamp.
Verbeek, B. (1998). Die Anthropologie der Umweltzerstörung: Die Evolution und der Schatten der Zukunft. Darmstadt: Primus-Verlag.
Vingerhoets, A. (2013). Why only humans weep: Unravelling the mysteries of tears. Oxford: University Press.
Vor der Morgenröte – Stefan Zweig in Amerika (2016). Regie: Maria Schrader. Drehbuch: Maria Schrader, Jan Schomburg. Deutschland u. a.:
Waddington, C. H. (1942). The Epigenotype. Endeavour, 1, 18–20.
Wagner, E. (2020). Praxisbuch Systemische Therapie. Vom Fallverständnis zum wirksamen psychotherapeutischen Handeln in klinischen Kontexten. Stuttgart: Klett-Cotta.
Wagner, E. (2021), Zur systemischen Entstörung von Persönlichkeitsstörungen, Keynote 1, Video, DGSF-Kongress, 12. September 2021.
Wagner, E., Henz, K., Kilian, H. (2016). Persönlichkeitsstörungen. Heidelberg: Carl-Auer-Verlag.
Wagner, L. (2021). Zukunftsfähig (Modelle, die alles verändern können). Süddeutsche Zeitung Magazin, 21 (1), 10–15.
Waldinger, R. (2015). The good life. What makes us happy and healthy as we go through life? https://www.youtube.com/watch?v=q-7zAkwAOYg&list=PLC004A2051DF93ACB&index=5 (Zugriff am 22.2.2022).
Wampold, B. E., Imel, Z. E., Flückiger, C. (2018). Die Psychotherapie-Debatte. Was Psychotherapie wirksam macht. Bern: Hogrefe.
Watzlawick, P., Beavin, J., Jackson, D. (1969). Menschliche Kommunikation. Formen, Störungen, Paradoxien. Stuttgart: Huber.
Watzlawick, P., Weakland, J. (2000). Lösungen: Zur Theorie und Praxis des Wandels. Bern: Hogrefe.
Wedekind, E., Georgi, H. (2014). Identität und Aufgabe: Gruppen, Teams und Leitungskräfte in der systemischen Werkstatt. Berlin: Xenomoi.

Wegscheider, H. (2020). Dialog und Intersubjektivität in der Gestalttherapie. Gevelsberg: Verlag Andreas Kohlhage.
Weihe-Scheidt, R. (2001). Loyalität und Ausgleich – die Grundlagen der neuen »Ordnungsliebe«. Rezension. Kontext – Zeitschrift für systemische Therapie und Familientherapie, 32 (3).
Weizsäcker, C. von, Weizsäcker, E.-U. von (1984). Fehlerfreundlichkeit. In K. Kornwachs (Hrsg.), Offenheit – Zeitlichkeit – Komplexität. Zur Theorie der Offenen Systeme (S. 167–201). Frankfurt a. M.: Campus.
Weizsäcker, E. U. von, Wijkman, A. (2017). Wir sind dran. Was wir ändern müssen, wenn wir bleiben wollen. Eine neue Aufklärung für eine volle Welt. Gütersloh: Gütersloher Verlagshaus.
Weizsäcker, V. von (1940/1968). Der Gestaltkreis. Theorie der Einheit von Wahrnehmen und Bewegen. Stuttgart: Thieme.
Welter-Enderlin, R., Hildenbrand, B. (1996). Systemische Therapie als Begegnung. München: Piper.
Welter-Enderlin, R., Hildenbrand, B. (1998). Gefühle und Systeme. Die emotionale Rahmung beraterischer und therapeutischer Prozesse. Heidelberg: Carl-Auer-Verlag.
Welter-Enderlin, R., Hildenbrand, B. (Hrsg.) (2006). Resilienz – Gedeihen trotz widriger Umstände. Heidelberg: Carl-Auer-Verlag.
Whitaker, C. (1982). From psyche to system. New York/London: Guilford.
Wienands, A. (Hrsg.) (2014). System und Körper. Der Körper als Ressource in der systemischen Praxis. Göttingen: Vandenhoeck & Ruprecht.
Wiessner, P. W. (2014). »Embers of society: Firelight talk among the Ju/'hoansi Bushmen«. Proceedings of the National Academy of Sciences of the United States of America, 111 (39), 14027–14035
Willi, J. (1978). Therapie der Zweierbeziehung. Analytisch orientierte Paartherapie. Stuttgart: Klett-Cotta.
Willi, J. (1996). Ökologische Psychotherapie. Theorie und Praxis. Göttingen: Hogrefe.
Willi, J. (2007). Die Kunst gemeinsamen Wachsens. Ko-Evolution in Partnerschaft, Familie und Kultur. Reinbek: Rowohlt.
Wilson, F. R. (2002). Die Hand – Geniestreich der Evolution. Ihr Einfluss auf Gehirn, Sprache und Kultur des Menschen. Reinbek: Rowohlt.
Winnicott, D. W. (1994). Die menschliche Natur. Stuttgart: Klett-Cotta.
Winnicott, D. W. (1990). Babys und ihre Mütter. Stuttgart: Klett-Cotta.
Wir müssen lernen, uns zu streiten (2018). https://www.youtube.com/watch?v=fkf1G46lZHQ (Zugriff am 1.3.2022).
Wittgenstein, L. (1921/1963). Tractatus logicus philosophicus. Frankfurt a. M.: Suhrkamp.
Woolf, V. (1978). Ein Zimmer für sich allein. Berlin: Gerhardt-Verlag.
Wynne, L. C. (1985). Die Epigenese von Beziehungssystemen. Familiendynamik, 10 (2), 112–146.
Yalom, I. D. (2010). Theorie und Praxis der Gruppentherapie. Ein Lehrbuch. Stuttgart: Klett-Cotta.
Yontef, G. M. (2004). Zum Aspekt der Beziehung in Theorie und Praxis der Gestalttherapie. http://www.gestalt.de/yontef_dialog.html (Zugriff am 22.2.2022).
Young, I. M. (1993). Werfen wie ein Mädchen. Eine Phänomenologie weiblichen Körperverhaltens, weiblicher Motilität und Räumlichkeit. Deutsche Zeitschrift für Philosophie, 1993 (41), 707–725.
Zimbardo, P. (2005). Das Stanford Gefängnis Experiment. Eine Simulationsstudie über die Sozialpsychologie der Haft. Goch: Santiago Verlag.
Zipfel, J. (2020). Die zerrissene Gesellschaft (2021). Deutschland. https://www.3sat.de/wissen/wissenschaftsdoku/wido-die-zerrissene-gesellschaft-102.html (Zugriff am 27.2.2022).
Zweig, S. (1944). Die Welt von Gestern. Erinnerungen eines Europäers. Frankfurt a. M.: Fischer.

Dank

Mein besonderer Dank gilt Günter Presting von Vandenhoeck & Ruprecht für Gespräche und nicht nachlassende Motivation. Imke Heuer hat das Projekt achtsam und mit viel Verständnis begleitet, Tobias Gaudin das Manuskript aufmerksam lektoriert. Ich danke Meik Lauer für die Grafik. Für Rückmeldungen, vor allem zu Beginn, und Anregungen zu Teilen des Manuskripts danke ich Jürgen Bauer, Carsten und Claudia Böning, meinem Sohn Till, Steffen Elbert, Inge Liebel-Fryszer, Christiane Mahler-Napp, Renate Weihe-Scheidt, Eckhard Weymann, Petra Rechenberg-Winter und Katharina Witte. Dorothea Schmid danke ich für den wunderbaren Schreibort in Wien. Ganz besonders danke ich meiner Frau und Gefährtin Eva Frank-Bleckwedel für so viel Austausch, Kritik, Anregungen, Korrekturen und Geduld. Ich möchte meinen Eltern danken, dass sie da waren, und meinen Kindern und Enkeln, dass sie da sind.